# 커피 헌터의 노가다 다이어리

커피 헌터의 노가다 다이어리

**초판 1쇄 발행** 2024년 7월 1일

**지은이** 유화수
**펴낸이** 장길수
**펴낸곳** 지식과감성#
**출판등록** 제2012-000081호

**교정** 이주희
**디자인** 오정은
**편집** 오정은
**검수** 주경민, 윤혜성
**마케팅** 김윤길, 정은혜

**주소** 서울시 금천구 벚꽃로298 대륭포스트타워6차 1212호
**전화** 070-4651-3730~4
**팩스** 070-4325-7006
**이메일** ksbookup@naver.com
**홈페이지** www.knsbookup.com

ISBN 979-11-392-1934-0(03810)
값 16,700원

- 이 책의 판권은 지은이에게 있습니다.
- 이 책 내용의 전부 또는 일부를 재사용하려면 반드시 지은이의 서면 동의를 받아야 합니다.
- 잘못된 책은 구입하신 곳에서 바꾸어 드립니다.

지식과감성#
홈페이지 바로가기

## 머리글

　　내가 현장 일을 하기로 결정한 것은 별도의 목적이 있어서이다.
　　첫 번째는 망가진 건강을 완전히 회복하기 위해서이다.
　　해체나 자재 정리 등은 감당하기 힘드나 무리 없는 일반 공은 나도 할 만하다.
　　잡부 일은 온몸의 근육을 쓰고 특히 약해진 하체를 보강시켜 준다. 그리고 거의 사라진 나의 성기능도 회복시켜 주리라 믿는다.
　　노동과 운동은 분명 결과의 차이가 있으나 반강제 효과를 노린 것이다.
　　돈 아쉬운 자의 체면을 위한 변명이지만 말이다.(본문 중에서)

　　두 번째는 커피 사업을 하려는 목적이다.
　　하루 10만 원씩 모으면 100일 후면 1천만 원이고 그 정도면 충분하다.
　　만일 작은 커피숍을 차린다면 그만큼 일을 연장하면 된다.
　　건강 챙기고 돈도 벌면 한마디로 '꿩 먹고 알 먹고'인데 옛날 말이라 비교가 맞는지 모르겠다.
　　지금은 어렵지만 저렴하게 살 수 있는 최상의 커피를 발견하였고 또한 한국인의 입맛에 꼭 맞는 토라자 커피까지 찾아낸 본인이다.
　　비록 일당 받는 노가다지만 내 인생의 터닝 포인트가 될 수도 있다.
　　끝이 좋으면 다 좋다 하지 않았는가.

　　그 외에도 글을 쓰기 위한 새로운 경험으로 나쁘지 않다.
　　어차피 인생에서 모든 걸 경험하려던 나이기에 당연한 수순이다.

늙은 내 몸이 어느 정도 따라 줄 수만 있다면 말이다.
이 글이 무사히 마무리된다면 커피 사업도 시작할 것이다.
언제, 어떻게는 모르지만 가다 보면 끝이 보이지 않겠는가?
그동안 겪은 파란만장하고 격정적이며 고달프기까지 했던 수많은 인생 사연에 하나 더 추가한다고 달라질 건 없다.
기적이 일어날지 그냥 꼬꾸라질지는 모르지만 나는 도전할 것이다. 그것도 희망으로 가득한 미소와 함께 말이다.

마지막으로 제목에 대해 한마디 해야 한다.
원제는 '일반 공의 100일'이었지만 누가 돈 없는 자에게 관심이나 가질까?
요즘 표현으로 어그로 끈다는 게 맞을 것이다.
솔직히 요즘 젊은이들의 커피에 관한 지식은 놀라울 정도이고 달리 표현할 단어도 생각나지 않기 때문이다.
난 이 글 속에 포함된 커피에 관한 내용을 하나의 콘텐츠로 이용한다.
돈이 필요한 건 맞지만 노가다하는 늙은이라고 경시당할까 걱정되는 마음도 포함되어 있는 건 사실이다.
그리고 선입견 없이 객관적인 사실로만 내 글을 평가해 주기를 바란다.
이 글은 순수 문학이 아닌 다큐성 에세이이기 때문이다.

# CONTENETS

머리글      4

**제1장**
초보 일꾼의 현장 적응 기간      8

**제2장**
퇴출에서 구제된 나의 새로운 도전      65

**제3장**
본격적으로 시작한 광주 현장의 노가다      124

**제4장**
시작한 커피 사업과 오랜 데마찌 기간      209

**제5장**
다시 시작한 삼성 현장의 고정 일      259

**제6장**
노가다로 안정적인 일상을 보내다      299

**제7장**
갈수록 편해지는 나의 위치      359

마무리 글      395

# 제1장
# 초보 일꾼의 현장 적응 기간

1. 9월 19일 화요일 흐림. 작업 1일 차

  3시 40분, 휴대폰의 알람이 울린다.
  인력 사무소는 5시 전에 오라 했으나 처음인 나는 더 일찍 가기로 했다.
  고시텔을 나서자 잠이 부족해 피곤이 몰려온다. 8시에 누웠으나 12시에 깨었고 더 이상 잘 수도 없었기 때문이다.
  4시 30분에 도착한 나는 소장이 오자마자 그를 따라 사무실에 들어섰다. 내가 늙어 쓰지 않을까 걱정이 앞서면서 말이다.
  다행히도 나는 바로 한 현장에 배정되었다.

  현장에 도착하면 식당에서 아침부터 먹는데 식사는 훌륭했다.
  혼자 간단히 먹던 나는 눈앞의 뷔페 식단이 잔칫집을 연상케 한다.
  식사를 마치자 다른 이들은 안면 인식으로 출석을 하나 나는 의무적으로 안전 교육부터 받아야 한다.
  교육 전 혈압을 체크하는데 생각 외로 높은 157이 나왔다.
  나는 140을 넘은 적 없으나 최근 돈 문제로 스트레스를 많이 받은 모양이다.

 참고로 혈압이 150이 넘으면 절대로 현장에 들어갈 수 없다.
 10분 정도 쉬고 마음을 다듬고 호흡을 조절하자 간신히 140이 나온다.
 드디어 고용 계약서 쓰고 일반 공으로 등록을 하였다.

 첫 번째 일은 버림 콘크리트 친 곳의 물 빼기 작업이다.
 일은 어느 정도 진행이 됐지만 구석에 슬러지가 눈에 띈다.
 이놈이 섞이면 콘크리트 강도가 저하되기에 꼭 제거해야 한다.
 열심히 하려고 서두르니 주변 동료들의 시선이 곱지 않다.
 한 친구가 가만히 있으라는 조언을 할 정도이다.
 하지만 뻔히 아는 걸 그냥 넘어가려니 용납하기 힘들었다.
 그렇다. 나는 건축을 전공하였고 기사 자격증도 가지고 있다.
 건축 기사의 자존심과 현장 잡부란 현실 속에서 고민하는데 갑자기 반장에게 전화가 오더니 내 이름을 부른다.
 크레인 신호수로 보내라는 상부의 지시가 이례적인지 그는 좀 의아해한다.
 이유는 모르지만 내가 나이 먹어서는 분명 아닌 것 같다.
 왜냐면 함께 일한 기존 노동자 중 나보다 늙어 보이는 이도 있기 때문이다.
 이동 크레인 신호수는 크레인 아래 지나가는 사람을 통제한다.
 하지만 통행자는 거의 없고 점심때나 소장 등 간부들이 식사를 하러 간다.
 날씨도 좋아 눈 아래 보이는 현장을 보며 상념에 잠겼다.

나는 아직도 내가 신호수로 지명된 이유를 모르겠다.

이런 경우 대부분 직영반장이 지정하는데 상부에서 전화가 왔기 때문이다.

그것도 이제 막 안전 교육을 끝낸 신참에게 말이다.

나는 혹시라도 건축을 전공한 내 경력을 참조한 것이 아닌가 의심했다.

요즘은 모든 정보가 전산화되어 있어 그들이 알지도 모른다.

그렇다 하여도 좀 더 두고 본 후에 혜택을 주었어야 한다.

첫날부터 따로 일하는 것은 왕따를 당할 가능성이 있기 때문이다. 물론 나 혼자만의 공상인지는 모르지만 말이다.

얼마 후 다른 이가 교대하러 왔는데 나보다 한 살 많은 조선족이다.

작고 뚱뚱한 그는 현장 일 하기에 적합하지 않은 몸매이다.

연하인 팀장에게 극존칭을 해 가며 온갖 아부를 해서 살아남은 것 같다.

상대적으로 편안한 지금의 신호수 자리도 꿰차고 말이다.

그 외에도 도저히 일 못 할 것 같은 이도 여러 명 보인다.

외형만으로 판단할 수 없지만 결과적으론 이곳 일은 어렵지 않은 것이다.

보직의 명칭은 직영잡부로 반장의 지시에 잘 따르면 된다.

다시 현장으로 간 나는 일행과 함께 잡일을 시키는 대로 한다.

내 체력은 생각보다 괜찮아 점심때까지 잘 버티고 있었다.

날씨가 더워 엄청난 물을 마시긴 했지만 말이다.

어쩌면 첫 일에 대한 긴장감에 아드레날린이 분비되었는지도 모른다.

아니면 평소 아령으로 준비 운동 한 효과일 수도 있다.

점심은 11시 20분인데 시계를 보지 않아 정확하지는 않다.
식사 후 화장실 다녀와서 서둘러 현장으로 갔으나 아무도 보이지 않는다.
할 수 없이 한 시간이 지난 12시 30분까지 대기해야 했다.
그래도 아무도 안 보여 옆에 있던 철근 공에게 물어보니 일반 공은 1시에나 일을 시작한단다.
그들은 어디선가 자고 있는 것이다.
이렇게 따로 일하면 처음 온 사람은 순식간에 바보가 된다.
하지만 낮잠을 잘 수 있는 1시간 40분이란 긴 점심시간은 놀라움을 준다.

오후도 나름 열심히 일하나 팀장이라는 사람이 자꾸 소리친다.
더하여 반말지거리까지 하니 상당히 모욕적이다.
새로 왔다고 엿 먹이는 짓이 괘씸하나 돈이 아쉬운 지금은 방법이 없다.
계속 일하기로 마음먹었으니 일단은 참아야 한다.

그 팀장 놈의 못된 말투는 마지막까지 계속되었다.
퇴근 도장을 안면 인식으로 하는데 어딘지 몰라 시간이 좀 걸렸다.
물론 선임을 따라다니면 되지만 먼지투성이라 세수하러 화장실을 잠깐 다녀왔고 그랬더니 늦으면 길이 막힌다면서 내게 쌍소리를 한 것이다.
상황은 이해가 가나 뒤에 온 사람이 있으니 내가 마지막도 아니었다.

결론적으로 그는 만만해 보이는 초짜인 나를 길들이려는 것이다.

　아무것도 모르는 나는 그저 미안하다 하고 만다.

　하지만 그냥 바보가 되면 안 된다는 느낌이 강하게 온다.

　무언가 항의해야 하지만 그 결과가 불이익이 될 수도 있으니 조심한다. 그리고 선택한 내 저항은 무언의 항변으로 웃지 않는 것이다.

　차가 사무실에 도착했을 때 서로들 수고했다 말을 하나 나는 입을 다물었고 돈을 받고 난 후에야 "내일 봅시다." 하는 정도로 마무리했다.

　어차피 너무 경직되면 서로 좋을 게 없기 때문이다.

　일 끝나고 받은 돈이 13만 원이 넘는다.

　차비 3천 원까지 주고 난 후이나 일주일 생활비를 제하고도 돈이 남는다.

　통장에 입금하려고 부평역 앞에 오니 노숙자와 외국인 근로자들이 모여 있다.

　돈 벌러 온 사람과 일을 아예 포기한 사람의 차이는 무엇일까?

　전자는 기쁘게 동료들과 술을 마시고 후자는 아침부터 술이 술을 먹는다.

　둘 다 술 마시는 건 똑같으나 마신 후가 다를 것이다.

　고시텔로 돌아오니 모두가 수고했다며 반긴다.

　커피 연구하고 글 쓰는 내가 잡부 일 한 것이 상대적으로 대단해 보인 모양이다.

　내 나이에 현장 일 하면서 육체적, 정신적 고통을 참을 사람은 별로 없다.

주변을 둘러봐도, 고교 동창 중에서도 별로 기억나지 않는다.

아니, 할 수 있다 해도 더 좋은 일을 찾지 노가다는 하지 않을 것이다.

하지만 갑자기 돈이 필요한 내가 선택할 수 있는 최후의 방법이다. 그리고 현장에는 내 또래는 물론 그 이상의 연배도 존재하는데 물론 오래전부터 일을 한 사람들이다.

글을 더 쓸까 했으나 피곤한 몸 때문에 바로 잠에 든다.


## 2. 9월 20일 수요일 비. 작업 2일 차

새벽부터 비가 살살 내리기 시작한다.

비가 내리면 일을 공칠 수도 있으나 일단은 나가 봐야 한다.

어제는 혈압 등을 걱정했다면 오늘은 어제 일한 결과가 궁금하다.

일반 공으로의 자질을 인정받았는지, 아니면 잘린 건지 말이다.

다행히 일은 계속되었다.

팀장을 포함해 세 명이 안 나온 탓에 멤버가 바뀌었다.

덕분에 2명이나 새로 와 이틀 만에 고참이 되어 일은 좀 쉬웠다.

일도 그렇지만 반말로 잔소리하는 놈이 없는 것도 오늘의 장점이다. 하지만 처음 왔기에 힘든 일과 험한 잔소리는 나에 대한 테스트일 수도 있다.

내가 팀장이라도 새로 온 사람의 능력과 정체성을 먼저 파악해야 한다. 그럼에도 소리 높인 반말은 경험 없는 나로서는 적응하기 힘들었다.

어쨌든 하루 지났다고, 한 친구와는 친해졌고 다른 이와도 말을 섞는다.

비가 와서 쉬는 시간이 많아졌지만 마음의 여유가 생긴 나는 자진해서 물 당번을 하기로 했고 차에서 짐 내리는 일도 했다.

관리자 없이 잘하는 게 생기니 직영반장이 일을 맡긴다.

체력보다 눈치와 상황 판단이 필요한 일용직 노가다이다.

새참 시간이 되면 간식을 먹으며 담배 피우고 잡담도 한다.

그중 여자도 보이는데 우리와 관계있는 직영 팀 소속이다.

마스크 쓰고 다녀 얼굴은 볼 수 없지만 40대 중반의 중국인으로 추정된다.

지금은 일이 없어 남자들 농담 받아 주는 정도이나 이 역시 큰 역할이다.

존재만으로 남자들 능력을 올리니 자기 몫을 한다고 볼 수 있다. 원래 핀 줍는 일이 주 업무인 그녀가 어떻게 생각하는지는 모르지만 말이다.

나는 팀원들과 성에 관한 농담을 하다 그녀를 의식했다.

그러자 반장은 건설 현장에서는 여자란 존재를 의식하지 않는다고 말한다.

내게는 아직 낯설지만 어쩌면 그의 표현이 맞을 것이다.

그런 것 따지면 아무 일도 못 하기 때문이다.

내 또래로 보이는 직영반장은 공병 출신이라 한다.

나도 주특기를 목공으로 받았기에 공병으로 갈 줄 알았는데 소총수가 됐다.

나중에 행정병이 된 것은 그나마 학벌이 있어서이다.

40년 전 당시는 도시에서 고등학교를 나온 사람도 흔하지 않았다. 어찌 보면 노가다 사회가 그때와 비슷한 것 같다.

가끔 나처럼 현장에 어울리지 않는 고학력의 사람도 있지만 말이다.

새로 온 친구는 3살 아래인데 노름으로 돈을 다 날렸다고 한다.

주식과 비트코인도 했으니 투자보다는 도박에 가깝다.

그래서인지 처음에 마주친 얼굴과 대화할 때의 표정이 다르다.

초보처럼 보이지 않으려는 듯 인상만 쓰다 결국 웃으며 대화를 시작한다.

속 보이는 짓이건만 그게 먹힌다 생각했으면 노름에서는 다 잃었을 것이다.

묻지도 않았는데 자신은 대기업 출신이라고 밝히고 말이다.

시답지 않은 대화 속의 새참은 끝나고 모두 차출되었다.

비가 계속 와 할 일도 없어 소음 측정의 대상이 된 것이다.

원래는 철근 공이 해야 하는 일을 그들이 바쁘니 잡부가 대신 하는 것이다. 덕분에 30분 정도는 교육장에서 잘 쉬었으나 비는 계속, 아니 더 쏟아진다.

그리고 습해서인지 은근히 몸이 무거워 컨디션도 안 좋다.

적당히 청소하며 점심때까지 시간을 보냈다.

점심 식사 후 천막 아래 모여 있는데 오후는 쉰다고 한다.

3시간 더하면 하루치 일당을 받아 아깝기도 하나 모두 기꺼이 감수한다.
권위 있는 직영반장이 말하니 토를 다는 사람은 물론 없다.
그리고 며칠 하고 말 것도 아니니 차라리 몸을 좀 돌보는 게 이익이다.
비 맞아 가면서 일하다 몸살이라도 나면 며칠 일당 날아간다.
오늘 안 나온 사람들은 이런 상황을 예상했는지도 모른다.

일찍 돌아온 나는 이발과 쇼핑을 생각했다.
거울 속의 나는 보다 늙어 보이고 냉장고 안은 비어 있기 때문이다. 하지만 아침, 점심 주니 집밥 먹는 주말 외에는 냉장고가 무슨 소용 있나.
머리도 좀 더 늙어 보이는 게 현장에서 효과적일지도 모른다.
결국 모든 일을 만 원 정도의 최소한의 예산으로 마무리한다.
어렵게 번 돈이라서가 아니라 커피 사업을 위해 최대한 돈을 모은다는 스스로 한 약속을 지키려는 것이다.
그래서 가지고 있던 현금 14만 원을 통장에 입금했다.
계속 일한다면 집세 낸 후에도 계속 쌓일 것이고 추석까지 1백만 원은 무난히 만들 수 있다.

내일을 위해 일찍 자야 하는데 몸이 피곤함에도 잠이 안 온다.
아령으로 운동을 해도 그렇고 전기요를 사용해도 마찬가지다.
마지막 방법은 뭘 먹는 것이라 지금 만두를 데우고 있다.
먹고 나면 좀 있다 자야 하나 그래도 5시간은 잘 수 있으니 충분하다.
안 먹고 자야 건강한데 오랜 습관은 잘 안 고쳐진다.

## 3. 9월 21일 목요일 흐림. 작업 3일 차

현장 가는 사람이 3명이나 또 바뀌었다.
하지만 대부분 신호수나 잡부 일을 하니 팀장만 있으면 큰 지장은 없다.
그리고 이제 내가 속한 팀의 정체성을 알 것 같다.
소속은 삼현건설로 본사인 태영건설의 협력 회사로 보인다.
철근반장도 관리하는 걸 보니 골조를 시공하는 회사이다.

나는 보직이 신호수로 다시 고정되었다.
팀장이나 반장도 이해 못 하는 상황이 벌어진 것이다.
조회 시간에 옆에 서 있던 삼현건설의 한 직원이 친근하게 내 손을 꼭 잡는다.
초면인 사람의 다정함은 친절하다기보다는 신기하게 느껴진다. 더하여 본사인 태영건설 직원들이 막 일하기 시작한 내 이름을 알고 있다.
그것도 일반 공인 잡부에 깊은 관심을 표하면서이다.
지금은 신호수지만 이도 일반 공의 하나일 뿐이다.
어쨌든 나는 신호수 일로 또 하루를 무사히 시작한다.
운이 좋은 것인가? 아니면 누군가의 배려인지도 모른다.
팀장은 상황을 이상하게 보면서 신호수가 이 현장에서 가장 편한 보직이라 말한다. 말투가 누그러진 것을 보면 그도 뭔가를 느낀 것이다.
아직 확실한 것은 아니지만 말이다.

내 기준으로 본 현장은 빠른 속도로 진행 중이다.

크레인 앞의 기초는 내일 콘크리트 타설 할 것으로 보인다.

그 앞은 파일 사이의 흙을 퍼내고 숙소 앞은 바닥에 철근을 깔고 있다.

현장 가장자리는 흙막이가 설치되었으나 전제를 둘러봐도 물 새는 곳이 전혀 없다. 공법은 기억 안 나지만 상당히 야물게 만들었다.

하지만 현장 중앙은 암반이 나와 브레이커를 단 여러 대의 포클레인이 그걸 깨느라 소음이 상당하고 아직 흙더미인 주변의 터파기도 계속한다.

현장명은 지식산업센터로 건축 면적이 대략 4천 평이나 지하 4층에 지상 22층으로 단일 건물로는 매우 큰 편에 속한다.

준공이 2024년 가을이니 큰 탈 없으면 이곳에 계속 다녔으면 한다.

집에 돌아오는 길에 현장에서 입을 옷을 하나 샀다.

미국 노동자들처럼 입으려고 푸른색 면 셔츠를 마트에서 샀는데 4만 원이다.

수입이 있다고 모처럼 고급도 아닌 중급으로 사치를 부렸다.

하지만 다이소에서 비슷한 게 5천 원이라 하나 더 샀다.

물론 비싼 건 100% 고급 면이고 싼 건 폴리에스터 많이 섞인 혼방이다.

그리고 장갑을 산 후 시계도 사려 했으나 내가 좋아하던 디자인이 없어 포기한다. 여행 다닐 때 차던 카키색 모델이 더 이상 없는 것이다.

쇼핑 후 돈 벌기는 어렵지만 쓰기는 참 쉬워 스스로 놀란다.

저녁 먹기 전 친구 필규와 통화를 했다.

그는 내가 쓴 소설에 대한 평으로 읽지도 않았다면서 형식을 말한다.

문학박사인 그의 지적이 옳을 수도 있으나 몸과 마음이 지친 나는 무시한다. 당장 급한 건 돈을 버는 일이지 내 취미인 글쓰기가 아니기 때문이다.

그의 충고를 받아들인다고 출판이 될 가능성은 제로에 가깝고 말이다.

지하철에서의 판단이지만 요즘은 아무도 책을 읽지 않는다.

덕분에 글은 읽기 쉽고 재미있으면 된다던 내 주장은 이제 갈 곳이 없다.

그렇다고 15년이나 고민한 걸 하루아침에 바꿀 수도 없다.

통화가 길어져 끓이던 라면은 내 몸처럼 떡이 되었으나 맛있게 모두 먹었다.

이제 일기 쓸까, 아니면 운동을 할까 말까 고민한다.

운동을 하다 떠올린 건 두 가지 가정이다.

내가 현장에서 일반 잡부 일을 계속한다면 힘들기는 하지만 결국 이겨 내고 몸이 엄청 튼튼해질 것이다.

다른 하나는 포기 안 하는 내 고집 때문에 몸이 망가져 반병신이 되는 것이다.

하지만 나는 지금 가장 편하다는 신호수를 하고 있다.

날씨가 좋아 얼굴 좀 탄 것 외에는 먼지도 없어 옷도 갈아입지 않는다.

사회에서 운동 삼아 돈 안 받고도 봉사할 수 있는 그런 일이니 정말 누군가의 안배인가? 아니면 말고 말이다.

### 4. 9월 22일 금요일 맑음. 작업 4일 차

　내가 하는 신호수는 단순하면서도 까다로운 일이다.
　정문에서 사무실까지 가는 통로라 윗사람들이 자주 다니기 때문이다. 그런 이유로 새 옷으로 갈아입고 면도하니 팀장도 좋다고 한다.
　와이셔츠 비슷해도 푸른 줄무늬가 찢어진 청바지와 잘 어울리고 말이다.
　다 좋은데 발이 부어 오고 계속 아픈 이유를 모르겠다.
　4~5시간 걸어도 열만 나던 발이 이제는 통증을 느낀 것이다.
　내 심장이 약해 서 있기만 해서는 혈액 순환이 안 되는가 보다.
　그렇게 신호수는 할 일 없는 보직처럼 보이나 사실 알고 보면 매우 중요하다. 철근이 오가는 상황에서 일하는 사람에게 사이렌을 울려 경각심을 준다.
　원래의 임무는 크레인 주위를 오가는 사람을 보호하는 일이지만 말이다.
　현장 아래에도 신호수가 추가된 것을 보면 내 말이 맞다.
　우리 용역 사무소에서 일 나온 8명 중 4명이 이와 비슷한 일을 한다.

　휴식 시간에 보니 수입 대행자인 정 사장에게 메시지가 왔다.
　오늘까지 커피 검사비 안 보내면 전량 폐기 처분 한단다.
　얼마 전 인도네시아에서 수입한 3천만 원 가치의 커피를 말하는 것이다.
　금액은 30만 원이 안 되어 지금까지 번 돈으로 충분하다.
　하지만 당장 움직일 수 없어 친구인 명찬에게 연락해 송금이 대체가 되었다.

   일당은 카드를 쓸 수 있는 아들 통장에 입금시켰기에 스마트폰으로 송금할 수 있는 내 새마을금고 통장에는 잔고가 없다.

   돈이 해결되니 현장은 마음 편히 돌아간다.
   다가올 월요일과 화요일에 콘크리트 타설이 있어 서두르는 것 같다.
   추석 연휴가 수요일부터이니 정상적인 공정이다.
   나 또한 크레인을 따라 움직이니 제대로 쉬지를 못했다.
   밥 먹고 한숨 자는 꿀잠을 포기하였고 일은 퇴근 전까지 계속되었다.
   일당 받는 잡부의 책임은 아니지만 그래도 나름 열심히 했다.
   그런데 퇴근하려는 나를 철근반장이 잡는다.
   크레인 일이 아직 진행 중이니 마무리를 하라는 것이다.
   다행히 우리 팀장이 부르러 와서 해결되었지만 좀 이상하다.
   팀장 말로는 그는 우리 회사 소속이 아니고 형틀이라는데 그의 작업모에는 분명 삼협이라 적혀 있고 철근 작업을 지시하기 때문이다.
   어쨌든 나는 내가 속한 팀장 말을 우선으로 따라야 한다.

   일 끝나고 바로 송금한 후 명찬이와 한동안 통화를 했다.
   나이 50살 먹어 영화배우를 시작한 그는 나만큼 마음대로 인생을 살아왔다.
   자유에 대한 책임은 선택한 일에 최선을 다하는 것이나 노력만큼 대가가 따르지 않는 것도 비슷하다.
   그와의 대화도 인생의 마지막 목표를 정했으니 서로 급할 것 없다 했지만 사실 나는 어떤 일이든 미루지 않는다.

지금 이 글도 사실 너무 피곤해 자다 일어나 쓰는 것이다.
각설하고 내가 현장 일 하기로 정한 것은 별도의 목적이 있어서이다.
먼저 건강을 완전히 회복하기는 일반 공만 한 것이 없다.
생각보다 온몸의 근육을 쓰고 특히 약해진 하체를 보강시켜 준다.
더하여 거의 사라진 나의 성기능도 회복시켜 주리라 믿는다.
노동과 운동은 분명 차이가 있으나 게으른 나는 반강제의 효과를 노렸다.
돈 아쉬운 자의 체면을 위한 변명이지만 말이다.


집에 오자마자 빨래하고 샤워한 후 바로 잠이 들었다.
별로 한 일도 없지만 누적된 피로 때문인가 보다.



## 5. 9월 23일 토요일 맑음. 작업 5일 차

내가 신호수를 보는 크레인 기사가 갑자기 둘이 되었다.
운전석에 오른 두 명 중 하나는 젊은 걸 보니 현장 실습인가 보다. 그자가 자격이 있는 줄은 모르나 실력은 엉성함을 넘어 너무도 끔찍했다.
나르던 철근 더미가 춤을 추더니 벽을 치고 사람을 향해 달려드는데 아래 있는 신호수는 다른 데만 쳐다보고 있다.
내가 긴급하게 신호 보내지 않았으면 철근이 누군가의 머리를 칠 뻔했다.
현장에서 크레인을 연습하다니 사고는 정말 안이한 마음에서 온다.

오늘 새로 온 젊은 사람은 호텔에 근무했었다고 한다.

명퇴 후 필리핀에서 강사 데려다 영어 학원을 차렸다가 망한 사람이다.

자세한 내용은 모르지만 사업 선정보다 구성이 잘못되었다.

원어민이 아니면 대우 안 해 주는 한국에서 필리핀 교사로는 힘든 일이다.

또 다른 이유가 있는지도 모르지만 말이다.

좀 더 대화를 나누니 그는 하얏트 호텔 로비에 근무했다 한다.

먼저 다른 동료가 신세계 근무한 걸 자랑한 게 떠오른다.

둘의 유사성은 좋은 직장 다니다 망한 것이나 자세히 보면 조금 다르다. 전자는 능란하게 열심히 일하나 후자는 반장 눈치만 보고 말이 많다.

나는 노가다 일에도 긍정적인 사람에게 후한 점수를 준다.

그는 7년이란 세월을 현장 일 했으니 삶이 얼마나 고단한지 느꼈을 것이다. 하지만 아직도 주식에 미련을 못 버린 그의 꿈을 읽을 수 있었다.

내가 간여할 바는 아니지만 투자가 아닌 투기는 망할 수 있고 신이 허락한다면 반대로 일확천금을 벌 수도 있다.

나도 필리핀 거주 당시 카지노에 다닌 적 있었다.

하루 10만 원을 베팅 한도로 하였고 이상하게도 잃은 적이 없었다.

사실 매번 땄으나 카지노 돈은 부정 탄다 하여 본전 챙기고 놀면서 소진시켰다. 가끔 본전이 소진되는 경우 다시 10만 원을 꺼내 복구하면서 말이다.

그러던 어느 날 두 번 연속 쉽게 소진되는 경우가 나왔고 나는 자연스럽게 지갑을 꺼내다 스스로 놀랐다.

지금까지 본전을 찾았다는 이유로 이번도 확신하고 있던 것이다.

카지노에는 귀신이 있다고 했는데 그 당시 꼭 홀린 기분이어서 바로 나왔다.

사실 카지노는 오래 하면 무조건 딜러 커미션에 의해 모두 돈을 잃는 곳이다.

하지만 달리 갈 데 없는 무더운 마닐라에서 음악과 공짜 식사를 즐기기에 이만한 곳이 없고 주차도 공짜인 것으로 안다.

그렇지만 이 세상에 공짜는 없는 법이고 대부분은 유혹에 말려든다.

난 필리핀에서 돈을 날린 게 아니라 정열과 시간을 날렸다.

사실 날렸다기보다는 아직 진행형이기에 지금은 현장에서 신호수를 하고 있다.

그 편한 신호수 일도 계속하다 보면 오후부터는 다리가 부어 온다. 각반을 좀 느슨하게 한 게 효과가 있어 작업화도 끈을 조금 풀었다.

하지만 계속 서 있는 상황이라 부은 발은 포기하고 굳은 허리를 스트레칭한다. 다행히 오늘은 사람들이 많이 다니지 않아 자주 몸을 풀 수 있었다.

걱정했던 수술받은 무릎은 아직 견딜 만하고 말이다.

그런데 가슴이 답답한 이유는 아무래도 잘 때 피우는 모기향이 원인 같다.

살충력이 있는 연기 속에서 잠을 자면 호흡에 문제가 있다.

모기장 없는 창문을 통해 달려드는 모기 때문에 안 피울 수도 없고 말이다.

동남아 생활 20년이 넘었지만 아직도 모기 문 곳이 가려운 건 참을 수 없다.

필리핀에서 하루에 수백 번 물리고도 참고 산 게 신기하다.

## 6. 9월 24일 일요일 맑음. 작업 6일 차

일요일은 신호수가 쉬는 날이나 일을 나갔다.

현장에 새로 온 사람을 만났는데 종씨에 '기' 자 돌림이다.

족보상으로는 손자뻘이지만 나이는 나보다 3살이 많다.

현장 나이는 정확하지 않지만 거짓말 못하는 나는 무조건 믿고 본다.

과거 내가 만난 수원 건달들이 나이를 속였지만 그렇다고 손해 볼 건 없었다.

한두 살 어린 그들과 친구하는 건 나쁘지 않았고 형이 되면 부담이 간다. 형 노릇 제대로 하는 내 성격 탓에 손해를 많이 보지만 말이다.

어디서나 나이 한두 살 더 먹은 척하는 건 형이 되어 아우를 부리려 하는 한국인만의 특성이다.

일반 잡부 일은 신호수와 달리 온몸이 땀으로 다 젖는다.

'어떤 운동이 하루 종일 전신에 피를 돌게 할까?' 하는 생각이 든다.

쉬는 시간에 혈압을 측정해 보니 극히 정상인 125가 나왔다.

1년에 걸친 배낭여행 후 140이 나온 것에 비하면 몸이 많이 회복되었는데 부디 이런 몸 상태가 계속되었으면 좋겠다.

이렇게 열심히 일하지만 팀장은 건설 현장 초보라고 아직도 나를 무시한다.

내가 존댓말 쓰고 공손히 대하는 걸 나약하다 보는 한심한 놈이다.

하지만 당장 급한 돈을 해결해야 하는 나는 무조건 참고 있다.

일한 지 겨우 일주일이니 달리 방법이 없고 좀 더 경험도 필요하다.

신호수 하며 지켜보니 잡부 일이 결코 쉬운 건 아니다.

시원치 않은 지시에 의한 자재 정리나 청소 등 단순한 일이지만 위치가 현장 맨 아래이기 때문이다.

본사 직원은 간부이고 하청회사 직원은 사원으로 역시 상위 그룹이다.

그 밑에 상사 수준인 직영반장과 직속인 노무자가 있으며 용역은 최말단으로 군대로 치면 파견 나온 사병이고 팀장은 분대장 수준이다.

하지만 내 동창들이 현역이라면 이사급 이상이니 최소한 장군에 해당한다.

현장소장은 규모에 따라 대대장이나 연대장 정도일 것이다.

그러니 스리 스타 정도인 회사 사장을 아래로 보는 정치권은 어떤 세력일까?

그들 눈에는 현장 막일꾼이 사람으로 보일까?

한때 장군이었으나 말단 노가다가 된 내 위치는 더욱 공교롭다.

가끔 내 능력을 이 현장에 발휘하는 공상을 해 본다.

내가 잘하는 인테리어 경력이 도움이 될 것이고 분양 역시 그러하다.

지식산업센터가 정확히 뭘 의미하는지 모르지만 일단 광고가 필요하다. 이미지를 활성화시키면서 서서히 지명도를 늘려 가야 할 것이다.

내가 쓰는 일기를 각색하여 책으로 낸다면 도움이 되지 않을까, 생각해 본다.

말단 용역 잡부나 하는 주제에 별생각을 다 하니 난 역시 사회성이 없다. 출판도 안 되는 글을 쓰고 기약 없는 커피나 연구하면서 말이다.

아직 모든 게 끝난 것은 아니고 재기를 위해 애쓰지만 내용을 모르는 일반인이 보기에는 그냥 패배자이다.

행색은 노숙자에 가까우나 당장 돈도 없으니 할 수 없다.

일 끝난 후 모처럼 수원 건달 곽 ○○에게 전화를 걸었는데 안 받는다.

커피를 팔 수 있나 물어보려는 것인데 내가 영양가 없다고 무시한 것 같다. 건달은 물론 보령 박 사장이나 고교 동창들도 은연중 나를 무시한다.

그나마 의리 있는 친구인 필규와 명찬이만 제외하고 말이다.

필규는 나의 성공을 기대했으나 시간이 지난 지금은 조금 실망한 듯 보인다.

영화배우 명찬이도 티를 안 내지만 마음은 서로 비슷할 것이다.

그럼에도 항상 우정을 잃지 않으니 친구는 맞다.

돈 벌면 이 둘을 돕고 싶어 하니 도대체 나의 성공은 누구를 위함인가?

돈 벌려는 목적치고는 너무 허황되고 미약한 게 아닌가 싶다.

그러나 금전욕이 없는 나에게는 사실 큰 목표이자 이루고 싶은 꿈이 있다.

나의 2차 버킷 리스트 중 하나는 영화 만들기이다.

어쨌든 인도네시아에서 수입한 커피를 보령에 보내야 한다.

세관을 통과하는 데 얼마가 들지 모르지만 그래야 내 의무가 끝나기 때문이다.

일단은 보내고 다시 일을 계속하면 100일 후에는 커피를 재수입할 수 있고 200일 지나면 새로운 은신처도 만들 수 있다.

아예 1년 내내 열심히 일해서 작은 커피숍 하나 만드는 것도 생각해 본다.

그 안에 수입한 커피를 팔 방법을 모색하면서 말이다.

어떻게든 물꼬만 트면 갇혀 있는 엄청난 물은 저절로 빠져나갈 것이다.

계획대로 될지는 미지수지만 나는 영감대로 살아간다.

그런 면에서 보면 난 더 이상 순례자가 아니어도 아직 계시를 따르는 셈이다.

신의 계시를 따르는 일은 힘들어도 목표가 있어 견딜 만하다.

그리고 어렵게 만들려던 시벳커피가 내가 원하는 금액으로 살 수 있게 갑자기 나타난 것도 비슷한 맥락이다.

물론 제대로 2차 가공 해야 최상급이 나오지만 말이다.

하지만 분명한 건 코피루왁 농부들이 나를 발효 커피 전문가로 인정한 것이다.

그들은 그린빈 사이로 올라오는 사향 냄새로 커피의 진위를 판단한다. 그러니 내가 파치먼트를 냄새로 구분한 건 그들에게 놀라운 일이었을 것이다.

한국에서 알아주지 않은 코피루왁에 대한 나만의 집중력이다.

샤워하다 거울을 보니 얼굴이 생각보다 많이 탔다.

날씨 좋은 발리에서 보낸 내 사진을 본 명찬이가 선탠을 하라 했는데 지금은 필요 없을 정도이다.

약간 갈색의 얼굴이 보기에는 나쁘진 않지만 눈이 침침하다.

외부에 계속 있으니 아무래도 자외선에 노출되어 그런 것으로 생각된다.

안경알이 너무 투명하니 이번 기회에 색을 넣어 볼까 한다.

이 현장에서 신호수를 계속한다면 말이다.

저녁에 고시텔 집세를 냈지만 옮기는 걸 고려 중이다.

방충망이 시원치 않아 모기가 너무 많고 김치도 너무 시어 먹을 수가 없다.

일 나가면 잘 먹기는 하지만 집에 와서 먹는 저녁 식사가 문제이다.

지금 내는 30만 원에 5만 원 보태면 화장실 딸린 방에 뜨거운 물도 잘 나온다. 그리고 추석 연휴같이 집에서 노는 날이 길어지면 취사도 필요하다.

아직 3주 정도 더 있어야 하니 천천히 찾아보자.

## 7. 9월 25일 월요일 흐림. 작업 7일 차

오늘은 레미콘 타설 하는 날이다.

예상 물량이 200대로 이는 총 1,200㎡를 의미한다.

스티로폼으로 형틀을 만든 매트에 타설하고 기초는 버림으로 마무리한다.

내가 신호수를 맡은 곳은 정문으로 토목 차량까지 포함되어 제일 바쁘다. 다른 문은 2인 1조이나 이상하게 정문은 나 혼자 모든 일을 한다.

모두 열심히 하겠지만 교대 없는 나는 화장실도 못 가 정말 힘들었다. 하지만 차량을 통제하는 일은 긴박함을 좋아하는 내 적성에 맞았다.

레미콘뿐 아니라 덤프트럭과 도로의 일반 차량도 통제해야 하기에 쉴 새 없이 신호등을 흔들고 수신호를 보낸다.

신호를 잘못하면 교통사고로 이어지니 경각심이 살아난다.

조금 떨어진 두 곳의 출입문은 연결 도로가 커브라 위험하기 때문이다.

위급한 경우 나는 도로 한가운데 나가 몸으로 지나가는 차량을 막아야 했다.

기분 나쁠 운전자들을 위해 경례까지 붙이면서 말이다.


타설 작업 중 거푸집이 터져 콘크리트가 새어 나왔다.

가벼운 스티로폼이 콘크리트에 밀려 올라가 버린 것이다.

장비가 안에 들어갈 수 없어 인력으로 해야 하는데 나서는 사람이 없다.

지금 일하는 사람은 직영과 용역에서 온 잡부들이다.

일당 받는 사람들이 책임감 없는 건 이해하지만 정식 고용된 반장들도 어영부영하는 모습에 회의를 느낀다.

모두 남 부리기만 좋아하지 아무도 자신을 희생하려 하지 않는다.


사고 난 부위는 엄청난 양의 콘크리트가 터져 나와 짧은 시간 내 끝낼 수 있는 일이 아니었다. 주변에 펜스를 치고 다른 곳을 타설했는데 시간이 지체되어 야간 일을 했다.

저녁도 안 먹고 7시 30분인가 끝났으나 반나절 일당을 더 쳐준다.
벌이는 좋지만 몸이 힘들고 무엇보다 발이 너무 부어 아프다.
현장 사진을 찍을까 하다 남의 치부라 덮어 버렸다.

집에 돌아가는 길에 힘이 하나도 없다.
너무 피곤한 탓인지 잠도 잘 오지 않아 한밤중인 12시에 다시 깼다.
일기 쓰고 담배 피우러 옥상에 가니 고시텔 동생들이 나와 있어 그들과 수다 좀 떠니 벌써 출근 시간이 되었다.


## 8. 9월 26일 화요일 비. 열외 1

어젯밤부터 내린 비가 멈추질 않는다.
현장에 도착하니 빗줄기는 가늘어졌지만 토목 공사는 아예 시작도 안 했다.
경사로가 미끄러워 트럭이 올라갈 수 없어서 그렇다는데 정확히 알 수 없다.
비 때문에 콘크리트 타설은 중지되었고 신호수 할 일도 없어졌다. 몸살 기운이 있는 나는 바로 짐을 싸서 현장을 나선다.
그런데 같이 신호수 하던 사람이 내가 가는 걸 걱정한다.
아마도 수수료 챙기는 용역 회사가 안 좋아할 것을 걱정하는 모양이다.
하지만 나 같은 꾸준히 나오는 사람은 용역 회사가 필요로 하는 하나의 자원이다.

나는 큰 문제 없으리라 생각했고 또한 너무 피곤했다.
아침에 현장 가는 차 안에서 처음으로 졸았으니 더 말할 필요도 없다.

집에 오자마자 빨래 후 아침잠이 들었다.
깨어난 오후 고기 사러 시장에 가니 추석 전이라 엄청 붐빈다.
길눈 어두운 나는 사려던 돼지 뒷다리 살을 파는 가게를 간신히 찾았다.
담백하여 내가 좋아하는 뒷다리는 1만 원에 3근이다.
표면의 비계는 김치찌개를 끓이고 덩어리 살코기는 수육으로 만든다.
수육은 잘게 찢은 후 채소와 마요네즈를 무쳐 샌드위치로 만들어 먹으면 참치보다 훨씬 경제적이다.
나는 기름기 많은 삼겹살을 4배나 비싸게 먹는 이유를 모르겠다. 같은 돼지 다리지만 앞다리 살은 2배나 비싸고 말이다.
근육 덩어리로 된 뒷다리 살은 예로부터 햄을 만들던 고급 부위이다.

시장을 본 후 어제의 임금을 받으러 사무실에 갔다.
근데 말없이 돈 주는 소장의 눈치가 이상하고 옆의 총무도 곁눈으로 쳐다본다.
혹시나 하고 잠시 걱정했으나 무시하고 만다.
몸살기에 잠까지 못 잔 나는 너무 피곤해 일당을 포기했을 뿐이다.

고시텔에서 지금까지 쓴 글을 읽어 보니 감흥이 없다.
몸을 이용해 일해서인지 피가 머리로 안 가 단순한 현장 기록이 되고 만다. 내가 느끼고 싶었던 노가다하는 사람의 심정조차 알 수가 없는 것이다.

  누군가 고시원에서의 생활을 써 보라 했지만 마찬가지이다.

  어쩌면 먹고, 일 나가고, 잠자는 생활이 인간의 본모습인지도 모른다.

  좋은 집과 명품 옷 그리고 고급차와 비싼 음식이 더해져도 차이 날 것은 없다. 평범한, 아니 허접한 삶 속에서 뭔가를 찾으려 하는 내가 잘못된 것인가?

  어쩌면 핑계이고 본질은 노가다하는 일이 쪽팔려 일기를 쓰는지도 모른다.

  일기 쓰는 늙은 노가다 잡부가 평범하지는 않지만 말이다.

  나의 유일한 사치는 시벳커피를 매일 마시는 것이다.

  만 원짜리 청바지를 3년째 입고 5천 원짜리 시계에 만족하는 내가 말이다.

  그런 내가 어제 야근 포함한 일당 20만 원 받고 좋아한다.

  돈이란 게 필요한 경우 상당한 만족감을 주는 것은 사실이다.

  하지만 어느 정도 수입이 있다면 나는 다시 배낭여행을 떠날 것이다.

  돈 떨어져 노가다로 다시 생활비를 벌더라도 말이다.

  지금은 새벽 2시인데 잠잠했던 하늘은 비가 오기 시작한다.

  일기예보를 보니 5~10㎜로 이 정도면 마무리 콘크리트 타설을 할 수 있다.

  사진 찍어 매스컴에 띄우는 악질 기자만 없다면 말이다.

  오늘 타설을 할지 정확히는 모르지만 일단은 대기하려 한다.

  추석 앞두고 타설을 안 하면 공기가 2~3일은 늘어나니 무조건 해야 할 것이다. 내가 현장소장이라면 말이다.

  안 되는 걸 억지로 하는 건 문제를 야기하지만 지금 현장 상황은 정상적이다.

  콘크리트 잔해를 치우고 다시 거푸집을 설치했다면 말이다.

  하지만 처음부터 스티로폼을 쓴 게 마음에 걸렸는데 결국 원인 제공을 했다.

  왜 내가 미리 느끼면 모두 그대로 될까?

  그래서 사람은 말조심에 생각 조심까지 해야 되는지도 모른다.

  모든 게 씨가 되는 걸 보면 이 세상은 인간만이 사는 게 아닌 건 확실하다.


## 9. 9월 27일 수요일 흐림. 열외 2

  오늘 태영, 즉 군포 현장으로부터 퇴출되었다.

  원래 직영반장과 사이가 좋지 않았지만 어제 나왔다 그냥 간 게 빌미가 되었다.

  내가 현장에서 돌아올 당시의 상황은 터진 거푸집 사이로 나온 콘크리트 잔해를 치워야 했는데 인원이 부족했나 보다.

  이 부정적인 결과는 함께 퇴출된 다른 두 명까지 남 소장에 의해 큰 소리로 호명되었으니 사무실에도 안 좋은 결과이다.

  처음부터 일하러 안 나왔으면 아무 일 없는데 경험 없는 나의 실수였다.

마침 욕 잘하는 팀장도 안 나와 수습할 사람도 없었고 말이다.

일주일 만에 해고된 나는 다음 현장에 배정받기를 기다리는 신세가 되었다.

한마디로 일하기 전 처음 상태로 돌아간 것이다.

고시텔에 돌아온 나는 긴 추석 연휴를 보내야 한다.

군포 현장은 4일만 쉰다고 했으나 나는 퇴출되었고 새 현장에 교육을 받으려면 시간이 더 필요하다.

생각지 않게 시간이 많이 생긴 나는 글쓰기로 시간을 보내기로 했다.

과거에 쓴 모든 글을 정리해 출판사로 보내려는 것이다.

하지만 며칠 전 내 글에 대한 필규와의 대화가 은근히 신경 쓰인다.

문학박사인 필규 말에 의하면 출판사에서 투고된 작품은 신입이 읽는데 내 소설 《천상의 커피》는 형식이 잘못되어 읽어 보지도 않을 거라 한다.

매너리즘에 빠지지 않은 신선한 사고라면 판매 가능성을 볼 수도 있지만 그들은 배운 대로 형식을 중요하게 여기기 때문이다.

그리고 필규 말에 의하면 내 글은 산문시에 가깝다고 한다.

자기만의 특색이라며 내키는 대로 내용을 변경하는 이상한 버릇 때문이다.

사회성이 결여된 나의 사고는 현장이나 문단에서나 힘들다.

그럴 가능성은 거의 없지만 최소한 내가 유명해지기 전까지는 말이다.

대학 1학년이었으니 매우 오래전 일이다.

내가 떠오르는 게 많아 글로 기록하려 했더니 필규는 장르를 물어본다.

순간 나는 내가 쓰려는 글의 정체성을 알려고 했지만 불가능했다. 매 순간 떠오르는 내용을 쓰려 했기에 장르를 구분할 수 없었던 것이다.

내 감정의 기복과 따르는 느낌의 기록은 일반적이지 않다.

이 작은 고민 하나를 잊는 데 20년 걸렸고 이후 우연히 만난 한 여성 작가 지망생도 꼭 그렇지 않다고 했다.

외형이 꼬질꼬질했던 그녀는 자신의 견해지만 그게 요즘 흐름이라 했다.

이 세상에 정해진 건 없고 모든 건 시간이 해결해 준다.

커피나 음식, 심지어 표현하는 언어까지 유행에 따라 변하듯이 말이다.

그런데 필규는 40년이 더 지난 지금 다시 형식을 말한다.

물론 형식이 있어야 전달이 되지만 정말 그놈의 문학이란 지긋지긋하다.

그래서 어찌 보면 난 그저 스토리텔러에 불과하다.

오랜만에 스티븐 킹의 글쓰기에 관한 책이 기억난다.

가급적 간략하고, 읽기 쉽게 쓰라 하는데 그럼 그의 글도 문학은 아니다.

'학'이란 문자가 들어 있음으로 인해서 대학은 형식을 만들고 가르친다.

요즘 젊은이들은 자기들만의 언어를 스스로 만드는데 말이다.

아무도 알고 싶어 하지 않은 공자님 말씀 등을 외우고 있는 필규가 안쓰럽다. TV나 유튜브에서 그 잘난 공자님 말씀으로 먹고사는 이도 있지만 말이다.

언젠가는 그가 지닌 지식과 철학이 세상에 큰 영향을 주리라 믿어 의심치 않지만 그도 너무 먼 길을 가고 있다.

나이 50 되어 영화배우를 지망한 서 명찬처럼 우리 셋은 모두 갈 길이 멀다.

다행히도 스스로 건강을 챙기니 목적지에서 함께 보기를 기대한다.

각설하고 지금도 중요한 건 끝없는 스토리와 함축된 내용이다.

소설 《25시》를 읽고 전체적인 줄거리를 떠올리는 나와 그중 극히 일부분인 대화를 달달 외워서 말하는 필규와의 차이처럼 말이다.

그래서인지 유일하게 시처럼 형식을 갖춘 '아침 일기'가 사라진 게 아쉽다.

평생 다시 쓸 수 없는 글일지도 모르기 때문이다.

## 10. 10월 2일 월요일 맑음. 열외 3

옆방의 젊은 친구를 인력 사무소에 데리고 나갔다.

나는 안 될 가능성이 높지만 그는 오래 다녔고 또한 돈이 필요한 상황이다. 예상대로 둘 다 안 되었고 팀장은 그에게 왜 나왔냐고 핀잔을 준다.

이렇게 사무실에 가끔 나오는 사람은 절대 환영받지 못한다.

나는 완전한 퇴출이나, 하얏트 호텔 다녔다는 동생이 같이 가자고 한 걸 보면 다른 이들은 이 사실을 모르는 모양이다.

나에 대한 진실은 반장과 팀장, 이 두 사람만 아는 사실일 수도 있다.

아니면 사무실에서 오래 일할 사람 길들이기인지 모른다.

어떤 내용이든 돈이 없다는 이유로 나는 다시 불안해졌다.

과거 일꾼을 부릴 때 하루 먹고살 돈만 주어 관리했다는 내용이 기억난다.

벼랑 끝에 있으면 일에 최선을 다하기 때문인데 지금의 내 처지가 그렇다.

하지만 일은 시키면서 부려 먹어야지 갑자기 놀고 있으니 너무 막막하다.

남들 일 나가는 걸 보고만 있으니 한숨이 다 나온다.

다른 방법이 없는 나는 내일과 모레를 생각한다. 오늘도 일이 없음에도 가장 앞자리에서 소장에게 눈도장을 찍는 이유이다.

사무실을 나오며 인사한 것은 먼젓번 안 한 것에 대한 보상이다. 내가 선택될 가능성을 조금이라도 높여야 한다.

하지만 만일의 사태에도 준비한다.

나는 이미 기초 수급을 다시 신청하려 조사했고 서류도 가지고 있다.

그리고 혹시나 하여 돈 많은 동창에게도 연락했으나 그는 이미 은퇴했고 자기만의 삶을 살고 있어 사업하기 싫다고 한다.

나도 그럴 예정이니 충분히 이해는 가지만 아쉬운 순간이다.


다른 시도는 커피 샘플이 오면 보낼 곳을 찾은 것이다.

난 사업보다는 커피 재료를 공급으로 적당한 이익을 취하며 글을 쓰고 싶다. 커피숍을 직접 차리면 보다 쉬워지지만 이 역시 많은 돈이 들어간다.

보증금과 시설이 문제가 아니라 권리금이 상당해서이다.

방법은 권리금 없는 망해 가는 숍을 찾아 보증금에 대한 융자를 받고 나머지는 시설을 중고로 매입하면 된다.

　내가 팔려는 핸드드립 커피는 최소한의 시설로 영업이 가능하기 때문이다.

　하지만 역시 매출이 걱정되는데 커피숍에 대한 사람들의 견해는 인테리어 등 외형적인 것에 비중이 크기 때문이다.

　근데 알아보니 나이 60이 넘으면 보증금 담보 대출도 불가능해 포기한다. 65세부터 노년인 대한민국에서 60세부터 64세가 가장 취약 계층이다.

　커피숍 없다면 그냥 커피를 볶아 원두를 봉지로 파는 것이 가장 적당할지도 모른다. SNS를 이용하면 인건비도 거의 안 들고 말이다.

　일을 나가면 모든 일이 풀리지만 만일을 대비한 생각은 점점 끔찍해진다.

　난 이제 사람들이 왜 노숙자가 되는지 조금은 알 것 같다.

　그들은 돈이 아니라 희망, 즉 계획할 수 있는 미래가 전혀 없는 것이다.

## 11. 10월 3일 화요일 맑음. 열외 4

　오늘은 출근하자마자 팀장과 자초지종을 이야기했다.

　사실 그는 땜빵 팀장이라 내가 계속 나온 것과 전날 야근한 것도 모른다. 또한 불이익을 당할 수 있다는 걸 내게 제대로 전달도 안 했다.

　하지만 나는 그에게 아무것도 따지지는 않았다.

잡부들 세계에서 과거를 따질 이유도 없고 그도 권한이 없기 때문이다.

내가 속한 곳은 하루하루 살아가는 일당쟁이들의 사회로 어찌 보면 생에 미련 잃어 보이지만 그만큼 처질하기도 한 곳이다.

내 삶이 소설 《서부 전선 이상 없다》의 참호 속에서 하루하루 힘겹게 버티는 독일 군인과 비슷하다 느껴진다.

일을 못 한 채 집에 돌아온 나는 구글과 네이버 블로그에 글을 올렸지만 커피 판매에는 아무 소용 없다고 한다.

지금은 유튜브가 대세이고 아무도 그 엄청난 영향력을 막지 못하고 있다.

근데 이상하게도 난 왜 인기 많은 유튜브가 싫을까?

일부를 제외하면 전개가 어설프고 미완성적이며 주작도 많지만 가끔 보기는 한다.

다만 저급하다 느끼는 그들 속에 내가 섞이는 게 상상만으로 고통스럽다.

하지만 아무리 생각해도 내가 늙은 것이 가장 큰 이유이다.

옹고집이란 말처럼 남의 의견이나 말이 귀에 들어오지 않기 때문이다.

그냥 시간 보내기 뭐해 《필리핀 데카메론》을 다시 정리했다.

애써 쓴 글이니 출판사에 보내 돈으로 만들어야 한다.

어쩌면 10년 전 13% 인세 준다 했을 때 출판했어야 했는지도 모른다.

이미 지나갔지만 아쉬운지 가끔 생각나는 대목이다.

나중에 직접 단편 영화 만든다는 핑계를 댔지만 돈은 그 당시도 지금도 없다.

하지만 시벳커피를 어느 정도 성공했기에 돈 많은 미래를 기대했나 보다.
내 꿈은 이뤄지는 게 아니라 자꾸만 멀어져 간다.

허리는 담에 걸린 것처럼 주변으로 조금 이동을 한다.
차라리 일을 한다면 어떻게든 풀어질 것 같으나 지금은 집에서 놀고 있다. 일을 안 하니 팔다리가 저려 오는데 확실히 혈액 순환이 문제이다.
컴퓨터를 보며 의자에 계속 앉아 있는 자세는 정말 내 몸에 최악이다.
태영 현장에 다시 나갈 수만 있다면 한 1년 일하면서 건강을 체크하고 싶다.
물론 내가 필요한 돈을 벌겠지만 무엇보다도 건강이 최고이다.
어쩌면 나는 사고 없는 단순한 삶을 즐기는지도 모르겠다.

건강을 위해 나는 움직여야 했다.
몸을 풀고 머리 식히려 밖에 나가 운동을 했으나 몸이 그전과 다르다.
하루 종일 서 있는 신호수는 하체를 약하게 하는 노동인가 보다. 일부러 무거운 작업화를 신는 이유는 등산과 비슷한 효과가 있기 때문이다.
현장 일은 허리를 더 쓰긴 하지만 이 역시 대부분은 걷는 게 하루 일과이다.
앞으로 어디를 나갈지 모르지만 눈치껏 일에 충실하련다.
바보같이 분위기 파악 못 해 잘리는 일은 없어야 한다.

다이소 가서 뿌리는 파스를 3,000원에 샀다.
붙이는 게 효과가 강하지만 같은 금액으로 다양하게 이용하기 때문이다.
 아픈 허리는 물론 팔, 다리, 심지어 발바닥까지 뿌리니 잠은 잘 온다. 파스 냄새 때문인지 아니면 쌀쌀해져서인지 모기도 많이 줄었다.
 사실 매일 7~8군데 물리는 모기는 오래전 내가 살던 동남아를 느끼게 한다.
 베트남이나 인도네시아 말고 집과 가족이 있는 필리핀 말이다.
 잠시 마누라 크리스와 아들 유진을 생각해 본다.

## 12. 10월 4일 수요일 맑음, 오후 소나기. 열외 5

 오늘도 일 나가지는 못했으나 내일을 약속받았다.
 매일 앞자리에서 얼굴도장 찍은 것이 효과가 있어 보인다.
 사무실 쉬는 날을 제외하고 하루도 안 빠지고 출근한 것은 분명 남과 다르고 열심히 일하겠다는 어필이기도 하다.
 지금까지 일 못 한 게 5일이니 70만 원 손해 본 셈이나 후회하지는 않는다.
 아픈 허리가 나았고 원고를 다 정리했으며, 사업 구상은 물론 비상시를 위해 기초 수급자 신청도 준비했다.
 이제 내가 얼마나 지속적으로 일을 할 수 있냐에 미래가 달려 있다.
 하지만 처음 목표인 100일로는 1천만 원밖에 모을 수 없다.
 이 돈으로 통신 판매는 가능하나 커피를 볶아 팔려면 허가 조건에 커피숍이 필요해 최소 3천만 원은 든다.

1년을 계속 일해야 벌 수 있는데 사실 내 건강에 대한 자신은 크게 없다. 일주일 남짓하고도 벌써 몸이 극도의 피로감에 휩싸이기 때문이다.

한 달이 넘어가면 이력이 나서 나아질지는 모르지만 말이다.

코피루와 판매처를 찾으니 '진루아쏘'라는 곳이 가평에 있다.

영업을 하는 것으로 확인되어 일단 편지와 함께 커피 2봉지를 보냈다.

큰 기대는 안 하지만 '발리 킨다마니'를 거론하는 걸 보니 내 커피가 필요하다.

문제는 로스팅한 지 두 달이나 된 내 커피의 진위를 판단할 수 있는가이다. 좀 더 기다려 신선한 샘플을 보내야 하는데 현 상황이 여의치 않다.

이를 그대로 시행하는 게 고집인지, 배짱인지 모르나 최소한 그들이 파는 것보다는 나을 것이기 때문이다.

계시받는다고 믿는 내가 항상 주장하는 '아니면 말고' 말이다.

이상하게 늙어서 아집만 남았는데 다시 사회성을 살리기엔 시간이 없다.

부디 더 이상 악화되지 않기만 바랄 뿐이다.

오후가 되자 갑자기 비가 엄청 내린다.

옆방 막내는 내일 나갈 일을 걱정하나 나는 소나기 같다 했다.

기온이 내려가면서 바람도 없이 검은 구름이 몰려드는 걸 봤기 때문이다.

그래도 혹시나 하여 날씨를 검색하니 내일은 맑음이라 일 나가길 기대해 본다.

나는 요즘 바닷가 어부처럼 날씨를 점치며 살아간다.

그런데 돈이 떨어져 가는 긴장감은 아이러니하게도 삶의 활력이 된다. 앞으로의 막연함보다 닥침이라는 삶이 나를 지배하고 또 유지시켜준다.

그런데 돈 많이 벌어 할 일이 없으면 어떻게 될까?

은퇴 후의 목적 없는 삶이란 경제적 여유가 있어도 그리 만만치 않다.

한가하게 맛집 찾아 여행 다니다 보면 1년도 못 되어서 근질근질할 것이다. 그런 면에서 보면 아직도 많은 꿈과 의무에 사로잡혀 있는 나는 현역이다.

노가다하면서 커피를 연구하고 글도 쓰니 의지도 상당하고 말이다.

그동안 허비한 시간과 정력을 돈 버는 데 활용했으면 꽤 성공했을 것이다.

물질적 가치를 버리는 건 내 마음이지만 말이다.

## 13. 10월 5일 목요일 맑음. 작업 8일 차

오랜만에 가는 현장은 나를 설레게 한다.

내 소설 《필리핀 데카메론》 1장에 나오는 작은 섬에서 리조트로 취업을 나가는 섬마을 처녀인 로스가 생각난다.

"리조트가 보이자 그녀의 작은 손에 힘이 들어가고 심장 고동이 커졌다."인가?

작은 돈벌이를 기다리는 가난한 자의 처절한 행복이다.

나 또한 비슷한 마음이나 갑자기 문제가 발생했으니 혈압이다.

대부분의 현장은 혈압이 150을 넘으면 안 된다.

어제 병원에서 135였고, 아침에도 140이 나왔으나 갑자기 169가 나온 것이다.

그것도 일일이 직접 감시하는 아가씨 앞에서 말이다.

교육 후 다시 볼 기회를 주었으나 여전히 160이 나와 가능성이 멀어져 간다. 무엇보다 내가 몸으로 느낄 수 있었으니 혈압이 높은 것은 사실이다.

건설 현장에 잡부로 나올 정도로 절실한데 그것도 어렵다니.

너무 어이없는 현실이었으나 거의 포기한 나는 오히려 마음이 가라앉았다.

그리고 신의 장난인가 마지막 기회에서 145가 나와 통과되었다.

나는 왜 갑자기 혈압이 높아졌는지 생각해 본다.

일 나오면서 그리고 교육 전 커피를 많이 마셨지만 항상 하던 일이다.

좀 다른 것은 오늘 마신 커피는 평소보다 진하게 내린 것이다.

사실 어제 개봉한 커피는 중배전인데 기일이 경과했음에도 맛이 좋았고 오늘 아침은 그 맛을 충분히 즐기려 한 것이다.

그런데 이상하게도 이놈의 커피가 평소보다 카페인이 강하다.

난 시벳커피는 카페인이 약한 걸 강조했는데 강한 놈이 더 맛있는 것이다. 어쩌면 내가 못 느낀 카페인과 맛의 조화를 이번에 알게 한 것 같다.

그리고 강배전에서 카페인이 제거되는 것도 하나의 이유이다.

정말 커피의 세계는 배움이 끝이 없다.

교육을 받고 나서 시간이 나 현장을 둘러본다.

새 현장은 먼저 다니던 곳보다 체계가 잡힌 듯 보인다.

이미 골조가 올라가 많은 진도가 나가서인지 모르지만 차이는 분명하다.

무엇보다도 내게 막말하는 그놈이 없어 일할 만하다.

몸을 쓰는 것보다 저질스러운 놈을 상대하는 게 참으로 힘든 일이다.

인생 막 나가는 싸구려 인생과 싸울 수도 없고 말이다.

그런데 이번 현장은 중국인이 참 많다. 대부분 조선족이지만 중국말도 들리니 정확한 정체성을 알 수 없다.

유튜브는 그들에 대해 말이 많지만 솔직히 나쁜 한국인보다 나아 보인다. 서로 일하러 온 주제에 누가 높고 낮은 걸 따지는 건 우스운 일이다.

또한 여성도 많이 보여 나의 사고방식에 어울리는 현장이다.

내가 한 일은 다양했고 적당한 운동도 된다.

걷고, 들고, 나르고, 정리하는 등 모든 것이 포함된 현장 청소도 한다. 하체는 물론 상체도 적당히 쓰니 내가 원했던 일하는 모습이다. 하지만 항상 조심하는 허리 때문에 웬만한 무게는 등을 이용해 날랐다.

근육 많은 내 등짝은 아직도 쓸 만했기 때문이다.

일을 마치고 간 사무실에서 아침에 하던 말을 계속했다.

요는 얼마 전 내가 일당을 1만 원 더 받았기에 이를 돌려주려는 것이다. 누군가는 그러지 말라 하지만 내 양심에는 자연스러운 행동이다.

그런데 돈을 받은 소장은 정말 표정 관리를 잘한다.

항상 포커페이스인 그는 카드 게임을 좋아하는 듯 보인다.

어쨌든 기분 좋은 일이 생겼으니 한 시간 더 했다고 일당이 만 원 올랐다.

오랜만에 돈 생겼다고 모처럼 옷과 신발 그리고 마스크를 샀다.

그동안 노가다 일을 위해 산 게 적지 않으나 모두 내 자신을 위한 투자이다. 그 대신 현장 나가면 조리해 먹을 일이 없어 식품비가 절약된다.

저녁에 먹을 라면, 만두, 냉면, 단무지 등 겨우 2만 원으로 일주일이 충분하다.

나머지 돈은 기분 좋게 모두 통장에 입금시켰다.

이제 제동 걸렸던 제2의 일반 공의 일이 시작되는 것이다.

## 14. 10월 6일 금요일 맑음. 작업 9일 차

현장 이름은 하청업체인 고이건설 이름을 땄다.

원청은 한화이고 현대 등 대기업이 컨소시엄으로 개발하는 대규모 단지이다. 3개로 나눠진 현장 중 한 곳에서 일하는데 가끔 길을 헤매기도 한다.

차 타고 새벽에 오니 어두워 주변 환경도 모르고 말이다.

7시에 시작한 아침 조회는 학생 때 해 본 국민체조와 비슷하게 시작한다.

모인 근로자가 200명이 되어 보이니 작은 현장은 아니다.

여자들도 가끔 보이는데 어제 같이 시작한 동생 말로는 할당 때문이란다.

뭔 일을 하나 봤더니 도면 보면서 먹줄 놓거나 교차로의 신호수 등의 일이다.

똑같은 임금을 받으며 상대적으로 쉬운 일을 하나 어쨌든 여성의 건설 현장 참여를 나는 환영한다.

여자가 남자보다 근력이 약한 것은 사실이다.

하지만 일부 남자도 마찬가지로, 작고 허약한 이나 늙은이도 일 나온다.

안전 교육에서 나 같은 60세 이상은 좀 더 쉬운 일을 하도록 되어 있다. 65세 이상도 가능하다고 하니 건강을 위한다면 일하기를 권유한다.

돈 들여 헬스하고 등산 다니는 것보다 낫기 때문이다.

아무래도 돈 받고 하는 일이기에 무리해서 몸을 버릴 수도 있지만 말이다.

물론 일은 요령이 반이니 모든 건 자기 하기 나름이다.

이제 현장 열흘도 안 된 내가 이상하게 떠드나 싶지만 난 오래전 이미 본 적 있다.

나이 70 된 아저씨가 큰 해머를 휘두르며 철거하는데 젊은이 이상이다. 그는 현장에서 술 마시고 고기도 엄청 구워 먹었다.

요즘은 불가능하나 30년도 전 이야기이고 작은 현장이라 가능했을 것이다.

그는 일 안 하면 몸이 근질근질해 오히려 병이 생긴다 하였다. 그리고 그 나이에 여자 친구도 있다고 했으니 정말 부러운 체력이었다.

어찌 보면 노가다에는 옛날 사람들이 더 강한 것 같다.

가끔 현장 일은 미지의 세계로 여행을 떠나는 것과 같다.

나쁜 사람이나 좋은 사람 그리고 외국인을 만나 적절한 관계를 유지한다.

시원치 않은 몸의 컨디션을 적당히 조절해 가면서 말이다.

하지만 가끔 보이는 여성들은 나를 즐겁게 하고 외국인은 흥미를 유발시킨다.

여행과 다른 점은 시간이 제한적이고 돈을 벌면서 한다는 것이다. 하루 13~14만 원은 여행 시 쓰는 돈 이상이고 식사도 상대적으로 훌륭하다.

100만 원으로 한 달을 견디는 동남아 배낭여행과의 비교지만 말이다.

오늘 일은 청소로 먼지가 엄청 심했다.

마스크를 여분 있게 준비한 나는 같이 일하는 두 분에게 주었다. 하지만 일하다 긁힌 팔이 감염되었는지 부어오른다.

공사장의 반생이, 즉 굵은 철사에 긁히면 파상풍이나 봉와직염에 걸릴 수 있다.

흙 속이나 오래된 건물의 녹슨 철물에서도 발생하니 조심해야 한다. 의사 말에 의하면 계속 술을 마셔 저항력이 떨어진 경우 발병 확률이 높다.

점심시간에 미리 준비한 대형 밴드를 붙이자 염증은 가라앉았다.

오후도 비슷한 일을 했으나 이리저리 불려 다닌다.

마지막 일은 깨진 콘크리트 바닥 수거인데 옆에 있던 신호수 아줌마가 나보고 마대에 조금만 담으라 한다.

그러고 보니 같이 일한 현장 동료도 비슷한 충고를 했다.

그들의 말이 나를 위함인지는 모르지만 난 조금 무거워야 운동이 된다.

하시만 운동과 노동은 성발 격이 다르고 위험할 수도 있다.

난 가벼운 놈으로 덤벨을 바꾼 것처럼 운동 횟수를 늘리기로 했다. 그 대신 다리를 빠르게 움직이자 몸 풀린 하체는 어제보다 힘이 들어간다.

근력의 회복은 좋은 징조이고 무리를 느끼던 심장도 잘 뛰고 있다.

누군가 한번 약해진 심장은 회복되지 않는다 했지만 나는 모든 걸 무시한다. 뛰어야 피가 흐르고 피는 모든 걸 재생시킬 수 있는 능력이 있다.

최악의 상황을 즐기는 나는 매사에 너무 긍정적이다.


주어진 일을 마치니 온몸이 거지꼴이 되었다.

마대 안의 철분 함유된 물이 흘러 온몸이 젖었으나 개의치 않는다. 어쩌면 나는 힘한 일을 은근히 즐기는지도 모른다.

커피 연구가에 작자인 그리고 건축을 전공한 늙은 내가 말이다.

상당한 부잣집 아들임에도 어려서 내 별명이 거지였던 게 흥미롭다. 모든 것은 다 이유가 있다는 게 내 지론이다.


돌아오는데 정 사장으로부터 통관 비용에 대해 메시지가 왔다.

지금까지는 100만 원이 조금 안 되나 추가 비용이 따로 있을 것이라 한다.

자세히 읽지는 않았으나 어쨌든 다음 주에는 보낼 수 있다.

계속 일했다면 오늘이라도 보낼 수 있었으나 지난 일을 후회하지는 않는다.

　모든 원고를 정리해 출판사로 보냈고 커피 샘플도 보냈으니 말이다. 그냥 놀았다 해도 잘 쉰 것이 틀림없고 말이다.

　집에 돌아와 빨래하고, 다이소 가서 쇼핑한 후 바로 잠이 들었다. 물론 간식을 포함해서 평소보다 많이 먹고 말이다.
　몸이 쑤셔 선잠을 자니 한동안 아프던 허리 통증이 감쪽같이 없어진 것도 희한하다.
　장딴지 안쪽이 당기지만 안 쓰던 근육을 썼기 때문이라 무시한다.
　다시 일하면 어느 정도는 풀어질 것이라 믿는다.

## 15. 10월 7일 토요일 맑음. 작업 10일 차

　생각 외로 오늘 아침은 상쾌하고 몸이 가볍다.
　일을 하려면 좋은 음식이 필요하지만 진짜 중요한 건 잘 자는 것이다. 에너지가 축적되고 피로를 풀어야 몸에 무리가 안 온다.
　그 좋은 컨디션으로 사무실에 일찍 나갔고 바로 출력이 되어 마음을 놓는다.
　현장은 같은 곳이나 소장이 호명하기 전에는 불안했었다.
　등록한 곳이 여럿 있어야 자유롭게 갈 수 있고 그래야 안전하다.
　늙은이가 일당 노무자가 되는 것은 젊은이가 회사에 취직하는 것만큼 힘들다.

물론 젊은이는 계약직이 아닌 정규직을 원하겠지만 말이다.
그런데 별로 할 일 없는 여자도 현장에서 돈을 벌고 있다.
그녀들의 마음은 열심이지만 옷에 흙을 묻히지도 신발을 적시지도 않는다.
더하여 무거운 것을 들지도, 아니 조금도 무리하지 않는다.
혜택의 대상이 되어야 할 한국 여자도 아닌 중국에서 온 여성들이 말이다. 그렇다고 그녀들이 노는 것은 분명 아니니 불만을 말하는 것도 아니다.
기회는 누구에게나 있으나 한국 여성이 안 보인다는 말이다.

내가 새로 산 신발은 작업화가 아닌 게 틀림없다.
앞의 코가 단단해야 발을 보호하나 말랑말랑하니 그냥 운동화이다.
직영반장에게 지적을 받았으나 그냥 무시하고 만다.
규정에 의하면 현장에서 3번 이상 지적을 받아야 퇴출이기 때문이다.
그런데 내가 은연중에 바닥 단단한 운동화를 사고 싶었나 보다. 나는 그 운동화를 신고 배낭여행을 다니는 꿈을 꾼다.
여행도 중독인지 라오스에서 만난 프랑스 여인을 가끔 생각한다. 호찌민에서 만난 아름다운 두 명의 아르헨티나 여인도 말이다.
여자가 생각나는 건 건강해져서인가, 아니면 늙은 수컷의 원초적 본능인가? 근데 육체적 욕정은 아니고 그냥 같이 대화하고, 또 함께 자고 싶다.
남자 마음의 평화는 자신이 좋아하는 여자 품 안에 있다.

오늘 일은 지금까지 어떤 날보다 무척이나 힘들었다.

남자가 무거운 것을 들고 힘든 일을 하는 이유는 마지막 자산이기 때문이다.

하지만 좁은 공간에서 긴 파이프 꺼내는 일은 정말 힘들다.

그 파이프를 들어 개선장군처럼 나가는 남자의 허풍이 명을 단축시킨다.

남들은 절대로 무리 안 하니 초짜인 나만 미련한가 보다.

그리고 두 사람이 끌어야 움직일 수 있는 쓰레기 가득 찬 마대를 온 힘을 다해 혼자서 처리한다.

물론 허리는 아프지만 나를 볼 누군가를 기대하면서 말이다.

허풍이 이 정도 되면 노가다 초짜인 게 드러날 것이다.

점심이 되기 전 벌써 배가 고파 온다.

일을 많이 한 결과지만 아침 식사가 부실한 것도 이유의 하나이다.

건전한 가정식 백반은 육체노동자에게 결코 어울리지 않는다.

밥을 많이 먹으면 되지만 나는 당뇨 환자라 혈당에 바로 무리가 온다.

일을 위해서는 기름기가 적당히 있는 돼지고기가 필요하다.

이런 밥을 먹고 일을 잘하는 사람은 노동량이 적거나 농땡이를 치는 사람이다.

아니면 육신이 현장 노동에 특화되었는지도 모른다.

오후 일은 건성으로 넘어간다.

막말로 선배가 농땡이 치는 데 성실했던(?) 내 마음은 기꺼이 동조하고 있다.

3일 차에 벌써 피로가 쌓여 온몸이 부어 오기 때문이다.

잠이 충분치 않은 것도 한몫을 하고 밤에 글 쓰며 피는 담배도 원인이다. 그리고 일을 할 때 쉬면서 피우는 담배는 또 다른 중독 현상이다.
강한 니코틴은 피를 심장과 폐로 모아 일단은 호흡을 부드럽게 한다.
내가 태영 현장에서 7일 연속으로 일한 건 신호수를 했기 때문인 것 같다.
일반 노가다라면 일요일에는 피곤해서 일하지 않는다.

시간이 지나도 선임 동료의 요령은 계속되었다.
그는 유로폼 다이를 짜면서 우리를 보이지 않는 구석에서 일하게 만들었다.
적당히 일하며 여유를 부리는데 신호수 하는 여자가 같이 있었다. 중국인으로 보이는 그녀는 핀을 줍기도 하지만 거의 놀고 있다.
이 현장은 관리가 제대로 되지 않는 것처럼 보이나 내가 신경 쓸 일이 아니다. 우리 또한 일이 끝나기 한참 전부터 담배만 피고 있었기 때문이다.
어쨌든 나는 반장에게 지시받은 대로 선임을 따라간다.
현장은 군대식으로 반장에게 지시받은 자가 또 다른 관리자가 되기 때문이다. 내 판단이 옳은지는 모르지만 경험 없는 나는 다른 선택이 없다.
어쨌든 편안한 하루를 보내니 모처럼 많은 상념에 빠진다.

한가함이 극에 달한 나는 신호수인 그녀와 대화한다.
단지 여자라는 이유로 육체적 노동 없이 돈 버는 내용을 말하고 싶었지만 직접적인 표현은 하지 않았다.

그 대신 힘들게 일하는 현장 남자를 어떻게 생각하나 물었다.

그녀는 그들이 남자라 생각하지 않고 자신과 똑같은 현장 일꾼이라 한다.

다만 자신은 현장 용어가 서툴러 어울리기 어렵다 하는데 이해가 안 간다.

지시만 받는 초보 노가다는 말이 거의 필요 없기 때문이다.

그럼에도 그녀는 대화 시 고자세를 유지하려고 하였다.

대부분의 직영들이 신호수 복장이기에 그녀도 관리자인 줄 착각하는 것이다.

난 그녀에게 600짜리 유로폼 하나라도 옮길 수 있는지 물으려다 참았다. 어차피 불가능하고 신호수를 열심히 하는 것도 한몫이 되기 때문이다.

하지만 신호수 대기한다고 잡부와 섞여 있으면 그냥 잡부이다.

그녀가 일하는 데 최소한의 성의만 보였어도 긍정적인 모습은 유지됐을 것이다.

힘들고 더러운 것은 피하며 시간만 보내는 그녀가 자꾸 눈에 들어온다.

구석에서 시간 때우는 우리도 마찬가지지만 말이다.


일을 마친 후 옷을 벗은 나를 보니 육체가 살아난다.

가슴은 펴지고 어깨는 근육이 조금은 솟아올랐으며 다리는 굳건해졌다. 이대로 1년을, 아니 6개월만 버티어도 내 수명은 5년 이상 연장된다.

미약한 심장 고동이 불안하지만 그래도 열심히 뛰기 시작했기 때문이다.

피가 잘 돌면 심장까지도 치유된다는 건 나만의 발상이다.

어느 날 갑자기 꺼지지만 않으면 말이다.

내일은 일요일이라 쉬고 모레는 회사 창립 기념일이라 선단다.
월급이 아닌 일당 받는 노가다는 노는 날이 싫다.
마침 정 사장에게 커피 통관비 청구서가 날아와 돈은 필요하고 말이다. 시간 넉넉하면 다시 일하면 되지만 돈이 급하면 마음도 조급해진다.
필리핀에서 미혼모가 몸을 파는 이유를 알 것 같다.
우유 떨어져 우는 아이를 눈앞에서 보면 애 엄마는 뭐든지 할 수 있다. 이는 휴대폰 사려고 술집에 나가는 여학생과 분명 차별화된다.
하지만 남자의 막노동과 여자의 마지막 선택은 비슷하다.
체력을 관리하는 남자와 거울 보며 재무장하는 여자는 다르지만 말이다.
유사 이래 생존에 유리한 건 분명 여자가 틀림없다.

## 16. 10월 9일 월요일 한때 비. 열외 6

발주 회사인지 하청인지 모르지만 창립 기념일이다.
회사는 축제일이지만 일당 받는 노가다는 하루를 쉬어야 한다. 공교롭게도 호적상 내 63세 생일이고 말이다.
어려서는 한글날이 공휴일이었기에 생일을 집에서 보냈다.
그리고 기억나는 건 내 생일날 온 수많은 사람들.
생일인 나를 쳐다보지도 않고 권세 있는 아버지에게 아부하기 바빴다.

창고에는 과일이 썩어 나가고 먹지도 않은 갈비짝이 여러 개 걸려 있는 집.

내가 부잣집 아들임에도 교만하지 않은 건 천만다행이다.

하루 이상을 쉬면 몸이 굳어져 간다.

정확히는 모르지만 오래전부터이니 늙는 것 외 다른 이유가 분명히 있다.

당뇨 약이 문제일까? 아니면 담배 때문일까? 생각해 본다.

내 약에는 당분을 소변으로 배출하는 약이 섞여 있는데 이놈이 기운을 빼는가 보다.

아니면 당이 심해 혈액 순환이 안돼서인지도 모른다.

일하면서 땀이 나고 몸이 상쾌해진 적이 있는데 그 상태를 유지해야 한다.

내가 현장 일을 하는 건 수입 외의 또 다른 안배이다.

그래서 쉬면서 환경과 의복 그리고 몸을 정비하고 정체성도 살린다.

살아온 날과 살아야 할 날의 연관성을 위해 그리고 마무리를 생각한 것이다.

그런데 내 삶이 어려운 것은 남과의 조화가 안 되기 때문이다.

세상은 무지한 자들이 고집을 부리고 남의 약점을 최대한 이용하려 한다.

그래서 도급제가 아닌 일당 잡부의 일은 한계가 없다.

일을 잘하면 더 하길 바라고 못하면 바로 자르는 자본주의 논리이다.

자본 축적 없이 이런 일을 계속한다면 누구든 미래는 없다.

과연 내가 생각한 미래가 나에게 다가올까?

적건 많건 간에 커피숍 없이 커피를 판다는 건 매우 힘든 일이다.

최소한 1년 이상, 아니 2년 후인 65세까지 일하면 경제적으로 자립된다.

누군가에겐 작을 수도 있는 자본 하나 만들기가 이렇게 힘든 것이다. 아니, 내가 젊었을 때 조금만 술값을 아꼈어도 가능한 금액이다.

한때 너무 돈을 잘 벌어 남에게 쉽게 퍼 준 대가를 이렇게 치르는가 보다.

시간이 남으니 쓸데없이 과거를 생각한다.

그냥 일만 하면 아무 생각 없고 심지어 컴퓨터를 해도 날씨나 검색하고 만다.

현장 일에 하나도 도움 안 되는 잡생각은 당분간 사양한다.

## 17. 10월 10일 화요일 맑음. 작업 11일 차

현장의 아침 조회 중 모두의 눈초리가 이상하다.

어제 요령 피우던 선임이 불려 가고 반장이 나를 은근히 쳐다본다. 일은 그대로인데 직영반장 조수 같은 이가 직접 나서서 선임을 괴롭힌다.

무거운 유로폼 쌓는 일을 선임에게 계속하게 만드는 것이다.

바닥 청소 하던 나는 눈치 없게 끼어들었고 결국 눈 밖에 나고 말았다.

하지만 그들은 이미 다른 생각을 하고 있었음이 틀림없다.

내가 일하는 스타일도 문제가 있었다.

경험이 없으니 어느 정도 속도를 내야 하는지 몰랐기 때문이다. 새로 온 젊은이는 커다란 삽을 빠르게 움직이고 핀도 열심히 주워 댄다.

그는 세대청소 경험이 있다는데 난 그것이 뭔 일인지도 모른다. 내가 지금까지 한 일은 콘크리트 타설 전후에 청소하는 일뿐이다.

먼저 현장에서는 크레인 신호수 한 게 전부이고 말이다.

오후에는 반장이 한 동료와 나를 지목해 직접 지시한다.

좀 이례적이나 작업은 어렵지 않았다.

콘크리트보를 연결하기 위해 단면의 부실한 부분을 깨야 한다. 콘크리트를 끊어 타설하는 경우 양생이 제대로 되지 않은 부분이 발생하기 때문이다.

해머 드릴은 중국인 동료가 맡았고 나는 깨진 잔해를 치우면 된다. 그런데 이 잔해가 철근 깔린 보 바닥에 있어 손이 닿지 않는다.

일부는 철근 사이로 간신히 손을 집어넣을 수 있지만 나머지는 집게를 이용해야 했고 그렇게 문제는 시작되었다.

동료 중국인은 비트 길이를 잘못 선택해 속도가 느렸다.

나 역시 그 속도에 맞춰 일했으니 작업은 꼼꼼해졌으나 시간이 많이 걸렸다.

손과 집게를 이용한 후 전기 청소기로 깨끗이 치운 것이다.

여기까지는 문제없으나 중국인이 긴 비트로 바꾸면서 속도가 빨라졌다.

그리고 마침 나는 손이 닿지 않는 곳의 잔해를 집게로 꺼내고 있었다. 바닥에 스티로폼을 깔고 앉아 하나씩 천천히 말이다.

이는 할 일 없는 늙은이가 장난치는 모습인데 직영반장이 보고 말았다.

더하여 옆에서 반장 조수가 엎드려 손으로 잔해를 꺼낸다.

처음 깐 놈들은 내가 그린 방식으로 이미 모두 제기했는데 새로 깐 놈이 쌓인 것이다.

이제 나는 열심히 일 안 하는 한심한 늙은이가 된 것이다.

그래도 별일 없을 줄 알았지만 말이다.


돌아오는 차 안에서 운전하던 동료가 경과를 물어본다.

분위기를 모르는 나는 오늘 일을 자세히 설명했으나 그는 관심이 없다.

그저 선임이라고 잔소리 조금 하더니 내 삶과 아들에 대해 꼬치꼬치 물어본 후 묻지도 않은 자기 자식 자랑이나 한다.

사람들이 전혀 예의 없고 조금씩 이상한 건 노가다 판의 특성이다. 나도 그렇게 보이는지는 모르지만 말이다.

숙소로 돌아와 노가다 경력이 많은 재균이에게 물어보니 직영잡부는 웬만하면 안 자른단다.

난 내일의 무사함을 빌며 잠을 청했다.




## 18. 10월 11일 수요일 맑음. 열외 7

우려했던 일이 생겼으니 현장에서 잘린 것이다.

다시 내일을 기약하나 이미 두 번째 퇴출이니 바로 써 준다는 보장은 없다. 아무리 사소한 이유라도 결과만 보는 현실에서는 말이다.

분석해 보면 두 경우 다 말 많고 눈에 띄는 내가 대상이 된 것 같다. 그리고 나를 현장소장 출신이라 말한 멍청한 자가 한심스럽다.

둘만의 사적인 이야기를 밝힌 그 강원도 사나이 말이다.

남 탓하는 걸 보니 늙은 내가 판단력 흐려진 게 확실하다.

집에 돌아와 한숨 쉬고 있는데 정 사장에게 카톡이 왔다.

"저희가 코피루왁을 조금 수입해도 될까요?"란 내용으로 금액도 물어본다.

"저희가"란 복수형을 쓴 것은 누군가 같이 움직인다는 뜻이다. 그리고 "수입"이란 단어는 차후 그가 직접 할 가능성도 열어 두어야 한다.

나는 코피루왁을 선별하는 사진과 함께 최저가를 제시했다.

기회는 주지만 나를 제외할 생각은 절대 하지 말라고 힌트를 준 것이다. 조건은 여러 가지라 자세한 내용은 만나서 상의해야 하지만 말이다.

역시 대답은 바로 오지 않았고 나는 불안한 희망을 잠시 품었다. 확실하지 않은 희망은 또 하나의 고문이다.

노가다에 최선을 다하려는 현실 속의 나에게 벌써 빠져나갈 구실이 온다.

불확실한 내일을 준비하는 나는 갑자기 허리가 아프기 시작했다. 잘린 이유가 되는 어제 일이 힘들었기 때문이니 아이러니하다.

마음의 긴장이 풀려 몸이 반응하는지도 모르지만 말이다.

노는 김에 외과와 내과 병원에 다녀왔다.

병원에서 허리 부분 엑스레이와 혈액 검사의 결과가 이상이 없다고 나왔다.
새로 잰 혈압과 당수치도 떨어졌고 몸무게도 2kg나 줄었다.
역시 노가다는 무리는 와도 적당히 하면 운동이 될 수도 있다.
어쩌면 그 적당한 운동이 퇴출된 이유가 되었는지도 모르지만 말이다.
희망과 좌절 그리고 안도가 함께하는 하루였다.

잠이 들기 전 친구에 대해 정의해 본다.
어려울 때 도움이 안 되는 사람이 친구인지 난 모르겠다.
그런 관계면 만날 필요도 없는 것 아닌가 하는 생각이 든다.
오래전 내가 망했을 때 미국에서 가지고 온 돈을 모두 주겠다고 한 친구 최 원동이 생각난다.
다행히 내가 재기해 성공했기에 그 돈으로 함께 술 마시고 말았지만 말이다.
내 주변에 친구가 없는 건 내 탓인지 그들 때문인지 모르겠다.
필리핀에 너무 오래 살아 내 사회성이 너무 달라졌다.

커피 여행에서 발리를 돌아본 건 시간과 돈 낭비였다.
사업적으로 가장 중요한 곳을 먼저 찾았다면 일은 쉬웠을 것이다. 그리고 굳이 아체를 가지 않아도 되었고 커피를 많이 살 필요도 없었다.
커피 통관비가 사람을 곤란하게 만들지 전혀 몰랐기 때문이다.
즐거웠던 여행을 후회하는 건 아니지만 말이다.
하지만 마지막 순간에 코피루왁 산지를 찾은 건 고무적이다.
굳이 만들지 않고 사다 팔면 되니 리스크가 없고 자본도 적게 든다.
일단은 커피숍을 오픈하고 로니에게 송금해 보내게 하면 된다.

대중적인 커피인 토라자는 최소 주문이 500㎏ 이상이니 별도의 방법을 찾아야 할 것이다. 하지만 그 일도 로니가 잘할 수 있다.

그래 우선 고정 직을 얻어 돈을 모으고 은행 대출도 받자.

시작이 반이라 했으나 나는 시작도 하기 전 상상만으로도 너무 즐겁다.

아무것도 없는 내가 대출이 가능한지 모르지만 말이다.

나의 긍정적인 마인드는 사는 데 큰 힘이 된다.

그래서 지치고 힘들어도 '고지가 바로 저긴데'를 생각한다.

그러면 이상하게도 심장이 다시 강하게 뛰기 시작해 힘이 나는 것이다.

소설 《천상의 커피》의 윤 회장이 죽다 살아난 것은 아무리 봐도 내 경험이다. 7㎏ 가방을 간신히 들던 내가 여행 마지막에는 30㎏을 지고 왔다.

오래전 쌀을 지고 산으로 올라가던 필리핀 아줌마가 생각난다.

그녀 말이 자식들 먹을 식량은 아무리 무거워도 힘들지 않다고 했다.

지금의 내 처지와 직접 비교는 안 되지만 느낌이 비슷하다.

결론적으로는 노가다는 운동이 아니고 노동이다.

노동도 즐기며 할 수 있으나 일을 시키는 구조가 참 엉망이다. 시키려는 자와 안 하려는 자의 잔머리 대결이 보인다.

양쪽 진영 다 남을 배려하는 사람은 없으니 내가 얼마나 견딜지 모르겠다.

세상이 이러니 잘 보고 배우라는 신의 계시인가 보다.

그걸 알면서도 항상 당하는 이유는 선이 있다고 생각하기 때문이다.

유튜브에서 쇼펜하우어가 눈에 띄는 이유는 뭘까?

일찍 잠이 들었으나 계속해서 깨어난다.
몸이 너무 힘들어도 잠을 못 자지만 신경 쓸 게 많아도 마찬가지이다.
벌써 24일이 지났으나 실제로 일한 건 11일뿐이다.
다시 일할 수 있는 내일을 기약하면서 잠을 청한다.

## 제2장
# 퇴출에서 구제된 나의 새로운 도전

## 19. 10월 12일 목요일 맑음. 작업 12일 차

새벽에 일어나 고시텔 총무였던 동생 재균이와 대화한다.

현장 경험이 많은 그는 이번에도 일 못 나가면 다른 사무실을 가 보라 한다.

나도 그럴 생각이나 중도에 포기하는 것이 내키지는 않는다.

이제 생각하니 처음 간 '태영' 현장은 너무 쉬운 곳이었다.

속된 말로 '신호수' 하면서 꿀을 빨고 있었는데 내가 현장을 너무 몰랐다.

두 번째 간 현장도 힘들다고는 할 수 없는 곳이었다.

삽으로 쓰레기를 긁어모으고 작은 마대에 담아 항공마대라는 큰 놈을 채운다. 간간이 철로 된 자재를 나르기도 하지만 비중이 높은 것은 아니다.

다만 먼지가 많이 나와 일이 끝날 때면 눈이 좀 아프다.

어쨌든 나는 필요한 돈을 위해 좀 더 있어야 했다.

사무실에 나가자마자 일할 사람을 찾는 팀장이 올라왔다.

소장이 내 나이를 62년생으로 묻더니 합의가 되었는지 OK 사인이 떨어졌다.

간 곳은 경기도 광주 송정동의 현대엔지니어링이 시공하는 아파트 단지이다. 골조가 마무리 단계에 접어든 현장이라 일은 주로 자재 정리이다. 내부에 산처럼 쌓여 있는 각종 건축 자재를 분리, 정리, 포장해 반출한다.

대부분 알루미늄과 철재라 크고 무겁기에 다칠 수도 있다.

일을 시작했으니 운이 좋다 해야 하나, 아니면 제대로 걸려든 것인가.

현장의 첫인상은 모든 일이 전혀 만만해 보이지 않았다.

하지만 돈이 급한 나는 선택의 여지가 없다.

지금까지 하던 일과 차원이 다르나 나는 전력을 다해 일에 매진한다.

중량물을 나르니 허리의 아픔을 넘어 등짝이 뭉치기 시작한다.

그리고 자재가 세 차례나 내 몸을 스쳤는데 손가락은 거의 골절 수준이다.

조심해 가며 일을 마쳤기에 다행히 몸은 이상이 없다.

현장에서 놀란 건 외국인이 많다는 것이다.

중국인은 물론 동남아인에서 파키스탄 그리고 몽골인도 보인다.

시간 여유가 있어 그들과 대화할 수 있다면 또 다른 여행이 될 수도 있다.

일을 하면서 좀 더 자리를 잡으면 기회를 만들고 싶다.

지금은 화장실이 어디 있는지도 몰라 현장 구석에서 소변을 볼 정도이다.

평소 내가 혐오하던 일이나 급하면 할 수 없는 노릇이다.

그렇다. 중국인이 거리에 소변을 보는 건 생존이 우선이기 때문이다. 예의범절은 어느 정도 먹고살 만해야 의식할 수 있는 것이다.

돌아오는 길은 차가 막혀 2시간이나 걸렸다.
고속도로를 타고 오는 데 상습 정체 구간이 여러 곳 있기 때문이다. 몸은 피곤하나 스타렉스 중간의 보조 의자는 잠을 자기에 작고 불편하다.
안면 인식 잘못해 늦게 간 탓인가 아니면 아침에도 같은 자리였으니 관례대로 신입의 고정 좌석일지도 모르겠다.
어쨌든 돌아왔고 일당은 16만 원으로 수수료 제한 수령액은 14만 3천 원이다.
일은 힘들지만 쉬는 시간이 많고 식사도 괜찮아 다닐 만하다.
이제 진짜 노가다를 경험한다 생각하며 기쁘게 잠을 청한다.


## 20. 10월 13일 금요일 맑음. 작업 13일 차

평소처럼 일찍 나가 차를 기다리는데 낯익은 자가 보인다.
일단 인사하고 내가 탈 차에 관해 물으니 그것도 기억 못 하냐고 핀잔을 준다. 더하여 자신이 부탁해 내가 일할 수 있었다고 말하면서 말이다.
잘못하면 다른 곳에서 청소나 해야 할 것이라 하는데 그 말을 이해 못 하겠다.
핀잔으로 자신의 위치를 내세우는 그의 지위도 말이다.

사실 지금 하는 격한 일보다는 현장 청소가 내 능력에 어울리기 때문이다.
하지만 말끝이 부드러운 걸 보니 딴 뜻은 없는 것으로 보인다.

차는 4시 50분경에야 왔는데 이미 사람이 타고 있다.
내릴 때는 돈 받으러 사무실에 같이 들어가지만 출발지는 다른가 보다.
아침에는 현장까지 1시간이 채 안 걸려 잠도 오지 않는다.
하지만 대부분은 차 안에서 잠을 자고 있다.
이제 생각하니 그들은 현장에서도 틈만 나면 잠을 잔다.
담요까지 덮은 사람도 있으니 현장에서 자는 일에 특화되었나 보다.
나는 첫날 하루 낮잠을 제외하고는 아직까지 잔 적이 없다.

현장에 온 나는 아침에 만난 자의 실체를 유심히 본다.
지게차 운전을 간간이 하는 그는 내가 속한 팀의 실세였다.
이 조직은 도급으로 운영되기에 본사의 직영반장도 나와 보지 않는다. 그리고 또 다른 특징은 새참이 없다는 사실이다.
이 내용은 노가다 많이 해 본 고시텔 전 총무인 재균이가 가르쳐 주었다.
내게 작업화 외 많은 것을 준 그는 물심양면으로 큰 도움이 된다.

내가 건축에 많은 경험이 있지만 모두 작은 규모이다.
현장 규모와 나의 존재 위치도 달라 도면이나 시방서 없는 나는 아무것도 모른다.
그리고 일머리를 모른다는 건 더 열심히 일을 하게 만든다.

이 말은 분명 나에게만 해당되고 다른 이들은 편안한 일을 찾아서 한다.

예를 들어 피곤하면 한자리에서 서서 자재를 쌓고 정리하는 등 말이다.

그 와중에 눈에 띄는 자는 혼자서 자재를 꺼내 분리하는 한 청년(?)이다. 결코 쉬운 일은 아니지만 계속 열심히 하는 그가 마음에 들었다.

또 한편으로는 그렇게 일할 수 있는 젊음이 부럽기도 하다.

일이 격하니 금방 지치고 배가 고프다.

혹시나 하고 어제 준비한 초코바 두 개는 필수 요소였다.

밥 먹고 두 시간만 지나면 저혈당이 시작되는지 어지럽고 힘이 없기 때문이다.

초코바 한 조각의 단맛은 꺼져 가는 나의 육신에 활력소가 된다. 에너지 음료가 단 것은 카페인과 설탕의 조화이다.

그런데 피곤한 자들의 기능성 커피가 만연해 있는 한국에서 시벳커피 판매라!

내 커피가 아직까지 성공 못 한 이유 중 하나가 틀림없다.

이렇게 나는 커피에 대한 새로운 지식을 얻는 중이다.

힘든 일을 해서인지 내 커피의 카페인을 느끼기 시작했기 때문이다.

원래 아라비카로 만든 시벳커피는 카페인 함량이 낮다고 주장했던 나이다. 하지만 안전 교육 후 갑자기 혈압이 오른 것은 결코 무시할 수 없다.

사람은 상태에 따라 카페인에 대한 다른 반응을 하는가 보다.

카페인과 몸과의 관계는 좀 더 두고 봐야 한다.

뭔가를 좀 더 쓰고 싶었으나 별로 기억나지 않는다.

현장 3일 차인 지금 출근 준비로 바쁘고 몸도 무겁기 때문이다. 빨리 적응하여 일하면서도 여유를 가질 수 있는 그날이 왔으면 좋겠다.

또 일 나갈 준비를 하는데 고시텔 막내는 계속 깨워 줘도 일할 생각을 안 한다.

난 그가 신세타령하지 말고 열심히 살았으면 좋겠다.

신용 불량자에 배운 것도 없으면 일이라도 열심히 해야 돈을 모을 수 있다. 이제 40도 안 된 젊은이가 인생을 허비하는 게 안쓰러울 뿐이다.

내가 남 처지 생각하는 게 우습긴 하다. 늙은이는 보통 특별한 미래가 없이 그저 남은 인생의 무난한 마무리만 보기 때문이다.

## 21. 10월 14일 토요일. 작업 14일 차

다시 힘든 하루의 시작이지만 기대도 된다.

어찌 보면 자재 정리는 강도 높은 몸만들기 운동과 비교된다. 중량물을 옮기고, 쌓고, 또 집어 던지니 온몸이 땀으로 젖을 정도다.

물론 멤버 중 몸을 사리는 사람도 있지만 난 모든 일에 최선을 다한다. 그래서인지 팀장을 비롯하여 모두가 나를 다시 보기 시작했다.

비록 자재 정리 일이지만 남에게 인정받는 것은 행복하다.

멤버 중 나이 많은 한 사람은 한국말 잘하는 조선족이다.

그는 한국을 일으킨 옛 세대나 지금의 중국을 만든 농민공과 비슷해 보인다. 시골에서 도시로 그리고 외국으로 돈 벌러 나간 가난한 시골 사람들.

그래도 중국보다 큰돈을 버는 조선족은 운이 좋은 것이다.

중국인보다 대우받으며 한국에서 얼마든지 일할 수 있기 때문이다.

하지만 그들은 열심히 일한 대가를 받고 있을 뿐이다.

일은 열심히 하는 게 능사가 아니라 안전이 제일이다.

결국 아시바 발판을 적재하다 끝머리의 고리에 옆구리를 다쳤다. 통증은 크지 않지만 갈비뼈에 금이 간 것 같다.

며칠 전 엑스레이 검사에서 수술 없이 자연 회복된 엇갈린 쇄골이 보였다.

의사 말로는 그 외에도 오래전 부러졌던 갈비뼈가 두 개나 있다고 한다.

전자는 라오스에서 오토바이 사고로 두 달 고생했으나 후자는 모르겠다. 아마 오래전 필리핀에서 생긴 일 같다.

그 당시 나는 길가의 7m 절벽 아래로 떨어진 적 있다.

나를 해치려는 자들로부터 도망가던 중이었는데 절벽 아래는 바위투성이였다.

다행히 머리는 무사했으나 등이 아파 이틀을 움직이지 못했다.

안 부러진 데 없는 내 몸의 팔자도 참 기구하다.

일이 조금은 손에 익어 가기 시작한다.

작은 놈은 리어카를 쓰고 큰 놈은 한 번에 두 개도 나를 수 있다.

내가 그 자재 이름을 모르는 건 처음보기 때문이다.

건축을 전공했고 건설회사도 운영해 봤으나 현장을 떠나 있는 동안 많은 것이 바뀌었고 공법은 보다 철저해졌다.

이 현장의 원청회사인 도급 순위 4위의 현대엔지니어링답게 구호도 '단결'이고 일도 체계적으로 제대로 한다.

오래전부터 현대가 최고란 말은 거저 생긴 것은 분명 아니다.

이후 검색해 보니 삼성물산이 도급 순위 1위지만 말이다.

현장에서 말을 아낀 것은 분명 효과가 있었다.

지시하면 "예." 하고 바로 움직이고 보다 열심히 하는 척이라도 한다.

내 몸의 순간적인 파워는 아직 남아 있고 한동안 유지도 가능하다.

사고 없이 이대로 1년만 일하면 수명이 최소한 10년은 연장될 것 같다.

커피에 대한 모든 걸 알았으니 서두를 일 없이 한동안은 이렇게 살고 싶다.

커피를 조금씩 팔고 좋아하는 글도 매일 쓰면서 말이다.

하지만 노가다는 장난이 아니기에 몸도 정상이 아니다.

발에서 허리, 등, 어깨 그리고 부어 오는 손 등 아픈 곳이 옮겨 다닌다.

무리 안 하면 조금은 좋아지지만 다리는 계속 힘이 없다.

허약한 심장 아니면 당뇨 때문인지 모르지만 별도의 운동이 필요하다.

노가다하며 이런 말 하면 우습지만 일한 후 아령으로 마무리 운동하는 게 피로 푸는 데는 제격이다.

일이 힘들어도 나름 요령으로 버티는데 안 되는 사람도 있다.

새로 온 덩치 큰 젊은 몽골 친구는 정말 일을 못한다.

배가 하도 나와서 삽질 몇 번에 땀이 비 오듯 하고 숨이 차 주저앉았다.

결국 내가 나서야 했는데 마침 담배 피우며 친해진 한 조선족 동료가 도와준다. 그리고 군대 전역 후 오랜만에 해 보는 삽질은 전혀 문제가 없었다.

일을 마치고 뿌듯함까지 느꼈으니 건강이 돌아온 것은 맞다.

심장이 피를 공급 못 했던 왼쪽 팔은 아직 허약하지만 말이다.

몸은 살아나지만 부러진 갈비뼈는 문제가 되었다.

들고 옮기는 건 가능하나 무거운 것을 위로 올릴 수 없어 걱정된다.

자주 있는 일은 아니지만 급한 경우 무리하다 더 부러질 수도 있기 때문이다.

한 동료는 상해보험을 의식했는지 남에 의해 그런 것인가 물어본다. 난 웃고 말았지만 현장에서 다친 경우는 그들 나름대로의 규칙이 있나 보다.

내 경험으로는 회복을 위해 2주 정도 소요되는데 일을 계속해야 하는 게 문제이다.

일단은 집에 가서 파스 뿌리고 쉬면서 경과를 볼 것이다.

부러진 갈비뼈만 제외하고 모든 건 좋았다.

내가 마음을 편히 하는 이유는 팀장이 인간적이기 때문이다.

담배 싫어하는 그는 내 담배 연기에 제스처만 취했지 뭐라 하지 않았다. 그전의 다른 팀장은 핀잔을 넘어 반말로 상소리를 했을 것이다.

하지만 우리 팀장은 누군가의 불만이 나오면 빠르게 대처하고 항상 일꾼들 눈치를 본다. 그리고 지시가 분명하고 성과도 있으니 현명한 사람이 틀림없어 보인다.

상소리 잘하는 첫 번째 현장과 너무 대조되고 어설픈 지시만 반복하는 두 번째와도 분명히 비교된다.

## 22. 10월 16일 월요일 맑음. 작업 15일 차

갈비뼈가 부러진 것은 또 다른 문제를 야기한다.

잠자다 고통에 깨어나니 라오스에서 쇄골이 부러졌을 때와 유사하다. 그리고 기침조차 크게 못 하니 온몸의 컨디션이 무너진 것이다.

일단은 조심스럽게 일하나 가끔은 공동 작업을 하기에 눈치챌 수도 있다. 밑에서 커다란 쇳덩어리를 올리면 받아서 적재하는 일은 쉽지 않다.

아직 아무도 모르는 것은 모두의 컨디션이 안 좋은 월요일이기 때문이다.

직장인과 마찬가지로 노가다도 월요병을 인정한다.

일한 후 몸이 회복 안 되고 쉴수록 몸이 무거운 것은 당이 빠져서이다.

저혈당에는 당분이 당장은 도움이 되나 이는 설탕 중독 비슷하다. 일하는 도중은 할 수 없으나 집에 와서 그리고 주말은 다이어트를 하려 한다.

저칼로리를 취하고 숙면함으로써 지방 분해를 활성화시키려는 것이다. 평소에는 약으로 당을 배출하면서 살이 빠졌으니 이제는 반대로 해야 한다.

가능한지는 모르겠지만 계획했으니 시도는 할 것이다.

최악의 순간에 최고의 선택이었으면 좋겠다.

일 잘 못하던 몽골 친구는 씨름 선수 출신이다.

이름이 동천인데 팔 힘은 강해 무거운 자재는 잘도 집어 던진다. 몽골인은 고기를 많이 먹어 강하다는데 내게는 믿거나 말거나이다.

다른 사람들은 대부분 중국인 같다.

일부는 양국 말을 하는 걸 보면 조선족일 것이나 사고는 분명 중국인이다. 그들은 스스로 위대하다는 중국에서 만만한 한국으로 돈 벌러 온 것이다.

그럼에도 일하는 모습이 옛날 한국인과 너무 흡사했다.

이들이 없다면 인력난으로 한국 건설업체는 당장 큰 문제에 봉착한단다. 돈이 필요한 한국 젊은이들이 현장 일을 안 하는 건 슬픈 현실이다.

일이 힘들어서가 아니고 쪽팔려 못 하기 때문이다.

정산해 보니 먼저 달에 7일 일해 105만 원 그리고 이번 달은 지금까지 8일을 일해 128만 원 벌었으니 적지 않은 수입이다.

하지만 수수료 빼고, 옷 사고, 집세 내고 해서 대략 100만 원 남았다.

좀 더 일해 커피를 보령에 보내고 집세를 내면 그 이후는 돈을 모을 수 있다. 계산상 저금은 월 300만 원 이상이지만 현실은 250만 원이 한계 같다.

집세와 생활비 그리고 지겨운 담뱃값이 큰 지출이 되었다.

벌써 1달이 지나 나온 결과이니 최종 목표를 1년에 2,000만 원으로 잡으련다. 하지만 일하는 동안 중간에 커피를 팔 수 있다면 부수입이 생긴다.

노가다에 글 쓰고 커피까지 팔려는 건 욕심이 과한 것인가.

일반적인 사고에는 늙은 나의 목표가 이상할 수도 있지만 아직까지 하루도 안 빼고 출근한 내가 자랑스럽다.

피곤을 이유로 자세히는 못 쓰지만 일기 또한 빼먹지 않았으니 말이다.

어쨌든 무사히 이번 주를 마치는 게 급한 과제이다.

## 23. 10월 17일 화요일 맑음. 작업 16일 차

아침에 일어나면 어떻게 또 하루를 보내나 걱정한다.

정상인 몸으로도 힘든 일을 부러진 갈비뼈로 해야 하니 말이다.

걱정 중 하나는 일 못한다고 잘리는 것이고, 다른 하나는 다친 곳이 충격을 받아 더 큰 부상으로 이어질까 하는 것이다.

근데 이렇게 일을 잘 못하는 나를 보고 팀장이 열심히 해서 고맙다고 한다.

몸이 아파 최선을 다하지 못하는 나로서는 의외의 결과이다.

아마도 칭찬으로 남을 부리는 현명한 자의 선택이 아닌가 싶다.

하지만 팀장이 나를 주목하는 것은 바람직하지 않다.

다른 팀원과 형평성이 문제가 되고 나의 입지에도 좋지 않기 때문이다.

그런 우려와 달리 팀장은 누구에게나 공손하다.

일은 힘들지만 모두가 최선을 다하게 만드는 정말 대단한 기술이다.

사업하다 망했다는 그에 대해 이해 안 가는 대목이기도 하다.
누구나 적성에 맞는 사업을 찾아야 한다.

오후는 사무실 이삿짐 나르는 일에 차출되었다.
작고 마른 경상도 선배와 함께 일했는데 짐의 무거운 쪽을 꼭 내가 든다.
그가 나이 들어 보이니 내가 힘을 써야 하지만 지금은 아니다.
방법이 없어 무리했음에도 다행히 내 갈비뼈는 무사히 잘 넘어갔다. 책상 모서리에 의자 천이 찢긴 것 말고 말이다.

다음 일은 층별로 구멍을 콘크리트로 채우는 일인데 정말 힘들었다.
작은 리어카지만 콘크리트가 가득 담기면 200㎏ 가까이 되기에 이를 리프트까지 옮기는 일은 두 사람으론 불가능하다.
옆에 있던 전기 기사가 보다 못해 도와줬지만 결국 한 사람이 더 필요했다.
그리고 온 자는 먼저 만난 배 나온 몽골 친구인 동천으로 살은 쪘지만 덩치만큼 괴력을 보인다.
좀 더 일찍 왔으면 모두 끝낼 수 있었으나 시간이 없어 마무리 못 했다.

갈비뼈의 통증과 함께 어렵게 다시 하루가 지났다.
집에 돌아온 나는 간신히 샤워와 세탁을 마친 후 바로 잠이 들었다.
내일은 제발 몸이 나아지길 기도하면서.

## 24. 10월 18일 수요일 맑음. 작업 17일 차

갈비뼈는 어제보다는 많이 좋아졌다.

아픈 부위는 가만히 있어야 하지만 움직인다고 큰 문제 될 것은 없다.

군대 훈련병 시절 발바닥에 생긴 종기가 순식간에 나은 경험이 있다. 너무 아팠지만 참고 훈련을 받으니 피가 그곳으로 몰렸고 저절로 치료되었다.

사람의 몸은 위기 상황에선 강력한 치유력을 보이기도 한다.

이 논리가 늙은 나에게도 적용되는지는 모르지만 말이다.

이렇게 몸을 걱정하는 나에게 팀장이 놀라운 말을 한다.

일을 열심히 한 게 고맙다며 일당을 1만 원 올렸다는 것이다.

지갑에서 꺼내 보니 정상 금액 외에 한 장이 추가된 것이 확인되었다.

그는 이번 일이 11월 중순에 끝난다면서 함께할 다음 일을 거론한다. 시원치 않은 내 몸을 높이 평가해 주니 좀 어색하지만 고마운 노릇이다.

덕분에 정 사장에게 커피 통관비로 100만 원을 송금한다.

나머지는 내일 보낼 수 있게 정산하라 했다.

이해 못 하겠지만 현장 일은 버킷 리스트 중 하나가 되었다.

1년 동안 동남아 커피 순례가 하나이고 이번의 노가다가 두 개째이다.

돈이 아쉬워 시작했지만 항상 느끼는 것은 위기는 기회이다.

고혈압은 오래전 사라졌고 의외의 저혈당으로 계속 당을 보충해야 한다.

약해진 근력이 돌아오려면 심장이 피를 보내야 하는데 먼저 잘 먹어 심장부터 강해져야 하니 아직은 기다려야 한다.

노가다로 당뇨병 치료에 더하여 심장까지 고치려는 내가 욕심이 많은 것인가?

목표는 1년이니 커피 사업이 시작되어도 꼭 이루고 싶다.

일의 마무리 순간 총대장인 안 팀장이 청소 지원을 시켰다.

내가 삽이 없다고 하자 핀 줍고 청소하는 작고 뚱뚱한 아줌마가 떠들어 댄다.

근데 공격 대상이 내가 좋아하는 중국인 선배라 끼어들었다. 그리고 별것도 아닌 일로 함부로 목소리 올리는 그 모습이 싫었기 때문이다.

알고 보니 아줌마가 오래된 한국인이라 잔소리가 심해도 받아 준 모양이다.

똑같이 일당 받는 입장에서 목소리 높이면 권위가 생긴다.

하지만 진짜 짜증나는 건 따로 있었다.

퇴근 시간 다 되어서도 계속 새 일을 주는 안 팀장이다.

그가 우리 서 팀장보다는 직책이 높지만 일 시키는 방법은 정말 하수이다.

최선을 다하게 한다고 항상 좋은 것은 아니란 말이다.

하루 종일 힘든 일을 하면 퇴근 무렵에는 정말 힘이 하나도 없기 때문이다.

그래서 나는 차 타는 시간에 조금 늦어 우리 팀장에게 한 소리 들었다.

나 보고 뭐라 하는 건 아니고 모든 건 자신이 관리하니 안 팀장에게 신경 꺼라 하고 말하는 것처럼 들린다.

그는 현장에서 뭐든지 섬세한데 그게 본심인지는 모르겠다.

집에 돌아온 나는 정말 정신없이 잠들었다.

## 25. 10월 19일 목요일 비. 작업 18일 차

아침에 차를 기다리는데 날씨가 이상하다.

그리고 보니 동갑내기 욕쟁이 한국인 동료가 우산을 가지고 왔다. 실내에서 주로 일을 하기에 날씨 신경 안 쓴지 오래되었는데 말이다.

가는 날이 장날이라고 그날 일은 비가 오는 옥상에서 이뤄졌다.

약간의 비야 그냥 맞던 나이지만 일하는 건설 현장은 근본적으로 다르다. 열 받은 몸이 비에 식어 가니 냉기에 더해 온몸에 통증을 느낀다.

나만 그런 게 아닌 듯 현장 인부들은 실내로 바로 이동했다.

큰 현장은 많은 부분이 비와 상관없이 계속 일할 수 있다.

못 하는 업종은 최상부에서 일하는 철근, 거푸집 등 골조 부분이다.

그들이 만든 골조를 해체와 자재 정리 그리고 세대청소 팀이 내부에서 마무리하는 것이다.

일한 후의 식사는 배고픈 탓인지 항상 맛있다.

그리고 우리 함바 식당은 음식이 다양하고 풍족하며 별도의 탁자 위에는 빵과 음료가 쌓여 있어 봉지에 많이 담아 가는 사람도 있다.

아마 처음 온 중국인일지도 모르나 대부분은 필요한 것만 가져간다.

유튜브는 중국인을 까 대지만 실제로 내가 느낀 그들은 무척 예의 바르다. 중국은 워낙 여러 지방이 있고 도시와 시골도 다르겠지만 말이다.

아마도 내가 생각한 중국인은 이질감이 없으니 조선족일 가능성이 높다.

현장 아무 데서나 소변보는 건 나도 비슷하니 할 말 없다.

돌아오는 차 안에서 나를 아는 자가 옆에 탔다.

먼저 군포 현장에서 나를 보았다 하고 커피에 대한 내용도 아는 눈치이다. 하지만 유튜브에 나온 증권 투자 이야기 등 쓸데없는 소리만 한다.

그래도 작은 소리로 맞장구쳐 주는 내가 신기하지만 말이다.

이렇게 다국적 사람들이 탄 차 안에서 떠드는 소리는 생각보다 보편적이다.

이어폰 없이 음악을 듣는 사람이 있을 정도로 말이다.

다행히 오늘은 갈비뼈 통증이 어느 정도 줄어들었다.

하지만 아래로 드는 게 가능할 뿐이지 위로 올리기는 여전히 만만치 않다.

왼손으로 자재 아래쪽을 들어 허리 힘을 쓰면 간신히 올릴 정도이다. 그렇지만 이도 반복하면 무사함을 장담할 수 없어 꼭 필요한 경우만 한다.

참, 바닥의 반생이에 걸려 넘어졌는데 낙법을 이용해 바로 일어났다.

손 안 쓰고 일어날 정도로 내 몸이 민첩해진 것이다.

저녁에는 커피를 위한 마지막 송금 20만 원을 했다.

무심코 날짜를 보니 통보받은 폐기 예정 한도일이 내일인 20일이다.

정말 아슬아슬하게 그리고 간신히 돈을 마련한 것이다.

늘어난 일당 하루 1만 원, 즉 3만 원도 도움이 되었으니 인생사 새옹지마 맞다.

커피만 연구하던 내가 노가다해서 위기를 극복할 줄이야 정말 몰랐다.

그것도 부러진 갈비뼈를 지닌 채 불평 없이 즐기면서 말이다.

하루하루 몸이 좋아지지만 피곤이 쌓여서인지 눈곱이 낀다.

온몸이 무거운 것도 틀림없는 사실이고 말이다.

언제쯤이나 적응되어 가벼운 몸으로 아침을 맞이할 수 있을까 궁금하다. 최소한 15일을 견뎌야 한다지만 나는 일한 지 벌써 20일째이다.

먼저 현장 일과 다르게 이번 일은 강도가 높아서인가 보다.

다시 첫 번째 현장으로 돌아간다면 날아다닐 것 같다.

나의 신체 변화는 여러 가지로 나타났다.

이제 저녁을 먹은 후에도 당뇨 약을 잘 먹지 않는다.

그리고 혈액 중의 당을 소변으로 배출하는 약을 제외한 것은 잘한 것 같다. 강한 현장 일이 약했던 내 몸을 변화시키는 것을 느끼는 중이다.

아직은 부족하지만 확실히 저혈당도 사라졌고 혈당 조절을 위해 새참 대신 먹던 에너지바나 초콜릿도 더 이상 필요 없다.

대신 빵을 하나 가져와 먹는데 이것도 남아 퇴근 시에나 나머지를 먹는다.

현장이 워낙 멀어 일 마친 후 저녁 식사까지 대략 4시간이 걸리기 때문이다.

어쨌든 이대로 가면 정말 내 몸이 새로 태어날 것 같다.

환골탈태인가, 오늘이 광주 현장 9일 차이니 한 주만 더 견디어 보자.


## 26. 10월 20일 금요일 맑음. 작업 19일 차

비가 온 후라 현장이 많이 젖어 있다.

내 작업화는 어느 정도 방수가 되나 측면에 있는 공기구멍으로 물이 들어온다. 본드로 막아야 되는데 시간 없다는 잠시의 방심이 양말을 젖게 한다.

장화는 두 켤레 있는데 하나는 작고, 다른 것은 왼쪽이 조금 갈라져 물이 들어오며 오른쪽은 발가락이 아프다.

겨우 하루만 신었음에도 발톱 하나가 죽어 검게 될 정도로 말이다.

서 팀장은 나보고 하나 사라 했지만 본심은 아닌 것 같다.

장화도 없는 내가 안쓰러웠는지 상관인 안 팀장에게 어필했기 때문이다.

나는 조용히 말하고 또 그래서 지혜로워 보이는 서 팀장이 좋다. 진정한 그의 본심은 아직 모르지만 말이다.

오늘 일은 힘들지 않아 체력에 여유가 생겨 주위를 둘러본다.

가끔 사람이 바뀌지만 우리 팀은 대략 9명이다.

서 팀장과 나 그리고 몽골 친구 2명과 중국인 2명 외에 한국인이 3

명 있다.

몽골 친구들은 일은 잘하지만 적당히 일한 후 쉬운 일을 찾는다. 중국인 중 나이 든 한 명은 열심히 하고 성품도 좋지만 나머지는 가끔 요령을 피운다.

그런데 한국에서 15년 일했다는 그는 말과 행동이 조금 이상하다.

그 외 한국인 2명은 나와 동갑내기인데 하나는 경상도 사람으로 욕을 입에 달고 일하며 다른 한 명은 말이 없으나 일을 엄청 잘한다.

그리고 조금 젊은 나머지는 남과 말을 섞지 않고 묵묵히 일만 한다. 팀장급 실력이라는 그는 뭔가 사연이 있는 듯하다.

이들이 주 멤버이고 첫날 나와 친해진 중국인 한 명은 현재 보이지 않는다.

그는 아마 다른 곳에 일 나간 것 같다.


내가 속한 전체 팀의 인원은 대략 25명 정도이다.

이 중 해체 팀과 청소 팀이 있고 그 외 몇 명은 별도의 오더를 받는다.

총괄하는 자는 안 팀장으로 아침 조회 시간에 업무를 지시하고 그다음 서열은 파이팅을 외치는 서 팀장이다.

나는 가끔 차분하고 지혜로운 서 팀장이 총괄을 맡으면 일이 훨씬 매끄러울 수 있을 텐데 하고 상상해 본다.

저돌적이기만 한 안 팀장은 그야말로 노가다 잡부 팀장답기 때문이다.

하지만 이곳뿐 아니라 사회 모든 곳에는 불합리가 존재한다.

그 말은 꼭 능력 있는 자가 지배하는 것은 아니란 뜻이나 어떤 의미로는 지배할 수 있다는 자체가 능력일 수도 있다.

무식해도 싸움 잘하고 탐욕스러우면 지배자가 된다는 말이다.

선한 자는 약자이고 악한 자가 강자가 되는 세상이다.

일은 단체가 함께해야 적당히 쉬며 체력을 안배할 수 있다.
가끔 안 팀장의 별도 지시를 받으면 힘든 일이 끝나자마자 휴식 없이 바로 다른 일을 시키기 때문이다.
근데 생각해 보니 계속적으로 나를 지목하는데 이유를 모르겠다. 가끔 나와 욕 잘하는 동갑내기 동료를 같이 지목하는데 그건 더 이상하다.
그가 현장을 알고 일을 잘해서인지는 모르지만 말이다.

노가다가 사회에서 무시받는 이유는 거칠고 무식해서이다.
어찌 보면 갈 곳 없는 인생의 막장일 수도 있다.
건강하다면 아무 조건 없이 일할 수 있기에 별사람 다 있다.
하지만 나는 지금 속한 팀을 좋아하는데 외국인이 많아서이다. 여행을 다니듯 그들과 대화하고 싶으나 마음의 문을 열려면 기다려야 한다.
난 아직도 그들이 경계심을 풀지 않은 이유를 모르겠다.
처음 대화한 나이 먹은 중국인과 결근 중인 또 한 명을 제외하면 말이다.
근데 돈 벌러 온 외국인은 사회적 신분이 낮지 않다.
지금 같이 일하는 외국인 동료는 아직 모르지만 오래전의 경험이 있다.
중국이 개발되기 전 북경대 학생의 아내가 한국에서 일하는 걸 본 적 있다.
남편이 엘리트이면 아내 역시 무시할 수준은 아닐 것이다.
지금은 중국 수준이 높아져서 그런 사람은 한국에 안 오지만 말이다.
그래도 지금의 동료들은 최소한 농민공 수준은 넘어서는 것 같다.

몽골에서 온 두 친구는 나와 전혀 말을 섞지 않는다.

한국인이란 이유로 나를 경계하는 것처럼 보이는데 이유를 전혀 알 수 없다.

어쩌면 거친 노동 현장에서 못된 한국인을 만났는지도 모른다.

하지만 행동을 보면 알 수 있는 게 자신의 나라에서 제법 잘나갔을지 모르고 생각보다 많이 배웠을 수도 있다.

누군가 몽골인은 말을 안 듣고 화를 잘 낸다고 했는데 아닐 가능성이 높다.

사회성이 떨어질 만큼 고지식하다면 그렇게 보일 뿐이다.

그들의 개인적인 성향은 아직 모르지만 언젠가는 대화가 가능할 것이다.

조금씩 풀어 가면 재미있을 것 같은 느낌이 든다.

오늘의 마지막 일은 건물의 한 창에 안전망을 치는 일이다.

누군가 하다 말았는지 길이 4m는 치다 만 듯 엉성하기 짝이 없고 나머지 6.6m도 위아래 2단으로 새로 쳐야 한다.

이번에도 안 팀장은 정확한 지시를 안 하고 서두르기만 한다.

한번 둘러보기만 해도 가위가 필요하다는 건 알 수 있는데 그는 콘크리트 못을 준비했다.

다행히 같이 일하는 처음 보는 몽골 친구는 눈썰미가 있었다.

앞에 자재가 많이 쌓여 있어 조금 위험했으나 일은 쉬워 바로 끝났다.

3시 25분에 본대로 돌아갔으나 서 팀장의 눈빛이 이상하다.

그때 안 팀장이 나타나 일이 제대로 마무리 안 되었다고 나에게 핀잔을 준다. 분명 다른 하나는 다음에 한다고 해 놓고 다른 팀에게 시켰다는 것이다.

이 한 가지로 그의 말이 바쁘고 두서가 없는 이유를 알 만하다. 그는 뭐든 알아서 척척 해 줄 사람을 찾는 것이다.

근데 일한 지 일주일밖에 안 된 나는 현장 길 찾는 것도 쉽지 않다.

그리고 그렇게 무데뽀식이면 같이 일하고 싶지도 않고 말이다.

일은 쉬웠지만 정신적으로 어려운 하루가 지나갔다.

차라리 동료들과 함께 일하고 담배도 피면서 쉬는 편이 나을 것 같다. 그들 틈에서 적당히 몸도 사리면서 말이다.

## 27. 10월 21일 토요일 한때 비바람. 작업 20일 차

일을 하자마자 좀 이상한 중국인 친구와 차출되었다.

한국 온 지 15년 되었다는 이 친구는 못된 것을 많이 배운 티가 난다.

열심히 하는 액션은 있지만 실제로 힘을 쓰지 않기 때문이다.

또 그래서 15년이나 했는지도 모르지만 말이다.

그런데 또 하나 있는 지시하는 자는 70세나 먹었다는 좀 이상한 한국인 박 씨이다.

그 말이 사실인지 모르지만 난 그의 지시를 따라야 한다.

이번 일은 갱폼 해체로 난생처음 경험한다.

시공 중인 아파트의 상부는 슬라이딩 폼으로 외벽을 감싸고 그 밖에는 철제 구조물과 함께 안전망이 설치되어 있는데 이를 갱폼이라 한다.

이제 마지막 층 시공이 끝난 건물은 안전망이 붙어 있는 갱폼을 내린다.

내가 할 일은 안전망을 고정한 밧줄을 가위로 잘라 철제와 분리하는 것이다.

집게 차가 와서 산소로 자를 때 불이 날 수 있기 때문이다.

구조물에 붙어 있는 철제 액세서리는 재사용을 위해 다른 이들이 분리한다.

공기가 급했는지 비가 내리고 돌풍도 부는 가운데 크레인 일이 계속된다. 하나는 쉽게 끝났으나 두 번째는 강한 바람이 불어 기다려야 했다.

크레인에 매달린 거대한 구조물이 바람에 흔들리고 신호수 아줌마는 건물 안에서 사이렌을 계속 울려 댄다.

신호수는 원래는 사람이 못 오게 밖에서 주변 길을 통제해야 한다. 결국 한 사람이 나서서 시끄럽다 했고 의미 없는 실내 사이렌은 작동을 멈춘다.

위험한 구조물은 바람에 계속 날리고 있는데도 말이다.

시간이 지나자 작업을 할 만큼 바람이 잦아들었다.

구조물이 내려오자 나는 서둘러 안전망을 분리하고 정리까지 마쳤다.

중국인 동료가 대충 걷은 것과는 분명 차이 나는 모습이다.

그때 안 팀장이 나타나 박 씨에게 나에 대해 물어본다.

면전에서의 평가도 우습지만 한 번 보고 잘한다는 그의 대답은 더욱 희극이다.

내가 잠시 안도했던 건 아직 잘려서는 안 되기 때문이다.

커피에 관한 빚은 정리했지만 당장의 생활비도 벌어야 하기 때문이다.

하지만 빚이 없는 나는 목소리를 조금은 올릴 수 있다.
그 첫 번째 대상은 내 근처에 오자마자 말 많은 한국인 아줌마이다. 그녀는 만나는 사람에게 따지듯 말을 걸고 외국인에게는 심하게 잔소리한다.
자재 정리 하는 나에게 다가와서도 그랬으니 말이다.
어쩌면 친근감의 표현일지도 모르지만 나는 단호하고 매몰차게 몰아붙였다.
어디서건 말 많은 건 질색이고 혈당 떨어진 나는 더욱 민감했다.
이 현장에서 한 번도 목소리 올리지 않은 나였기에 효과도 크고 말이다.
팀 내 이상한 자는 2명의 한국인과 한국에서 오래 산 중국인뿐인데 잔소리하는 그녀와 항상 소리 지르는 안 팀장이 그 한국인들이다.
돈 벌러 온 자는 속으로 욕할지는 모르나 묵묵히 일만 한다.

내가 화낸 사건 이후 반응은 제각각이다.
서먹했던 몽골 동료는 내게 호의적으로 변했고 중국인 동료들도 좋아한다. 이는 지금까지 그녀의 잔소리 병폐가 심각했다는 것을 의미한다.
다만 서 팀장이 핀 하나에 60원이라며 아쉽다 했는데 뭔 말인지 모르겠다.
말 많은 그녀가 공짜로 일하는 것도 아닌데 말이다.
다시 본 그녀는 별도 소속으로 아무도 상대 안 하고 혼자서 핀을 줍고 있었다.

타인과 접근하는 법도 모르는 한국인의 비애인지 아니면 자신만의 영역을 지키는 현명한 현장 생활인지 모르겠다.

내가 화를 낸 것은 저혈당의 탓이 분명하다.
혈당이 떨어지면 어지럽고 신경질도 나지만 에너지 없는 근육도 약해진다.
먼저 토요일에 갈비뼈가 나갔듯 오늘은 허리를 무리했다.
무거운 것을 든 게 아니라 자재를 당기는 데 능력 이상의 힘을 쓴 것이다. 근력이 조화롭지 않으니 다리 힘을 감당 못 한 허리가 아파 온다.
내일 일요일이니 한잠 자면 괜찮겠지 하면서도 갈비뼈처럼 은근히 걱정된다.
늙은 내 몸은 피로를 빨리 못 풀고 또한 일을 안 하면 굳어지기 때문이다. 또 그래서 하루도 빠지지 않고 같은 시간인 새벽에 일어나는 것이다.
무사한 다음 주를 기대하면서 이제 하루를 마감한다.

## 28. 10월 23일 월요일 안개, 한때 비. 작업 21일 차

어제 일요일도 평소와 다름없이 3시에 일어났다.
몸의 생체 리듬을 깨고 싶지 않아서인데 맞는지 모르겠다.
4시 40분까지 출근하면 되지만 아침에 일기 쓰고 간단히 먹기도 한다. 하지만 역시 중요한 건 원두를 갈아 내리고 커피 맛을 보는 일이다.

8월에 볶은 커피가 시간과 기온에 따라 변화하는 내용을 알고 싶기 때문이다. 상품화를 위한 이 연구는 6개월간 지속된다.

물론 내가 현장에서 하루 종일 마실 커피이기도 하다.

오늘 출근길은 몸이 무겁고 허리의 통증도 여전하다.

어이없는 커피 통관 빚이 해결되었고 집세도 냈지만 돈은 여전히 필요하다. 일을 지속하지 못한다 해도 최소한 내일까지는 버텨야 한 달을 살 수 있다.

그러면 집세 낸 후 기초 수급자 신청이 가능하기 때문이다.

갑자기 날씨가 쌀쌀해 겨울용 코트를 입고 나갔다.

속에는 수원 시장에서 산 싸구려지만 두꺼운 셔츠를 입었다.

단추 위치가 이상해 한 번 입고 버리려 했던 옷이나 현장 일에는 적격이다.

그러고 보니 내가 버리려 했던 모든 옷이 유용해졌다.

비슷하게 나의 현장 경험은 건강을 위해 안배된 것일지도 모른다. 오랜 교도소 생활이 내 심장을 살리고 지금까지의 가치관을 바꾼 것처럼 말이다.

자기 합리화 같지만 나는 진짜로 운명을 믿고 있다.

현장 휴게실은 정말 먼지가 심하게 많다.

아니 흙바닥보다 더 심하게 돌가루 같은 게 깔려 있어 마스크를 쓰고 쉰다. 누울 수 있는 접이식 간이침대는 바닥에서 냉기가 올라오고 말이다.

나는 최고령자 중국인 선배를 위해 내가 안 쓰는 담요 한 장을 가져왔다.

길림성에서 온 그는 나와 처음으로 말을 섞은 사람이다.

전직이 뭔지는 몰라도 나이 70에도 불구하고 나보다 일을 더 잘한다.

가난한 자들은 돈을 쉽게 벌 수 있는 이곳이 천국일지도 모른다.

일을 마치고 고시텔 옆방의 젊은이와 함께 돌아왔다.

그는 길거리 식당에서 아무에게나 공짜로 주는 뻥튀기를 거부한다.

나에게는 추억이 담겼지만 그가 선택한 것은 이삭토스트이다.

빵 2장 사이에 계란과 정체 모를 치즈 그리고 소스가 뿌려진 그놈 말이다.

매장 안을 보니 손님은 대부분 젊은 여성들이다.

그녀들은 학교 앞 분식집이나 길거리에서 먹은 음식을 추억하는 모양이다.

하지만 나는 포장을 기다리는 시간이 아까울 뿐이다.

사실 어제 함께 탕수육을 먹은 그는 내 계획에 고무적이었다.

적당히 돈을 모으면 동남아에서 커피 만들며 살 수 있다는 나의 계획 말이다.

불안한 성품에 더해 낮은 지적 능력 그리고 인내력까지 약해 1%의 가능성도 없어 이미 포기한 그는 대상이 아니다.

그런데 내가 약하다 생각한 사람들은 어이없게도 자신이 강할 줄 안다. 밑바닥에서 벗어나지 않고 그 물에 젖어 그대로 살면서 말이다.

모래 구덩이에 빠진 자가 한동안 그곳에서 살다가 간신히 탈출하였으나 현실 사회를 포기하고 다시 돌아가는 영화가 생각난다.

일본인 원작자는 인간이 처한 모든 사회를 똑같이 본 것이고 주인공은 정들고 가정 있는 구덩이가 오히려 적응된 것이다.

나도 결국은 이번에 빠진 모래 구덩이에서 한동안 살아갈지도 모른다.

## 29. 10월 24일 화요일 안개 후 맑음. 작업 22일 차

비끗한 허리의 통증은 조금도 가시질 않는다.

좋아졌다 싶으면 다시 강한 일을 함으로써 도지기 때문이다.

나는 처음으로 이 일을 지속할 수 없을지도 모른다는 생각이 들었다.

오늘 일을 마치면 내 돈이 40만 원이 되니 일단은 숨을 돌릴 수는 있다.

며칠 쉰 뒤 좀 더 쉬운 현장을 찾을 수 있다는 말이다.

물론 세 번째라 다른 인력 사무소를 이용해야 하기에 다시 시작해야 한다.

새로운 곳에서 어떤 결과가 있을지는 모르지만 말이다.

하지만 생각지도 않은 현상이 일어났다.

다른 외국인 팀원들이 내게 호의를 보이며 힘든 일을 도와주는 것이다.

연결된 일은 가장 쉬운 자리를 배치해 주고 가벼운 것만 들게 한다. 특히 나에게 말없이 냉하게 대하던 몽골 친구들이 미소를 띠기 시작했다.

이 현장에서 일한 지 10일 차 되는 오늘부터 말이다.

그 말 많은 아줌마 사건 이후 외국인 동료들이 나를 좋아하기 시작한 것이다.
내가 생각한 동기가 착각일 수도 있으나 그 결과는 확실하다.
관리자의 편에 선 한국인들의 생각은 모르지만 말이다.

아픈 허리로 간신히 버티니 이에 따른 결과도 나왔다.
서 팀장은 내게 작업을 위한 개인 연장을 사라 요구한다.
모두 가지고 있기에 굳이 필요 없을지도 모르나 그의 지시는 의미가 있다.
나는 돌아오는 길에 연장을 고정할 벨트 세트를 우선 샀다.
별것 아닌 것 같은데 3만 원이나 주고 말이다.
망치는 흔들거리는 놈을 용접했고 커터와 시노는 동료가 챙겨 주었다. 현장 창고에 있던 놈으로 그냥 쓰면 되나 내가 몰랐기 때문이다.
누군가 버린 것이 틀림없지만 쓰는 데는 전혀 문제없었다.

아침은 쌀쌀하지만 오후는 땀이 나기 시작한다.
작업 조끼를 벗어야 하는 정도로 말이다.
점심 먹고 다이소에서 산 하얀, 지금은 흙물이 들은 티셔츠를 버렸다. 처음에는 좋아 보였는데 색이 변하니 노숙자도 안 입을 정도의 모양새이다.
내복을 벗어서인지 버리려 했던 싸구려 스웨터는 일을 위해서 정말 좋았다. 보온이 유지되고 마침 바람이 부니 땀을 말려 주기까지 한다.
하지만 버려진 셔츠는 지금의 내 상황을 보여 준다.
그 정도는 아니겠지만 하는 내 생각은 그냥 자위일 뿐이다.

옷을 갈아입고도 누가 볼까 고시텔로 부지런히 가는 내 모습을 보면 말이다.

필리핀에서부터 교도소를 거친 붉은 내 가방은 그 느낌을 더하고 있다. 어깨에 걸치기 위해 빌린 검은 가방끈은 더욱 이상하게 만든다.

그 이상함 속에서 아직도 당당함을 보이는 내가 우습다.

친구 필규는 나를 보고 사회화가 덜 되었다고 한다.

그는 이를 '인간의 가축화'로 표현하였는데 나는 그 단어의 진위가 궁금하다.

가축이란 영어로 domestic animal이고 동물의 사회화는 이를 역으로 표현했을 것이다. 그럼 인간의 가축화란 번역이 가능하다.

SNS에서 원본을 일부러 찾아보지는 않았으나 비슷할 것으로 추정된다. 재미있는 건 필규가 나를 길들일 수 없는 늑대로 표현한 것이다.

또한 그러기에 강하고 뛰어나다고 다시 듣기 좋게 표현했다.

항상 느끼지만 그는 지식이 많아 표현이 자유롭다.

내가 늑대인지는 모르나 사회성이 없는 건 사실이다.

어려서 본 모순투성이 사회가 60살이 넘은 지금도 변한 게 없으니 말이다.

세상의 모든 이들이 남을 의심하면서 기만 속에서 살아간다.

지배하려는 자와 그들에게 당하지 않으려고 저항하는 자들이 섞여서 말이다.

사회 구성의 최상인 윗부분부터 밑바닥의 삶까지 겪어 본 나의 생각이다. 굳이 사회라 할 수 없는 교도소를 빼고 말해도 충분할 것이다.

모든 걸 무시하는 나만 제외하면 완벽한 적자생존의 사회가 틀림없다.

## 30. 10월 25일 수요일 흐림. 작업 23일 차

안개 낀 현장의 아침은 하루를 불안하게 한다.
현대 송정 '힐스테이트'라는 이름처럼 언덕이지만 아무것도 보이지 않기 때문이다. 미세먼지는 내가 한국을 싫어하는 이유 중 하나이기도 하고 말이다.
하지만 허리 때문에 하루를 조심스럽게 시작하는 나는 더 이상 가릴 게 없다.
다행히 오늘은 서포트 세우는 일에 차출되었다.
구성원은 욕 잘하는 동갑내기 한국인과 2명의 몽골인이다.
한국인은 이 씨라는 경상도인인데 왜 항상 대상도 없는 욕을 하는지 모르겠다.
자신이 거칠다는 것을 표현하기엔 너무 왜소하고 키도 작기 때문이다. 보여 줄 게 없는 약한 자의 허장성세인가.
배 나온 몽골인 동천은 이미 알고 있고 다른 이는 탄광에서 일했다 한다. 영어를 조금 하는 그는 러시아어도 한다니 좀 배운 것 같다.
시골이 아닌 도시 출신인 모양인데 현장 일하고는 어울리지 않아 보였다.
중요한 것은 그가 잠시 사라지더니 어디선가 망치를 가져온 것이다.
그 망치를 내게 주니 나의 소문은 나쁘지 않은 것 같다.

그들은 생각보다 일을 잘하나 한국인 동료는 계속 욕만 한다.

이유 없는 욕은 나를 짜증나게 하지만 내가 함부로 나설 일도 아니다.

내 일은 두 몽골인을 달래는 것으로 마무리한다.

마지막으로 배 나온 몽골 동천에게 "Good job."이라 하니 너무 좋아한다. 물론 옆에 있던 한국말 아는 다른 몽골 동료가 번역해 준 것이다.

연장 쓰는 일을 한 덕에 그리고 몽골인이 나섰기에 무사히 일을 마쳤다.

젊고 힘센 몽골 동료들이 나를 잘 따랐기 때문이다.

일을 적당히 했으니 내일은 허리가 조금 좋아질 것을 기대한다.

몸이 무거운 건 아니지만 허리 탓인지 굳어 있다.

약을 먹을까 하다 좀 더 참기로 한 이유는 오늘 같은 요행 때문이다. 난 가급적 무거운 것을 피하고 적당한 요령으로 일을 지속한다.

그런데 나보다 두 살 적은 중국인 동료가 갑자기 일을 오버하기 시작한다.

가끔 저속한 행동을 하고 욕도 하는 그이지만 싫지는 않다.

배우지 못한 건 확실하지만 나에게 해 끼친 적이 전혀 없기 때문이다.

내가 고상한 척하면서 대우받을 일 없는 것처럼 말이다.

참, 팀장이 내가 가져온 빵에 대해 말했다.

아무나 먹는 빵이 아니라 장부에 기록 후 점심 대신 먹는 경우만 허용되는 것이다. 내가 4~5번 가져왔으니 6~7천 원 정도의 금액을 훔친 꼴이 되었다.

표현이 좀 이상하지만 현장에서는 그럴 사람도 있을 것이다.

그렇다. 나는 노가다 잡부이니 언행에 조심해야 한다.
나도 모르게 젖어 드는 밑바닥의 삶에 스스로 놀라는 척하면서 말이다.
빵 한 덩어리 훔친 후 평생을 도망자 신세가 된 장발장이 생각난다.
나중에 안 사실이지만 그 빵은 엄청 컸다고 한다.

8일이란 공백이 있지만 일한 지 벌써 30일이나 됐다.
13만 원-7일과 14만 원-6일 그리고 10일은 15만 원을 받았다.
모두 23일이고 계산이 좀 다르지만 빚은 갚았고 집세도 두 번이나 냈다.
통장에 매일 13만 원가량이 저축되니 희망이 보이고 말이다.
환갑 넘어 노가다로 돈을 모은다는 발상은 엉뚱하지만 나 외에도 많은 한국 사람이 이 일을 하고 있다.
사업 실패도 있지만 주식이나 노름 등 말 못 할 여러 문제가 존재한다.
어쩌면 커피라는 미래가 있는 나는 행복한 편이다.
허리가 좋아지고 더 이상 몸을 다치지 않는다면 말이다.


## 31. 10월 26일 목요일 흐림. 작업 24일 차

아침마다 가져간 여러 장의 담요는 분명 고무적이었다.
욕 잘하는 동갑내기도 이 일 이후는 내게 친근함으로 다가왔으니 말이다.
돈 안 들이고 작은 성의 하나로 많은 걸 얻은 것이다.

하지만 누가 새벽에 짐을 챙겨 올 수 있을까 생각하면 쉬운 일은 아니었다.

실제로 적지 않은 시간과 노력을 감수했으니 말이다.

내일 한 번 더 가져오면 전 멤버에게 하나씩 주는 셈이니 일은 끝난다.

받기에 부담 없고 돈보다 가치 있는 이 일이 말이다.

담요 때문에 그들이 나를 도와주는 건 아니다.

하지만 무거운 것을 못 든다는 것이 밝혀지면 잘릴 수도 있다.

내용을 아는 동료들은 괜찮지만 누군가 나를 보고 있다면 무리를 해야 한다.

그 무리는 시원치 않은 허리의 사용이라는 빈곤의 악순환을 낳고 말이다.

하지만 실제로 일할 때는 무리한다는 사실을 잘 못 느낀다.

땀이 난 몸이 식어 가는 퇴근 무렵이 되어서야 온몸이 굳어져 오기 때문이다.

망할 놈의 이 증세는 다음 날 아침까지 계속되고 말이다.

한 주 동안 부러진 갈비뼈와의 전쟁이 끝나자 이제는 허리와의 싸움이다.

뼈와 인대 중 어떤 게 중요한가 하는 문제가 아니다.

그저 현장 일을 지속할 수 있으면 된다.

나에 비하면 청소하는 몽골 아줌마는 정말 일을 잘한다.

광대뼈가 나와 의지가 강해 보이고 몽골에서는 실제로 말도 타고 다녔다 한다.

옛날 한국 아줌마가 이랬을까? 생각하다 지금은 이상함만 느낀다. 사라진 한국 여성의 강인함은 기억도 나지 않는 옛날이야기이다.

부유하게 자라 온 환경 탓인지 드라마 속 여성이 내 기억의 전부이고 말이다. 어쩌면 지금의 상황은 부족한 나를 채우기 위한 마지막 과정인지도 모른다.

아직 살아 있기에 나의 천로역경도 끝이 없나 보다.

* 《천로역경》은 어려서(초등학생 때) 읽은 책의 제목인데 지금은 《천로역정》으로 바뀌었다. 원제는 《Pilgrim》(순례자)이다.

내가 희망하는 게 있다면 좀 더 오래 사는 것이다.

사는 데 미련 남은 게 아니라 얼마 전 깨달은 게 있기 때문이다. 숲을 보려면 밖으로 나와야 하듯 아웃사이더만이 인생의 진실을 알 수 있다.

사회성 없는 나만이 어렴풋이 세상의 이치를 깨달을 수 있는 것이다.

얼마 전 친구 필규에게 들은 '1인칭 관찰자 시점'이란 표현이 생각난다. 그런 관점에서 지금까지 보고 느낀 것을 글로 쓰고 싶다.

일기나 소설이 아닌 제대로 된 수필로 말이다.

## 32. 10월 27일 금요일 맑음. 작업 25일 차

아픈 허리를 다시 망가지게 하는 최악의 날이 왔다.

외부 비계 설치 지원으로 시작은 좋았다.
잠시 대기도 하고 단순히 자재만 이동하면 되었기 때문이다.
하지만 이상하게도 마지막에 나 혼자 남아 발판을 2층으로 올리게 되었다.
일은 힘들지는 않지만 허리를 강하게 써야 했다.
낮은 자세로 팔을 이용해 돌리면 되는데 이미 허리는 무리가 왔다.
이제 남은 시간을 조심해서 보내야 일을 지속할 수 있다.

하지만 오후 일이 시작되자 더한 일이 발생했다.
갑자기 다시 차출되어 자재 이동 구멍을 콘크리트로 채우는 일을 한 것이다.
실제로 일은 별것 아니지만 호이스트가 해당 층에 도착하지 않았다. 그 말은 오래전 필리핀에서처럼 바스켓으로 콘크리트를 옮겨야 한다.
하지만 아무것도 없는 이곳은 마대 자루를 이용해야 했다.
흘러내리는 시멘트 물에 옷이 젖었고 계단 오르는 다리는 휘청댄다.
50kg 정도를 메고 2개 층을 걸어 오르는 일은 결코 쉽지 않았다. 결국 이미 맛이 간 나의 허리는 다시 망가지고 만다.

그런데 허리는 참으로 이상한 부위이다.
그곳으로 피가 몰리면서 아프지만 그래도 일은 계속할 수 있는 것이다.
물론 자세는 이상해지고 등은 둥글게 굽은 채 고정되어 간다.
등이 굽은 할머니들은 이런 상태로 일하다 망가졌나 보다.
아픈 허리를 제대로 펴지도 못한 채 호미 들고 계속 밭일을 하면서 말이다.

이런 상태가 계속되면 노가다로 허리 굽은 할아버지가 될지도 모른다.
내용이 웃기기도 하지만 한편으로는 끔찍하기도 하다.
허리가 망가지는데도 계속 일을 하는 난 참 묘한 사람이다.

식당에서도 묘한 일도 있었으니 점심을 여인과 함께한 것이다. 건설 현장에는 어울리지 않은 미모를 지닌 젊은 여자와 말이다.
적당한 키에 날씬하고 지적이기까지 한 그녀는 40세 전후로 보인다.
젊다 한 것은 늙어 가는 내 나이에 비해 상대적인 표현이다.
우연인지 식사 후 휴게실에서 담배도 함께 피웠다.
대화는 없었지만 여인의 미모는 잠시 나의 허리 고통을 덜어 주었다.
남자가 미녀에게 한눈에 반하는 건 본능으로 혈기 왕성한 젊은이들 뿐 아니라 나같이 늙은이도 가능하다.
이렇게 나는 가끔 현장과 어울리지 않은 사람을 보게 된다.
어떤 사연이 있는지 모르지만 그들은 생각 외로 열심히 일하기도 한다.
단순히 먹고살려는 모습이 아니라 속세의 아픔을 잊으려는 듯 말이다.
어쨌든 나는 그 미모의 그녀와 다시 만나기를 희망한다.
근데 조회 시간에 본 적이 없는 것으로 보아 도로 신호수가 틀림없다.
출근길이 아직 어두워 얼굴을 확인할 수도 없었을 것이다.

일을 마치고 돈을 받으니 모두 75만 원이 되었다.
매일 차비로 3천 원을 지불하기에 조금 차이 나지만 거의 비슷하다.
전액을 통장에 입금시키자 일단은 기분이 좋아진다.
이런 식이면 한 달에 최소 3백만 원을 모을 수 있기 때문이다.
1천만 원이던 목표를 수정한 건 끝까지 갈 자신이 없는 게 아니라 한 걸음씩 확인하는 게 현실적이라 본 것이다.

그러니 1차 목표를 3백만 원이라고 하는 게 맞을지도 모른다.

처음 정한 '노가다 100일 동안의 일기'가 무사히 이뤄졌으면 좋겠다.

## 33. 10월 28일 토요일 맑음. 작업 26일 차

함께 일할 때 나는 가끔 멍청해 보일 수 있다.

모두 자기 할 일을 알아서 하지만 나는 경험이 없기 때문이다.

기껏 하다가도 그게 아니란 소리를 자주 들으니 항상 눈치를 봐야 한다.

일은 알고 해야 몸도 편한데 그러지 못한 내가 팀장은 답답한 모양이다.

무조건 열심히만 하기에는 아픈 허리가 안 따르고 말이다.

다행히 몽골 동료가 눈치껏 나의 허점을 덮어 준다.

나는 이제 요령이란 것을 행하기 시작했다.

무거운 것을 안 들 수 없으니 한 번은 들고 다음 두 번은 가벼운 것을 든다.

'한 번은 무겁게, 두 번은 가볍게'란 노래도 부르면서 말이다.

내 스스로 만들어 흥얼거리자 일부 외국인 동료는 따라 하기도 한다.

현장에서 은연중 내 영향력이 생겼다면 나 혼자의 망상인가?

통장에 한 달 살 돈을 넣고 나니 간이 부어 간다.

망치를 이용하는 일은 나에게 어느 정도 숙달되었다.

알루미늄 폼을 정리하려면 먼저 600㎜ 3장을 이어 붙여야 하는데 총알이라는 수놈과 핀을 이용해 고정한다.

빠른 내 손은 이를 남보다 쉽게 하지만 대신 허리를 잘 펼 수가 없다.

어찌 보면 20㎏ 이하의 중량을 계속 나르는 일이 나에게 어울린다. 상하체 모두에게 적당한 운동도 되고 말이다.

지금까지의 일 중 70%는 그래 왔고 앞으로도 계속되었으면 좋겠다.

유로폼 같은 자재를 옆으로 전달하는 일도 할 만하다.

하지만 무거운 자재를 위층으로 올리는 일은 삼가야 한다.

허리가 좋아지고 좀 더 요령이 생기면 가능하겠지만 지금은 아니다.

이 팀과 같이 다니면 동료들의 배려로 절대 그럴 일은 없겠지만 말이다.

나는 이제 남을 이용해 먹는 사회적으로 치사한 인간이 되어 간다.

정말 함부로 남을 욕하는 것은 신중해야 한다.

현장에서 몸을 사리는 것도 다 먹고살려고 하는 짓이기 때문이다.

일 끝나고 오는데 청소 팀 박 씨가 식사하자고 한다.

표구점을 했었다는 70세 먹은 그는 부평 지하상가에 있는 가게와 다른 건물에 위치한 자신의 창고도 보여 준다.

자기소개를 먼저 하는 걸 보니 할 말이 있는가 본데 나는 말을 아꼈다.

느낌상으로는 분명 커피와 관련 있는 것 같기 때문이다.

언젠가 그의 팀원에게 구글 자료를 보여 주었고 그 소식이 전달되었나 보다.

별로 할 말 없는 노가다 세계는 사소한 일도 쉽게 퍼져 나간다. 또 그래서 내가 필요한 작업장과 판매처 둘 다 보여 주었는지도 모른다.

아, 자기 혼자 산다는 2층에 있는 허름한 거처도 포함해서이다.

어쩌면 나는 그가 필요할지도 모른다.

그가 제시한 것 외에도 지속적인 현장 일을 위해서 말이다.

힘든 일을 못 하면 큰 힘 안 드는 세대청소 일이라도 하면 되기 때문이다.

일당 1~2만 원 적게 받아도 계속 일할 수 있다면 오히려 득이 많다. 하지만 그는 내게 거짓말을 했고 사소한 일임에도 나는 묵과하지 않는다.

아무리 나락으로 떨어졌어도 내 품위(?)를 손상시킬 가능성이 있기 때문이다. 아무도 이해 못 하지만 이는 힘든 일을 자처하는 이유이기도 하다.

모든 걸 스스로 하려는 나의 멍청함에 긴 싸움이 될 수도 있는데 말이다.

하지만 사업을 혼자 하려는 이유는 간단하다.

커피를 아는 사람은 욕심이 많고 모르는 사람은 이해시키기 너무 힘들다. 지금까지 만난 사람들은 모두 전자였기에 성공 못 한 이유도 된다.

그래서 후자를 시도하나 무식의 답답함은 나의 자존심을 건들기까지 한다.

15년 연구가 반사기꾼으로 취급되는 상황도 벌어지고 말이다.

노가다한 후 1년 정도 천천히 한다고 그동안 세상이 변할까?

지금 중동에서 전쟁이 벌어진다고 앞으로 커피가 안 팔리는 것은 아니다.

또 아니면 말고 하는 내 생각도 여전하고 말이다.

지금은 당장의 수입을 유지하는 게 가장 중요하다.

그리고 방금 먹은 근육 이완제가 효과가 있어 일을 계속할 수 있어야 한다.

수입이 어느 정도 모이면 사업은 그때 생각해도 늦지 않다.

세계는 전쟁 중이나 허리와의 전쟁이 끝나지 않은 나는 내일을 기다린다.

통증 없는 몸을 기대하면서 말이다.


## 34. 10월 30일 월요일 흐림. 작업 27일 차

하루를 쉬면 나아질 것이란 생각은 오산이었다.

오늘 몸이 굳어 오고 오한의 조짐도 보인다.

감기치고는 강렬한 놈이 아픈 허리에 더해 온몸을 괴롭힌다.

견디다 못한 나는 결국 저항을 포기하고 아프기 시작한다.

항복한 몸을 무자비하게 점령하는 바이러스는 정말 지독하고 치명적이다.

참으로 오랜만에 겪는 무기력한 내 몸이다.


오후는 팀장의 안배로 못 뽑는 일을 했다.

허리를 안 쓰니 할 만했지만 행동이 굼뜨기는 할아버지와 다름없다.

그렇다. 나는 진짜 할아버지가 맞다.

일을 좀 했다는 이유로 아직 강하다는 착각에 빠진 것이다.

늙은 전사가 이름을 날리는 것은 최후의 능력을 발휘한 후 죽었기 때문이다.

내가 일주일만 더 참았다면 내 허리는 비슷한 결말이 났을지도 모른다.

나는 또다시 육체의 경고를 받고 일 보 후퇴한다.

몸이 아프니 소홀히 여겼던 1천만 원이 다시 나를 괴롭힌다.

오래전 인도네시아 가이드가 불쌍해서 준 미화 만 불을 말하나 그는 도와줄 필요 없는 마약쟁이였다.

돈을 함부로 쓴 실수의 대가는 참혹하고 기억나는 것만 벌써 10번도 넘는다.

징벌치고는 너무 길고 교훈이라면 진부한데 언제까지 가려나.

또 그래서 원룸 하나 얻어 커피 조금 수입해 팔려는 것도 허락 안 하는가.

오래전 신에게 반기를 든 그때처럼 이제 슬슬 화가 나려 한다.

난 내 인생을 가끔 고행인 천로역경에 비유한다.

그 길은 무엇이 시작이고 어디가 끝인지도 모르지만 참으로 어렵고 길다. 그래서 고통을 참는 일은 별것 아니지만 몸이 망가지면 정말 문제이다.

아직 모든 여정을 마무리를 할 때도 아니고 말이다.

내 삶을 다시 돌아보니 의외로 미련 많은 인생이 되어 버렸다.

그 인생을 제대로 마무리하려는 나는 일단 몸을 회복하기로 했다.

뼈는 이상 없어 보이니 한 일주일 푹 쉬면 될 것이다.

물론 병원에 다녀와서 결정해야 하는데 문제는 혹시라도 잘리는 것이다. 다른 곳에서 일하면 되지만 새로 시작하는 건 새로운 스트레스가 온다.

어서 빨리 허리가 좋아졌으면 좋겠다.


## 35. 10월 31일 화요일~11월 5일 일요일. 열외 8

**화요일:**

서둘러 외과를 방문해 엑스레이 찍으니 뼈는 문제없었다.

의사는 약 먹고 물리 치료 받으면 된다는데 기한을 정해 주지는 않는다.

물리 치료실은 생각보다 크고 형태는 마사지 숍과 비슷하다.

침대에 엎드려 있으니 젊고 고운 치료사가 내 엉덩이 위쪽을 마사지한다. 허리가 아프면서 굳어진 부위라 시원하고 좋았으나 1분 정도뿐이다.

그다음은 그저 기계로 하고 연결된 다른 침대도 마찬가지다.

사람 손이 그리웠던 나는 실망하고 물리 치료는 기대에서 멀어져 간다.

만일 치료사가 계속 손으로 했다면 매일 올 생각도 했는데 말이다. 사람이, 아니 여자의 접촉이 그리운가 보다.


약 때문인지 치료의 효과인지 약간은 좋아졌다.

하지만 다시 일하려면 완전히 나아야 하고 최소한 일주일은 걸릴 것이다.

정확한 병명은 염좌, 즉 삔 것으로 벌써 여러 번 경험했다.

왼쪽의 부러졌던 다리와 수술한 무릎 때문에 다리 길이가 다른 게 문제이다.

그리고 날이 따뜻할 때는 문제없지만 갑자기 추워지면 몸이 굳는데 이는 심장 또는 당뇨가 원인일 것이다.

**수요일:**

팀장에게 메시지를 보냈으나 답변이 없다.

일단 보고는 했으니 몸 추스르고 한동안 못 한 개인적인 볼일도 본다. 넘어진 김에 쉬어 간다 했나. 난 시장에서 쇼핑을 하고 모처럼 요리도 했다.

돈이 있고 앞으로 할 일도 있다는 건 마음의 여유를 준다.

**토요일:**

오늘은 친구인 명찬이를 만났다.

별다른 일 없이 점심 먹고 이런저런 이야기를 했을 뿐이다.

기억나는 건 식사 후 함께 마신 에스프레소의 강하고 새콤한 맛이다. 동대문 근처의 카페로 커피 산지는 정확히 모르나 오랜만에 내 입맛에 맞았다.

정말 커피의 세계는 끝이 없고 내 커피의 한계도 분명히 느낀다.

매너리즘에 빠진 내 커피가 타인에게서 선택받기 어려울 수도 있다는 말이다.

내가 없던 한국은 새로운 커피 문화가 형성되었기 때문이다.

건축 기사인 내가 오랜만에 접하는 건설 현장에서 헤매는 것과 비슷하다.

일요일:

긴 결근에도 불안함이 없는 건 자신감 때문이다.

현장 일이 한 달을 넘어가니 다른 곳에서도 일할 수 있겠다고 생각한 것이다.

실제로 부평에는 대형 인력 사무소가 여러 곳 있다.

하지만 나는 특별한 이유가 없으면 변함없이 한곳을 선호하는 편이다.

몸이 회복된 나는 내일 다시 같은 현장에 나갈 것이다.


36. 11월 6일 월요일 비. 열외 9

오랜만에 본 서 팀장은 그리 화내지 않았다.

오히려 상급인 안 팀장이 허리 아프면 절대 안 된다며 부정적이다. 다행히 아무 일 없이 지나갔으나 허리의 통증은 조금 남아 있다.

혹시나 해서 50㎝ 폭의 알판을 들어 보니 가뿐하다.

하지만 일을 시작하자마자 비가 내려 이날은 공쳐야 했다.

현장에서 처음 맞이하는 공일이지만 돈이 급한 나는 반갑지 않다.


돌아온 나는 다시 병원에 들러 물리 치료 받고 약을 타 왔다.

누군가 진통제와 근육 이완제의 효과가 현장 일에 탁월하다고 한다. 지속적인 복용으로 부작용이 없다면 말이다.

물론 따뜻한 방에서 푹 자는 것으로 근육을 이완시킬 수도 있다. 지금 쓰는 작은 전기요 말고 진짜 온돌을 말하는 것이다.

어쨌든 오후에는 커피를 자제해야 그나마 수면을 깊이 취할 수 있다.
커피에 강한 내 체질이 노가다 이후 카페인에 예민하게 변했나 보다.

자는데 오랜만에 인도네시아의 로니에게 전화가 왔다.
그가 보낸 커피 샘플에 대한 내 질문에 의외로 그는 실종을 말한다.
인도네시아는 아직 유통 구조가 불안할 수는 있고 실제로 큰 문제도 아니다. 샘플이 있으면 좋지만 지금의 내 처지는 없어도 상관하지 않는다.
당장은 생활비라도 버는 것이 최선이기 때문이다.
그런 후 다시 돈을 모으고 천천히 하나하나 만들어 가면 된다.

나는 로니에게 내 계획을 말했고 그는 긍정한다.
노가다해서 커피 사업 시작한다는 터무니없는 엉뚱함에 말이다. 하지만 그와의 믿음이 계속된다면 충분히 가능하고 오히려 안정적이다.
모든 걸 내 맘대로 할 수 있으니 더 이상 스트레스도 없고 말이다. 다만 몸이 힘들고 시간이 좀 걸릴 뿐이다.
어쨌든 노가다 일을 계속해야 돈을 모을 수 있다.
몸이 좋아지고 당뇨도 사라지며 돈까지 모은다면 금상첨화지만 쉽지는 않다.
환갑 넘은 내가 환골탈태한다는 건 무협지에나 나올 이야기이다. 처음 일 시작한 태영 현장이라면 가능도 하지만 말이다.
그러나 쉬운 직영잡부 일 놔두고 지금은 어려운 자재 정리를 하고 있다.
어쩌면 남 소장이 처음 나온 나를 위해 태영 현장이라는 최선의 일을 배려했는데 내가 스스로 걷어찬 셈이다.

누구를 탓하는가. 다 현장 경험 없는 내 탓이다.

장담은 못 하지만 현재 일에 최선을 다할 나는 내일을 기다린다.

잠을 청하는데 역시 노가다하는 옆방 막내가 들어왔다.

이제 묻지도 않고 들어오는데 이는 예의 없고 못된 그의 심성을 보여 준다.

친해서 결코 이로울 게 없지만 나의 나약함은 그를 받아들인다. 살면서 마음에 안 드는 게 어디 사람뿐인가.

그런데 젊은 그는 현장 일이 너무 어렵다고 내게 하소연한다.

이제 나이 40세도 안 되었고 덩치도 나보다 큰 경력 4년 차인 그가 말이다.

내가 그 나이면 한 2년 정도 열심히 목돈 모아 뭐든지 했을 것이다.

근데 이 말이 나에게도 해당되는 듯 느껴진다.

그를 내보내고 검색하니 내일은 추워진다고 한다.

냉기 섞인 바람이 부는 현장은 어떤 모습일까?

과거는 겨울 공사를 중지했기에 나는 현장의 추운 겨울이 항상 궁금했었다.

콘크리트는 타설이 안 되고 물이 얼면 미장과 조적도 안 된다. 무엇보다도 사람이 추위 견딜 수 없고 사고의 위험도 높아지기 때문이다.

북쪽인 만주의 조선족이나 몽골인은 추위에 강하겠지만 말이다.

하지만 돈이 필요한 나는 따뜻한 인도네시아 발리를 생각하며 일단은 이겨 내야 한다. 어쩌면 내 인생에서 처음으로 맞이하는 진지한 날이 될 것이다.

언젠가는 끝이 보일 것이라는 막연한 희망을 가지고 말이다.
그리고 가끔은 정말 안배된 것 같다는 생각도 한다.


## 37. 11월 7일 화요일 맑음. 작업 28일 차

오랜만에 하는 일은 무리가 없었다.
허리는 조금 아프지만 나는 적당히 요령을 피웠다.
하지만 마음대로 되지 않고 결국 엄청 무거운 알판을 들게 된다. 중국인 후배가 나서서 도와 가끔 깍두기가 되었지만 무사히 넘긴다.
이상한 건 8명이 하던 일에 12명이 투입된 것이다.
새로 온 몽골인이 4명이 추가되었기 때문인데 젊은 그들은 돈 벌러 와서인지 힘도 좋고 일도 가리지 않는다.
실제로 얼마를 받는지 모르나 그들 나라에서보다는 큰돈일 것이다. 나와 친한 뚱뚱한 몽골 친구 동천은 정부 관리였음에도 돈 벌러 왔으니 말이다.
스마트폰 사진 속 그의 제복 차림이 모든 걸 보여 준다.

하루를 무사히 보냈지만 기분이 이상하다.
나를 보는 팀장의 표정이 조금 싸해진 것은 내가 무거운 알폼을 한 번에 쌓지 못하는 것을 봤기 때문인 것 같다.
남들처럼 힘 있게 던질 수도 있으나 조심한 것뿐인데 말이다.
설마 하지만 그가 선입견을 가지고 봤을지도 모른다.

혹시나 하고 고심하는데 크레인 사고가 발생했다.

크레인 줄이 풀리며 떨어져 자재를 묶은 반생이가 끊어진 것이다.

바로 위에서 떨어져 소리만 났으나 3~4미터 이상 올라갔으면 자재가 튀어 아찔할 수도 있었다.

마침 모두가 크레인 작업 옆에 앉아 담배를 피우고 있었기 때문이다.

크레인 사고는 부상을 넘어 사망도 가능하니 신호수는 어이없는지 주저앉아 말없이 담배만 피고 있다.

집에 오는 길에 시장에 들러 떡과 닭을 하나 샀다.

계속 배고프고 기운이 없어서이다.

떡은 그 자리에서 다 먹었고 닭도 삶아 그날 밤에 대부분을 먹었다.

근육의 허약함에 단백질이 필요한 걸 온몸으로 느낀다.

## 38. 11월 8일 수요일 흐림. 열외 10

아침에 출근하려 차를 타려는데 제지를 당했다.

서 팀장은 허리 아프다는 이유로 결국 나를 퇴출시켰다.

나는 사무실에서 기다렸으나 새로운 일은 오지 않았다.

소장은 내일 오라고 하지만 장담하는 표정은 아니다.

꾸준한 수입이 갑자기 사라진 나는 다시 암흑 속에 버려진 느낌이다.

차라리 허리를 포기하고 일해야 했나 생각된다.

근육 이완제와 진통제를 먹으면 어느 정도는 견딜 수 있는데 말이다.

열심히 일만 한다는 표현은 무능한 것이다.

적당히 요령을 피우고 가끔 팀장의 눈치도 봐야 하는데 말이다. 사회성이 결여된 나의 일반적인 사고로는 정말 노가다로 살기 힘들다.

한때 수원에서 큰돈을 번 것은 누군가 도운 기적이었나 보다.

그렇게 번 돈도 제대로 유지 못 하였지만 말이다.

하지만 내일은 안전 교육 받을지도 모른다.

내일 와 보라는 소장의 말은 새로운 현장에 투입되는 것을 의미한다.

다시 막연한 하루를 기다리기 위해 힘없이 집으로 돌아간다.

갑자기 먹고사는 것에 대한 불안감이 엄습해 온다.

집에 있다는 이유로 보령 장례식장 사모님이 한 전화를 직접 받았다.

별다른 내용은 아니고 빨리 내려오라는 것이나 나는 내키지 않는다.

자신이 아는 커피 외에는 관심도 없는 작자들에게 돌아가기 싫다.

하나만 아는 사람은 아무것도 모르는 사람보다 가르치기 훨씬 더 힘들다.

그들은 분명 어디선가 배운 새콤한 커피를 원할 것이다.

하지만 내가 보낸 커피는 강배전이기에 그 맛이 나지 않는다.

약배전과 강배전을 블렌딩하면 어느 정도는 완성될 것이지만 그린빈은 지금 없다.

결국 천상의 커피는 내가 직접 가공해야만 가능하다.

로스팅도 한국인의 입맛에 맞게 별도로 연구해야 하고 말이다.

## 39. 11월 9일 목요일 맑음. 열외 11

날은 추워져 옷을 단단히 입고 사무실로 나갔다.
일자리는 많으나 신규를 원하는 곳이 적어 교육을 새로 받아야 한다.
하지만 어제 말한 대기는 이유 없이 다른 이로 대체되었다.
새로이 대기자 명단에 들며 내일을 기대하지만 확실한 것은 아니다.
지금까지 열심히 일했으니 다시 나갈 가능성이 높기는 하다.

숙소로 돌아와 기초 수급과 청소 일을 생각해 본다.
기초 수급 100만 원은 살 수만 있지 글 쓰는 것 외에는 아무것도 하지 못한다.
그러나 청소 일은 200만 원 정도 받으니 약간의 저금을 할 수 있다.
둘 다 현장 일보다 수입이 못하지만 만일을 대비해야 한다.
잘 나가던 일이 끊어지니 갑자기 비상사태가, 아니 위급한 상황은 어느 정도 해결되었고 이제 앞으로 먹고사는 문제뿐이다.
내가 보유한 돈으로 한 달을 버틸 수 있으니 그 안에 수가 날 것이다.
일을 한동안 못 나간다는 최악의 경우도 생각하지만 말이다.


## 40. 11월 10일 금요일 맑음. 작업 29일 차

사무실에 나오니 일찌감치 뽑혀 현장을 나간다.
운이 좋다 생각했는데 교육을 안 받는 걸 보니 하루짜리 땜빵이다.

땜빵은 자신이 아닌 이미 등록된 다른 사람 이름으로 대신 나가는 걸 말한다.

현장 일은 창문에 비닐 치는 보양 작업인데 너무 편하고 쉬웠다. 이 일을 계속할 수만 있으면 겨울 내내 하고 싶다.

한 시간 남기고 콘크리트 타설 시 터진 것을 치우는 작업을 했다.
열심히 했으나 약간의 착오가 있어 재작업을 한다.
지금까지 나를 좋게 보던 팀장이 지금은 불만스러운 표정이다.
난 분명 그가 지시한 대로 했는데 사람의 생각은 정말 수시로 바뀐다.
그리고 남을 탓해야 자신의 권위가 올라가니 대상은 불이익을 당할 수도 있다.
어쨌든 나는 콘크리트 물에 옷까지 버려 가면서 열심히 했다.
찬 바람은 젖은 내 몸을 굳게 했지만 기분은 나쁘지 않았다.
누구든 내 모습을 본다면 요령을 안 피우는 사람으로 볼 게 확실할 것이다.
조그만 가능성을 좋게만 상상하는 건 내 장점이자 단점이다. 현장 숙소에서 아끼던 운동화를 잃어버렸음에도 말이다.
남이 신던 싸구려 신발을 훔쳐 가는 자는 어떤 인생인가 궁금하다.
좀 새것이긴 해도 나이키 같은 유명 브랜드도 아닌데 말이다.

돌아오는 차의 기사가 운전을 엄청나게 난폭하게 한다.
이 차뿐 아니라 대부분의 현장 차가 이러하지만 지금이 최악인 것 같다.
비나 눈이라도 오면 분명 큰 사고 날 게 뻔하다.

크레인의 실수는 정말 위험하지만 차량 사고도 비슷한 결과를 만든다.
나는 조금씩 안전에 대해 생각해 본다.
'오늘 일을 할 수 있을까?'에서 '무사할 수 있을까?'로 말이다.



## 41. 11월 11일 토요일 맑음. 열외 12

약간의 기대를 했지만 다시 공친 날이 되었다.
어제 간 현장은 추가의 보양 일이 없었고 다른 기회도 오지 않는다.
도대체 인력 사무소 소장은 나를 생각하고 있기나 한지 걱정스럽다.
정말 일 못하고 뺀질거리는 사람도 잘만 다니고 있는데 말이다.
다시 말하지만 무조건 열심히 하는 건 잘하는 게 아니다.
현장에서는 눈치 적당히 보면서 티 안 나게 일하는 게 잘하는 거다.

한가해지자 나의 지난 삶을 뒤돌아본다.
학교와 군대 그리고 직장까지도 최고가 되긴 했지만 발동이 늦게 걸린다.
알고리즘이 아니라 지능을 가동해야 능력이 나오기 때문이다.
한마디로 관리자 눈치를 전혀 안 보는 내가 문제이다.
그리고 능력을 발휘하는 데 시간이 많이 걸리는 나는 신뢰를 얻기 힘들다.
그래서 난 스스로 강해져 왔으나 지금은 나이가 많다.

노는 날이라 모처럼 부평시장을 갔다.

시장은 확실히 저렴해 2만 원이면 한동안 먹을 수 있는 식품을 살 수 있다. 사고 싶어도 비싼 건 억제하면서 싼 걸 최소로 구입하면서 말이다.

내키는 대로 쇼핑하면 10만 원은 써야 할 것이다.

식품을 사는 이유는 한동안 일을 못 나갈지도 모르기 때문이다. 일주일에 2번 정도 나가면 대부분의 식사를 집에서 해 먹어야 한다.

현장에서 밥을 먹는 건 맛도 좋지만 일종의 부수입이기도 하다. 그리고 다양한 반찬은 나의 입을 즐겁게 했었다.

지금까지의 결과를 나름 정리해 본다.

급한 불은 껐고 약간의 돈도 있어 일만 적당히 하면 사는 건 문제가 없다. 하지만 사람들은 겨울이 오니 일이 점점 줄어들 것이라 말한다.

최악의 상황을 벗어나기 위해 잡코리아에 이력서를 냈다.

희망은 커피 부분이고 추가로 쉽게 일할 수 있는 청소 지원을 고려하는데 기간이 이달 말까지이다.

커피 이력서가 희망이 없다면 수입 적은 청소라도 하려는 것이다.

하지만 나는 일반 공으로 꾸준히 일하며 이번 겨울을 나는 것을 원한다. 일단 수입이 좋고 무엇보다도 100일간은 일을 해 보고 싶다.

할 수 있을지와 그에 대한 결과는 모르지만 말이다.

## 42. 11월 13일 월요일 맑음. 열외 13

추운 새벽, 사무실로 다시 출근을 한다.
추워서인지 일하러 나온 사람이 적고 현장 일도 그사이 줄어든 모양새이다.
기대가 적으니 실망도 적지만 돈에 대한 근심은 말없이 쌓여 간다. 그리고 정말 일이 없는 것인가 하는 의구심이 생긴다.
집에 돌아오니 고시텔 짐 옮기는 것 도와주면 3만 원을 주겠다고 한다.
한 시간 일하고 돈을 받으니 미안했지만 다시 생각하면 난 엄연히 잡부이다.
시급 2만 원짜리지만 워낙 짧은 일이니 많이 받는 것이다.
이런 일이라도 매일 있으면 아무 걱정 안 하겠다.

공돈 생기자 다시 시장에 갔으나 그리 살 것은 없었다.
싸구려 바나나 한 덩이와 감 2개 그리고 마트에서 식초를 산 것뿐이다.
하지만 바람 안 부는 부평역 앞 공원은 따사한 기운이 있어 좋았다.
모처럼 나무 둥치에 앉아 담배를 다 피웠으니 말이다.
잠시 여유를 가지며 내 삶을 돌아보니 내가 참 괴짜인 건 확실하다.
편안함과 안락함조차 개의치 않는 현실에 무감각한 인간이다.

오늘 청소 일을 신청하려다 아직 시간을 갖기로 했다.
지금 일 나가는 북송 용역 회사를 좀 더 믿어 보기로 한 것이다. 그들이 나를 포기하려 해도 끝까지 나가면 결국은 일을 보내 줄 것이다.
나에 대한 신뢰가 없다면 계속된 출근으로 보여 주면 된다.

하지만 생각해 보면 나는 너무 낙관적이다.

항상 좋은 미래를 그리기에 삶은 행복하지만 현실과는 멀어진다.

다행인 것은 인간의 삶이 겪을 수 있는 감동의 대부분을 느껴 봤음에도 지금이 항상 새롭다는 것이다.

어찌 보면 인생은 외로운 나그네의 기나긴 여행과도 같다.

그런데 동남아 배낭여행 다닐 때보다 지금이 더 안락하니 할 말이 없다.

발리의 조용한 아침에 쿠타 해변을 거닐 때를 빼고는 말이다.

내일 일 나가기를 기다리면서 잠을 청한다.

## 43. 11월 14일 화요일 맑음. 작업 30일 차

지난번 갔던 현장에 다시 나갔다.

일은 보양으로 그곳의 직영반장은 나를 기억하고 있었다.

그가 조회 시 보양 인력을 말하는 걸 보면 날이 추워 일이 많은 모양이다.

다시 알게 된 그 현장 아파트 규모는 18동이다.

한 동에 평균 5세대이고 대충 20층 정도이니 2천 세대 가까이 된다.

이 정도 규모면 최소한 겨울 일이 끊이지는 않을 것이다.

하지만 역시 고정 인력이 보양을 하고 있어 나는 땜빵에 불과했다.

난 이 현장에서 고정으로 일할 수 있는 방법을 찾기로 했다.

우선 일 잘하는 것으로 보여 자주 뽑히는 게 최선이다.

현장에서는 너무 튀어서도 안 되고 말이 많아도 직영반장의 배제를 받는다.

일단은 함께 일하는 동료에게 인정받아야 모든 게 시작된다.

갑자기 외국인 노동자에 대해 생각해 봤다.

돈을 벌려고 온 자들이라 젊고 열심히는 하지만 일이 매끄럽지 않다.

오래전에 본 한국인 노동자와는 분명 차이 나는 모습이다.

하지만 일 잘하는 그들은 모두 은퇴했다.

간혹 현장에서 보이는 60~70대 인부는 그때의 노련한 일꾼들이 아니다. 돈 없고 나이 들어 할 수 없이 현장으로 흘러들어 온 자들이다.

나도 그중 하나일 수도 있지만 최소한 열심히는 한다.

어쨌든 한국인 할당제가 없으면 늙은이들은 외국인과의 경쟁이 불가능하다.

65세 이상이면 그나마도 힘들고 말이다.

일을 마치고 돌아와 일당을 받으니 감회가 새롭다.

내일 다시 일 나갈 수 있다는 희망까지 품으니 날아갈 듯한 기분이다.

이러다 일 못 나가면 다시 우울해지겠지만 말이다.

하루하루 살아가는 노가다의 마음을 조금은 알 것 같다.

그래서인지 지금까지 일한 날을 계산해 본다.

태영에서 7일, 한화에서 4일, 현대에서 16일 그리고 요즘 2일이다. 모두 29일에 평균 실수령액은 하루 14만 원 정도이니 400만 원 이상을 번 것이다.

어쨌든 돈 한 푼 없는 어려운 상황을 노가다하면서 잘 넘겼다. 그래서인지 앞으로의 계획은 보다 소소해지고 현실적이 되어 간다.
내일 다시 일 나가길 기원하며 잠을 청한다.

## 제3장
## 본격적으로 시작한 광주 현장의 노가다

### 44. 11월 15일 수요일 맑음. 작업 31일 차

사무실에서 대기하고 있는데 갑자기 지명이 됐다.

먼저 다니다 퇴출된 광주 현장의, 안 팀장이 나를 다시 부른 것이다. 나는 분명 알루미늄 폼 일은 무리라 말했으나 팀장은 상관없단다.

아팠던 허리를 감안하여 자재 정리 정도만 하기로 했다.

알루미늄 폼은 가장 큰 것이 50kg 가까이 되지만 일반 자재는 대부분 30kg은 넘지 않기에 그리고 다양한 크기라 골라 할 수 있어 무리가 없다.

안 팀장이 조회 시간에 힘든 일 하지 말라고 내게 충고한다.

이유는 정확히 모르지만 나에 대한 긍정적인 재평가가 이뤄진 것 같다.

사실 갈비뼈 부러지기 전의 나는 열심히 한다고 소문났었다.

뼈가 부러지고 허리가 상당히 아픈 상태로 그 힘한 일을 한 것이다.

허리가 다시 재발하지 않는다면 이번 일은 문제없다.

그리고 내 목표는 일단 일주일이라도 일을 계속하는 것이다.

수중에 200만 원 정도 있으면 누구든 여유가 생긴다.

몸이 따라 줘 다음 달까지 한다면 좋고, 일하며 겨울을 난다면 금상첨화이다. 원래 목표는 100일 일하는 거지만 몸이 허락하면 1년도 하고 싶다.

최소한 인도네시아 커피 생산 시즌인 4월까지라도 말이다.

첫날 일은 동갑내기 이 씨과 함께 했다.
욕 잘하는 그는 경험은 많지만 일을 열심히 하지는 않는다.
오더를 모르는 나는 눈에 보이는 대로 치우고 정리할 뿐이다.
초반 일은 거의 내가 혼자 다 했고 이 씨는 보고만 있다.
하지만 청소하러 온 두 여인과 직영반장이 있었으니 팀장에게 전달될 것이다.
팀으로 일하는 건설 현장은 생각보다 말이 잘 퍼진다.

다음 일은 창호를 설치할 수 있게 주변을 정리한다.
시작은 함께 했으나 이 씨는 나보고 쉬라 하고 혼자 일하며 돌아다닌다.
아마 열심히 일한 내게 조금 미안해서인가 보다.
중요한 건 갑작스러운 그의 성실함이 아니라 다쳤던 내 허리이다.
다행히 별문제 없이 오전이 지나갔다.

오후는 몽골에서 온 두 친구와 함께 자재 정리를 했다.
물론 이 씨도 있었으나 유로폼을 정리하며 따로 논다.
다 좋은데 일하는 중 갑자기 청소를 하여 먼지를 일으킨다.
알 수 없는 행동에 내가 모처럼 목소리를 올리자 그는 지저분하면서 팀장이 싫어한다며 핑계를 댄다.
 자재 정리를 잘 모르는 그가 남의 이름을 이용하니 대세는 이미 기울었다.
 몽골의 두 친구와 내가 함께하고 그는 원래대로 왕따가 된 것이다. 하지만 나는 그의 더러운 장화를 들어 주며 좋게 마무리했다.

 일이 끝나 사무실로 돌아오니 남 소장이 알폼 일을 했는지 물어본다.
 그는 일당이 1만 원 차이 나기에 확인하는 것뿐이다.
 돈은 조금 줄었으나 수금은 확실히 나의 기분을 풀어 준다.
 어떻게 겨울을 나는가 했던 고민이 오늘 전부 사라졌기 때문이다.
 고시텔 동생 재균이는 쉬운 보양 일이 좋다 하지만 확신 없는 땜방보다는 고정 일을 해야 수입이 안정적이다.
 이대로 가면 처음 계획대로 돈을 모을 수가 있기 때문이다.

## 45. 11월 16일 목요일 비. 작업 32일 차

 오늘 일은 옥상 청소부터 시작했다.
 이 씨와 박 씨가 함께했지만 이상하게 이 씨가 열심히 한다. 어찌 보면 일을 못하는 게 아니라 일부러 열심히 안 하는 것이다.
 또 그래야 계속 일할 수 있는지도 모르지만 말이다.
 근데 오늘은 박 씨가 요령을 피운다.
 아니 그는 평소에도 심부름이나 하고 근무시간에 전화 거는 것으로 유명하다.

결국 힘든 일은 또다시 나 혼자 하게 되었지만 개의치 않는다.

내 허리가 계속 무사하다면 말이다.

비가 내리나 보슬비라 그냥 맞아야 했다.

하지만 나도 모르게 은근히 젖어 들어 쉬는 시간에는 온몸이 식어 간다. 다행히 두꺼운 옷을 입었기에 그리고 바람이 안 불어 견딜 수 있었다.

나이가 있어 열 받은 몸이 갑자기 식으면 근육에 통증이 온다.

그 통증은 빨리 몸을 보호하라는 사인이고 말이다.

옥상 일을 마치고 다시 자재 정리를 하였기에 몸에 열이 나 위험은 사라졌다.

몸을 부지런히 움직이면 혈액 순환이 되기 때문이다.

자재 정리 현장에서 박 씨와 잠시 트러블이 있었다.

그는 안 팀장이 시켰다면서 알지도 못하는 일을 이상하게 진행시킨다.

전날 일을 지시받은 나는 내용을 숙지하고 있지만 그는 막무가내이다. 어떤 의도가 있는 건 아니지만 자신을 부각시키려는 모습이다.

현장은 지시받은 사람이 선임이 되는 구조이기 때문이다.

결국 나는 고집을 피웠고 따라서 목소리를 올렸다.

내가 아는 범위 내에서는 아는 척을 해야 일단 주가가 올라가기 때문이다.

이제 노가다 일이 나의 몸뿐 아니라 정신까지 지배하기 시작한다.

내가 하도 설치니 중국인 반장이 국적을 물어본다.

한국인인 걸 알고 고개를 끄덕이나 표정은 그리 좋은 뜻이 아닌 것 같다.

이해는 가지만 일을 열심히 하면서 떠드는 나는 좀 다르다.

다른 이들은 한국인임을 내세워 외국인 동료를 지배하려 하기 때문이다.

똑같이 일당 받는 잡부지만 현장에는 분명 서열이 존재한다.

일단 한국인이 우선이고 그다음은 조선족 그리고 나머지 나라 사람들이다.

특히 현장의 많은 부분을 지배하는 조선족 반장들은 외국인들을 부려 먹는다.

그런 외국인들에게 욕먹기 싫은 나는 더 열심히 해야 하고 말이다.

일 끝나기 20분 전 중국인들이 담배를 피우기 시작한다.

나도 한 대 피웠지만 불과 3분 정도 쉬고 다시 일하자 했다.

가장 먼저 일어나 일을 재촉하는 나를 뒤에서 안 팀장이 보고 있었다.

내가 가장 늦게 일어났다면 사소한 일 하나로 오해를 받을 수 있는 상황이고 끔찍한 결과가 될 수도 있었다.

오늘도 하늘이 도와 현장에서의 좋은 입지를 다지며 또 하루가 지났다. 허리는 무사하고 오랜만에 온 현장 분위기에도 바로 익숙해진다.

이런 상황이 계속되었으면 좋겠다.

## 46. 11월 17일 금요일 흐림. 작업 33일 차

박 씨와 서포트 제거하는 일로 하루를 시작한다.

바닥 모르타르를 치기 때문에 급히 해야 되는데 하는 대부분의 일이 이러하다.

이 씨 말로는 우리가 5분 대기조라지만 오늘은 그 대신 동갑이자 서 팀장 팀의 에이스인 김 영권 씨가 왔다.

무겁고 위험할 수도 있어 지원 나온 것인데 사실 그가 없어도 된다.

아니 박 씨 없이 그와 나 두 사람이면 충분하다.

그다음 내가 한 일은 약간의 해체와 콘트리트 잔여물을 치우는 일이다.

지원 나온 몽골 동생인 동천은 배가 많이 나와 처음에는 힘들어했지만 힘 좋은 그는 지금 일을 매우 잘하고 있다.

간단히 일을 끝내고 박 씨에게 전화한 후 점심 먹으러 간다.

상황을 보면 그는 중간 관리자처럼 행동하는데 모두 그런 위치를 원한다.

일은 별로 안 하고 말로 떠들며 돈을 받는 위치 말이다.

그런 위치는 경력이 몇 년은 되어야 하지만 그는 4개월뿐이니 많이 이르다.

스스로 자기 나이가 70살이라니 가능할 수도 없고 말이다.

오후에는 엄청난 일이 기다리고 있었다.

옥상에서 내린 구조물의 콘크리트가 분리되어 마당에 쌓여 있는 것을 치워야 한다.

이미 내린 구조물은 모두 5개로 합치면 항공마대 15개 이상의 분량이다.

박 씨는 거드는 척만 했지만 동천과 나는 정말 열심히 했다.

누가 시켜서가 아니라 나를 따르는 동천을 위해 그리고 나를 위해 서로 힘을 쓴 것이다.

힘든 현장 일도 마음이 맞아 흥이 나면 재미있게 할 수 있다.

앞서 말했지만 사실 동천은 몽골에서 정부 관리였다.

소속이나 직책은 모르지만 정복 입은 사진으로 보면 낮은 서열은 아니다.

예쁜 아내와 아들도 있는 그는 돈 벌러 한국에 온 것이다.

한국에서 일하는 대부분의 외국인은 수입에 대한 만족도가 높은 것 같다.

이 내용은 어느 정도 소득이 있다는 조선족도 마찬가지이다.

그런데 좋은 쪽으로 이해하는 나는 사실 그들과 경쟁하고 있는 셈이다.

물가가 저렴한 동남아에 살다 왔다는 이유로 말이다.

동천은 박 씨와 욕 잘하는 이 씨를 극도로 혐오하고 있었다.

말을 이해 못 해도 자신을 함부로 하는 건 누구나 느낌으로 알고 있나 보다.

나를 좋아하는 그는 정말 미안할 정도로 최선을 다해 일하였다. 그 많은 일을 예정된 시간보다 일찍 끝냈으니 말이다.

일이 끝나자 안 팀장은 일 잘한다고 나를 칭찬하며 작업화를 하나 준단다.

별것 아니지만 고마워 힘 난다며 처음으로 그에게 아부까지 더하였다. 하지만 빨리 끝났다고 쉬는 건 아니고 다시 자재 정리 하러 갔다.

아마 눈치껏 쉬라는 배려 같은데 내 성격상 다시 일을 한다.

일이 끝나기 얼마 전 젊고 강한 동천이 체력의 한계를 말할 정도였으니 정말 오늘은 쓸데없이 많은 일을 했다.

다행히 걱정되었던 내 허리는 무사하고 말이다.

집에 돌아오니 고시텔 막내는 일을 안 나간 것 같다.

돈이 없어 스스로 거지라 칭하며 일을 안 하는 이유는 뭘까.

40세도 안 되었으니 열심히 하면 얼마든지 돈을 모을 수 있는데 말이다.

남 걱정할 처지는 아니지만 한심한 작태는 심히 거슬린다.

사실 그는 현장 일이 힘들다면서 나보고 아예 꿈도 꾸지 말라고 했었다.

그런 막내가 일 시작 이후 하루도 안 빠지고 일 나가는 나를 보면서 어떤 생각을 할지 궁금하다.


# 47. 11월 18일 토요일 바람. 작업 34일 차

아침 출근에 동천이 보이지 않는다.

어제 나와 심하게 일한 게 무리가 돼서 몸이라도 아픈가 걱정이 된다. 아무리 젊다 해도 육체노동에 최선을 다하는 것은 정말 좋지 않다.

잘 아는 나도 습관적으로 간혹 실수하지만 말이다.

오늘은 새로 온 해체 팀과 함께 일을 했다.
그들이 해체한 자재를 받아 한곳에 정리하는데 안경 낀 한 나이 든 신입이 현장 일에 매우 노련해 보인다.
눈치만 보며 일 잘 못하는 박 씨와는 너무 대조적이다.
마스크를 낀 그가 파키스탄인처럼 보여 물어보니 대답을 안 한다.
나중에 보니 다크서클이 있지만 한국인이 맞는 것 같다.
그는 친절하게 유로폼 다이 짜는 법을 자세히 가르쳐 주었다.
현장 경험자가 내게 친절하기는 오랜만이다.

오후에도 비슷한 일을 했지만 결국 박 씨와 둘이 남았다.
일 잘 못하는 그를 배려까지 해야 하니 내가 힘들다.
그리고 시간 내 끝내려면 최선을 다해야 한다.
하지만 어깨가 조금 삐끗해 천천히 일을 하면서 걸음을 빨리했다. 손과 발 그리고 허리 중 하나만 부지런히 움직여도 일의 속도가 빨라진다.
모든 부위를 풀 스피드로 하면 시간이 절약되지만 비상시가 아니면 삼간다.
받은 만큼 일하는 일당쟁이는 굳이 할 필요 없는 방식이다.

퇴근 시간을 조금 넘겼지만 안 팀장은 개의치 않는다.
사실 나는 항상 서두르는 서 팀장과 일할 때보다 여유 있는 지금이 좋다.
출발 시간 10분 차이로 마음 조급할 이유가 없기 때문이다.

그 10분은 세수하고 화장실 다녀오는 시간으로 충분하다.
차 타러 갈 때 여유 있게 담배도 피우고 말이다.
어쨌든 안 팀장은 오늘 내가 한 일의 마무리 결과에 흡족한 표정이다.
초보 노가다치고는 어느 정도 인정을 받은 셈이다.
일 거의 안 하는 박 씨와 함께 맡은 일을 끝냈기 때문이다.

서 팀장이 갑자기 내게 친절해졌다.
내가 원한다면 이 현장 이후 함께 일할 것을 암시하면서 말이다. 어쨌든 이제 몸만 괜찮으면 겨울나는 데 문제없고 돈도 모을 수 있게 되었다.
당장 먹고사는 문제에서 다시 미래를 계획하는 삶이 된 것이다.
노가다 일당은 보통의 한국인에게는 얼마 안 되는 돈이지만 내게는 중요하다.
그 돈을 위해 오늘 다친 어깨가 무사하기를 바란다.

노가다는 몸을 위해 잘 먹고 잘 자고 잘 싸면 그만이다.
안 팀장이 자주 하는 저속한 표현이나 이는 진실이고 나이 먹어 노쇠한 나는 이 말에 절대적으로 적응한다.
휴식과 영양분이 공급되어 새로이 정비되는 몸은 다리에서 시작해 등, 허리 그리고 어깨까지이다.
회복할 만큼 조금씩 망가지는 건 다시 태어나는 것을 의미한다.
한 곳이 강해지면서 밸런스를 못 맞춘 부분이 적응하느라 아파 오지만 말이다.
하지만 이런 증상이 계속되면 몸은 보다 강해질 것이다.

현장 일이 끝날 때쯤 내 몸이 불사조처럼 강하게 새로 태어나길 희망한다.

요즘은 통장에 돈을 넣을 때가 가장 행복하지만 말이다.

아들 상호 통장에 100만 원 그리고 구매를 위해 새마을금고 통장에 20만 원을 입금했다.

여유 생긴 나는 마사지기와 허리 보호대 그리고 겨울용 장갑을 사려 한다.

노가다도 일을 지속하려면 장비에 소소한 비용이 든다.

## 48. 11월 20일 월요일 맑음. 작업 35일 차

오늘은 해체한 자재를 위층으로 올리는 일로 시작했다.

하지만 바로 갱폼이라 부르는 외부 슬라이딩 폼을 정리하는 일로 향한다.

다행히 박 씨가 결근하여 일 잘하는 김 영권 씨와 중국인 선배가 함께이다.

두 사람 다 나하고 친한 사람들이라 일은 더욱 신이 났다.

너무 빠르게 잘해 원래 그 일을 하던 직영 팀이 옆에서 구경만 할 정도이다.

사실 갱폼 해체 작업은 작은 것이 내려오면 간단하다.

하지만 큰 것은 최대한 속도를 내야 다음 것을 위해 지게차로 치울 수 있다.

정리 후 다시 내려오기를 기다리며 담배를 피우니 은근히 흡연량만 늘어난다.

먼지투성이의 현장에서 피는 담배 맛은 최악이지만 말이다.

요즘 가래가 많이 끓은 이유인가 보다.

욕쟁이 이 씨와 박 씨는 이해할 수 없는 사람들이다.

가급적 일은 안 하고 남을 부려 먹으려는 이들을 왜 안 자르는지 모르겠다.

팀장은 결과만 보기에 그런 짓도 잘한다 볼 수 있을지도 모른다.

남을 이용해 생색내는 자들로 인해 타인의, 아니 내 몸이 망가지는데 말이다.

그들만 보면 정말 모순적이고 저급한 노가다 세계를 느낀다.

하지만 요즘 현장 일은 내게 많은 걸 배우게 한다.

다시 강해지는 것으로 착각하게 만드는 격심한 노동과 저질적 사고의 사람들. 세상 어디에도 보기 힘든 이런 현상이 유독 한국에서 많이 보인다.

SNS를 보면 굳이 노가다가 아니라 평범한 일반 직장에서도 말이다.

하지만 인간은 유사 이래부터 남을 이용하면서 살아온 못된 동물일 뿐이다.

내가 전능한 신이라면 진작 멸종시켰을지도 모른다.

가끔 보이는 선량한 사람들의 순수한 영혼이 없다면 말이다.

집에 돌아오니 쿠팡에서 주문한 물건이 와 있었다.

재균이는 자신이 받았다며 내게 커피를 요구한다.

커피를 내리다 어깨가 아파 엎지르나 나는 개의치 않고 다시 탄다.

피곤한 내게 오자마자 커피를 요구하는 건 실수이나 오늘은 그냥 넘어간다. 하지만 한 시간이 넘는 영양가 없는 대화를 하다 보니 모든 시간이 촉박하다.

더운 물도 바로 안 나와 샤워 없이 밥 먹고 바로 잠이 들었다.

한마디 하고 싶었지만 참았는데 눈치 빠른 그는 나를 이해했을 것이다.

피곤이 엄습했지만 쿠팡에서 산 안마기는 마음에 들었다.

비록 싸구려지만 사용하는 사람에 따라 얼마든지 효과를 낼 수 있다. 의자의 등받이에 걸치면 좋은데 낮은 내 의자는 허리 외에는 효과가 없다.

그리고 누워서는 특별한 자세를 해야만 마사지가 가능하다.

하지만 목적을 충분히 이루었고 가격도 저렴하니 이런 걸 보고 가성비가 좋다고 말할 것이다.

## 49. 11월 21일 화요일 맑음. 작업 36일 차

오늘은 몽골 친구 동천이 출근해 마음을 놓았다.

전날 늦잠을 자다 못 나왔다 하는데 실상은 아무도 모른다.

그는 근처의 35만 원짜리 원룸에 살고 있다기에 한번 방문하기로 했다. 전화번호를 주고받은 후 내게 몽골 초콜릿을 주는 동천은 착한 친구이다.

현장에 오니 오랜만에 핀 줍는 아줌마도 출근했다.

편의점에서 산 바나나 중 2개를 주니 그녀는 고구마 2개로 보답한다. 얼마 전 내가 화낸 적 있는 그녀는 생각보다 상당히 경우가 있는 사람이다.

전과 같은 상황이 아니라도 웬만하면 나는 화를 참아야 한다.

나이 먹었기 때문이 아니라 현장에서는 화내서 좋을 게 하나도 없기 때문이다.

그걸 못 하는 이유로 난 열심히 산 대가도 종종 놓치고 말았다.

화만 안 내면 재벌이 되었을 것이라는 오래전 어머니의 말이 기억난다.

하지만 타고난 천성은 어려운 시간 외 아무도 못 바꾼다.

일의 시작은 주차장 가장자리의 트렌치 청소였다.

큰일은 아니지만 망치질을 위해 허리를 계속 구부려 은근히 힘이 든다.

게다가 모르타르가 넘쳐 굳어진 걸 깨야 하는데 내가 쓰는 망치가 시원치 않다. 어제 다이소에서 사려 했던 작은 망치라도 있으면 되는데 말이다.

시간 뺏은 재균이 때문이지만 결국은 그를 받아들인 내 탓이다. 그리고 박 씨는 역시 노닥거리며 열심히 하지 않았다.

일하는 곳에 CCTV라도 있어 기록했다면 그는 정말 해고감이다.

유치하게 팀장에게 아부하고 남에게 설치는 꼴에 거짓말도 끝이 없다.

살아가면서 조심해야 하는 유형의 인간이 아닌가 싶다.

하지만 그와 항상 함께하기에 점심시간에 동료 김 씨에게 하소연했다.

누군지 밝히지 않으려 했지만 결국 간접적으로 박 씨임을 폭로한다.

그의 대답은 안 팀장이 당장은 봐주는 거라며 기다리라 한다. 일당 받는 현장에서 너무 열심히 일할 필요 없다는 충고도 하면서 말이다.

그는 조신하고 쓸데없는 말없이 일관된 성격을 드러낸다.

지금까지 현장에서 만난 사람 중 제일 나은 것 같다.

하지만 결국 문제가 생겼으니 어깨를 다시 다친 것이다.

점심 먹고 두꺼운 모르타르 굳은 놈을 작은 망치로 강하게 깼더니 무리가 왔다.

당장은 아니고 잠시 후 유로폼을 정리하면서 높이 든 것이 화근이다. 자재가 키를 넘기면 던져야 하기에 어깨에 강한 힘이 들어간다.

상당한 통증과 함께 약간의 비명도 났으니 먼저보다 데미지가 큰 것이다.

다크서클 있는 선배가 쉬라고 해서 가벼운 자재를 옮기고 있으니 다시 호출이다.

옥상에서 내려오는 갱폼을 다시 해체해야 하는 것이다.

망치를 잡을 어깨를 거의 못 쓰니 주변에서 흩어진 부품을 수거만 했다. 다행히 직영인부가 여럿이 있어 눈에 띄지 않고 일을 마무리한다.

어찌 보면 나 하나 적당히 일해도 아무도 모르는 현장 일이다. 또 그래서 요령 피우는 박 씨나 이 씨 같은 사람이 일할 수 있는 것이다.

타깃이 되면 누군가는 쳐다볼 수도 있지만 말이다.

돌아오는 차 안에서 내일 못 나온다 선언했다.

통증으로 봐서 하루 쉬어 될 일은 아니지만 그 이상 휴식은 무리이다. 몸보다 일단 겨울을 넘기기 위해서는 이 현장을 무사히 끝내야 한다.

현재 상황으로 봐서는 2~3주 후면 마무리될 것이다.

다음 일을 위해 어느 현장으로 가는지는 현재 아무도 모른다.

노가다의 앞날은 예정이 없고 또 그래서 자유롭지만 나이 먹은 나는 팔려 갈 자신이 없다.

집에 오자마자 세탁기 가동 후 일단 누웠다.

마사지기를 이용할까 하다 먼저 약을 먹고 전기담요로 몸을 따뜻이 했다.

한동안 쉬고 있으니 고시텔 동생 재균이가 별일 없이 방문했다. 그는 어제와 달리 내 눈치를 보고 바로 나가는데 사실 이게 정상이다.

그가 나간 후 나는 다친 어깨에 대한 물리 치료를 시작한다.

별다른 기구가 없는 나는 마사지기를 어깨에 대고 강하게 누른 것이다. 다행히 효과가 있어 통증은 사라졌고 방금 먹은 진통제 효과도 바로 나타났다.

나는 내일 무사할 것을 기원하며 잠자리에 든다.


## 50. 11월 23일 목요일 맑음. 작업 37일 차

하루를 쉬었으나 어깨는 간신히 들 정도이다.

하지만 현장 일의 대부분은 가슴 아래에서 이뤄지니 큰 문제는 없다.

갑자기 자재 올려치기 같은 걸 시키면 눈치껏 거부하면 된다.

올려치기는 허리보다 어깨를 많이 쓰기 때문이다.

차를 타려는데 안 팀장이 보여 인사를 하니 내 몸에 이상이 있는지 물어본다.
　나는 할 수 없이 박 씨의 문제를 거론하며 내가 고달픈 것도 말했다.
　그는 "박 반장이 일을 안 해요?" 하며 물어보는데 건성이다.
　결과만 보는 그는 어쨌든 나와 일을 마친 것으로 만족하는지도 모른다.
　계속 함께 일할 것을 거론하지만 나는 소모성 잡부일 뿐이다.

　오전 일은 팀장이 배려했는지 무난히 넘어갔다.
　일은 옥상 청소로 이 씨와 박 씨 그리고 아줌마 둘과 함께 일하니 여유로운 출발이다.
　그런데 두 남자가 평소보다 일을 열심히 한다.
　빼질거리는 그들도 말 많은 고참 한국인 아줌마는 두려운가 보다. 덕분에 일이 너무 쉬워 이 정도의 노동 강도면 한 달을 계속해도 전혀 문제없을 정도였다.

　난 현장 사람들의 수준이 밑바닥인 이유를 생각해 본다.
　학식이나 교양을 떠나 망가진 삶을 스스로 만든 사람들이 대부분이다.
　나처럼 특정 목적, 아니 돈이 필요한 것은 모두 똑같지만 그들은 계획이 없다.
　그냥 하루 먹고살려고 일하면 정말 노가다 인생이 틀림없다.
　망가진 어깨로 망치질을 하는 나도 이 범주에 들어가고 있는지 의심스럽다.
　지금은 분명히 아니라고 말하지만 미래는 아무도 모른다.

　다음 일은 서포트 해체였고 열심히 해서 바로 끝냈다.

모처럼 이 씨가 일을 했으나 엉뚱한 일을 했다고 안 팀장은 내게 화를 낸다.

내게 지시하지 않고 나에게 책임을 전가하는 건 어떤 경우인가. 다시 시작한 다른 곳의 서포트 해체 일은 결국 대부분 나 혼자 한다.

좀 있다 이 씨가 거들기는 했지만 우리는 다시 이동한다.

일도 마치지 않고 옥상 청소를 하러 가나 내막을 모르는 나는 방법이 없다.

체력은 소모되고 어깨는 아파 오지만 일을 마무리했다.

나는 진지하게 일을 포기할까 생각해 봤다.

어느 정도 벌었으니 아껴 쓰면서 기초 수급을 신청하면 된다.

하지만 얼마 안 남은 이 현장을 끝내고 싶기도 하다.

팀이 다시 구성되든지 아니면 새로운 현장에 땜방으로 가든지는 훗날이다.

2주 정도 남았으니 참으면 돈도 여유 있고 내용도 부드럽다.

현실을 직시하며 미래를 위해 다시 참고 하루를 마친다.

숙소로 돌아오니 재균이와 막내가 반갑게 맞이한다.

이들은 요즘 이유 없이 나를 너무 따른다.

내가 아무리 저자세로 출발해도 시간이 지나면서 인정하는 건 당연하다. 현장도 비슷하리라 믿지만 서로 대화할 시간이 없기에 문제이다.

농담과 남을 비방하면서 망친 기분을 풀었으나 금방 8시가 되었다.

이제 빨래하고, 샤워와 식사를 해야 한다.

항상 시간이 촉박한 일반 공, 아니 노가다 잡부의 하루이다.

## 51. 11월 24일 금요일 흐림. 작업 38일 차

조회 시간에 다크서클 있는 선배와 대화를 나눈다.
아직도 골프채를 차에 싣고 다닌다는 그는 기본이 되어 있는 사람이다.
그 기본은 능력이나 인간성이 아닌 최소한의 대화법을 말한다.
한국인 별로 없는 이놈의 현장은 말 통하는 사람 만나기도 쉽지 않다.
어려운 말 말고 그냥 일반적인 대화인데도 말이다.
대화 중 그는 182일이 넘으면 실업 급여를 받을 수 있다고 한다.
나는 IMF 시절 150만 원씩 6개월이나 나오는 실업 수당을 포기한 적 있다.
그 당시 나는 젊었고 자존심이 하늘을 찌를 때이다.
늙은 현재의 나는 기초 수급보다 좋다면 이는 최상의 여건이 된다.
얼마나 받을지는 모르지만 날짜를 따져 보니 앞으로 넉 달만 더 열심히 하면 된다.
돈을 모으고 한동안의 유지비까지 받으면 금상첨화이다.

오늘 일은 서 팀장이 하는 자재 정리를 지원한다.
얼마 전 결근 오래 했다고 퇴출되었던 중국인 동료와 함께 일하니 부담이 없다. 그는 적당히 요령 피우면서 절대 잔소리도 하지 않는다.
어찌 보면 일과 관련해 잔소리하는 건 한국인뿐이다.
팀장이야 이해하지만 다른 한국인은 현장에서 자신의 입지를 높이기 위해서다.
조금이라도 목소리를 높여 서열을 정리해야 직성이 풀리는 민족이다.
몽골인은 동료애가 좋아 트러블 생기는 경우가 전혀 없다.

조선족도 내용이 심한 경우를 제외하면 가급적 목소리를 높이지 않는다.

나는 그들과 있는 게 편하고 그들도 나를 좋아한다.

여러 명이 함께 일하니 내가 하는 일이 티가 나지 않는다.

그 말은 내가 좀 천천히 걷고 움직여도 뭐라 할 사람이 없다는 뜻이다.

서 팀장이 술 마셨냐고 물었지만 그는 더 이상 내 상관이 아니다. 그렇다고 일을 안 한 건 아니고 돈 받는 만큼 했다는 말이다.

내가 원하는 수준은 능력의 70% 선이고 또 그래야 몸이 회복된다. 시간 내 일을 끝내려고 열심히 했는데 바로 다른 일을 시키면 무리가 된다.

노동자들이 몸을 사리는 건 자신의 몸을 보호하기 위함이다.

그러니 몽골 동생 동천이 나를 위해 최선을 다한 건 고무적인 일이다.

일을 마칠 시간이 되자 찬 바람이 분다.

내일부터 한파가 온다더니 벌써 시작하는 모양이다.

땀에 젖었으나 허리는 보호대가 있어 다행인데 다친 어깨가 아파 온다.

당뇨를 벗어나고 심장이 좋아진 내 몸의 문제는 이제 어깨뿐이다. 왼쪽 다리가 긴 이유로 오는 좌측 엉덩이의 통증이 남아 있지만 말이다.

새로 받은 작업화와 신던 운동화의 우측 부분을 높이려 한다.

얼마나 높여야 하는가는 일요일 밑창 깔고 걸으면서 천천히 수정하련다.

다이소의 싸구려 밑창이지만 가성비가 좋다.

고시텔에 돌아오니 막내가 일을 못 나가겠다고 하소연한다.

자신에게 주는 돈은 그대로인데 위에서 많이 받고는 착취한다는 것이다. 더하여 자신을 이상하게 부려 먹는다 하는데 나는 이해가 안 간다.

좋은 기회 다 포기하고 돈 아쉬워 간 사람이 따지는 것도 많다. 더 이상 상대하고 싶지 않지만 웃으며 내 방을 찾아오니 방법이 없다.

그럴 일은 없겠지만 나는 내 돈지갑을 신경 쓰고 있다.

항상 내 바지 주머니 안에 넣어 두지만 말이다.

가난은 죄가 아니지만 벗어나려 노력 안 하는 것은 분명 큰 문제이다.

막내의 암담한 미래가 보여 같이 있는 게 속상하다.

내일 일 나가라 했으니 그가 어쩌는지는 하루 더 지켜보련다.

난 이래서 잘 모르는 남과 엮이는 게 싫다.

싸구려 고시텔에 살기에 할 수 없이 겪어야 하는 숙명이지만 말이다.

굴속 같은 이곳에서 몇 년씩 산 그들의 둔함이 느껴진다.

곰처럼 사니 곰처럼 생각하는가 보다.

## 52. 11월 25일 토요일 맑고 추움. 작업 39일 차

일을 시작한 지 두 달이 지났으나 휴일을 제외하면 그리 많지는 않다.

중요한 건 실제로 일한 날짜이니 한번 계산해 보련다.

태명에서 7일, 한화에서 4일, 현대에서 17일. 기타 2일, 다시 현대에서 오늘까지 9일로 총 39일을 일했으나 아직 반도 못 한 것이다.

앞으로 12일은 무난하니 50일은 넘을 것이고 그다음은 미지수이다. 솔직히 남은 50일은 주 3~4일씩 땜빵이나 다녔으면 좋겠는데 확신은 못 한다.

어쨌든 내년 2월은 지나야 목표인 100일이 마무리가 될 것 같다.

서 팀장 팀은 월요일 모두 검단 현장으로 간다.

헤어지기 섭섭한 사람도 있지만 보기 싫은 자도 가니 마찬가지이다.

현장 일은 내가 다니던 배낭여행과 비슷한 경로를 거치고 있다. 사람과 만나고 헤어지며 새로운 경험이 계속된다.

몸이 고달픈 것도 비슷하지만 잘 먹고 돈을 번다는 즐거움은 있다.

노가다를 해외여행과 비교할 수 있는 나도 참 대단하다.

안 팀장은 어제 차 안에서 박 씨와 나를 거론했다.

한국인 두 사람이 몽골 등 외국인을 관리하면 일이 쉽다는 것이다.

아이디어는 좋은데 하필이면 최악의 조합을 만들려는 것인가.

말로만 일하는 그를 따라 하면 나는 편하지만 안 팀장은 바로 망하고 만다.

그는 사람 보는 눈이 그렇게 없는가.

다행히 박 씨가 오늘 안 나왔지만 말이다.

안 팀장의 말대로 하면 내 위치가 조금 올라갔지만 일이 편해지는 것은 아니다.

물론 일을 맡아서 하면 조금은 요령 피울 수 있어 가장 중요한 건강을 챙길 수 있지만 마냥 쉴 수도 없다.

그리고 맡은 일을 끝내야 직성이 풀리는 것은 내 천성이다.

남은 2~3주만이라도 최선을 다하련다.

커피를 수입하면 내 시간이 있어야 한다.
이사 가고 돈 모은 후에 생각해도 되지만 계획은 서야 한다.
12월 중순으로 예정된 이번 현장을 마치면 커피 수입할 돈은 충분하다.
이후 일주일에 3번 정도만 나가도 생활은 되고 말이다.
중고 소형 로스팅 머신 하나 사서 샘플 작업하는 것도 고려해야 한다.
커피 수입에 한 달 이상 그리고 로스팅 포함하면 두 달이 소요 된다.
그리고 광고에 신경 쓰면 계획은 벌써 봄이 가까워진다.
사업과 안정, 나는 두 마리의 토끼를 잡아야 한다.

오늘 일은 아직 가지 않은 서 팀장 팀을 지원했다.
그는 허리 아픈 나를 배려한다 했지만 하는 일은 갈수록 힘들어진다.
다행히 허리는 무사하고 아픈 어깨도도 잘 견딘다.
약의 효과인지는 모르지만 새로 산 허리 보호대는 상당히 유용하였다. 허리를 잡아 주기도 하지만 체온이 유지돼 혈액 순환이 잘되기 때문이다.
이제 쑤시는 건 어깨인데 이 역시 보호대가 필요하다.
하지만 쿠팡에서 아무리 찾아봐도 어깨를 효율적으로 보호하는 건 없고 운동 시 어깨 근육을 보조하는 기구만 있을 뿐이다.

그 아픈 어깨로 처음으로 유로폼 다이를 직접 짰다.
가급적 나서지 않으려 했지만 동료가 세대청소를 하는 자뿐이라 할 수 없었다.

나중에 온 안 팀장이 서포트 다이 짤 수 있냐 묻기에 모른다 했다.

목재 다이야 치수만 알면 되지만 굳이 내가 할 필요는 없다.

갑자기 떠날지도 모르는 사람이 너무 깊이 일에 관여하는 것도 좋지 않다.

내가 원하는 건 마무리 잘해 좋은 이미지를 남기는 것이다.

다음에 갈 현장을 위해서 말이다.

한국인 청소 아줌마는 요즘 내게 상당히 호의적이다.

매일 아침 반갑게 인사하고 사탕이나 고구마 같은 것을 주기도 한다.

하지만 의도치 않게 그녀에게 실수하고 말았다.

그녀가 먼저 밥 먹으러 가면서 내게 말했으나 나는 말없이 일행을 기다렸다. 그런데 좀 있다 온 동료 두 사람은 그녀가 먼저 갔다고 뒷담화를 한다.

방금 커피 받아 마실 때는 고마워하더니 금방 사람이 변한 것이다.

남을 씹어야 자신이 올라가는 엿 같은 노가다 판이다.

결국 어떤 일이든 함께하는 사람이 문제다.

돌아오는 차 안에서 장례식장 사모님에게 전화했다.

벌써 여러 번 내게 전화했기 때문인데 결과는 역시 보령에 오라는 소리다.

나는 예의 없는 박 사장을 거론하면서 "한동안 갈 일 없다." 하고 말했다.

내가 직접 커피를 수입한 후에 만나는 것도 나쁘지 않다.

하지만 그들은 아직도 나의 잠재 고객 1순위이다.

그런데 안 팀장과 청소 아줌마는 내 통화를 듣고 감탄한다.

사실 감탄까지는 아니라도 박 씨와 비교하며 통화가 깔끔하다는 것이다.

박 씨는 언제나 횡설수설하는데 그 느낌은 나뿐이 아닌가 보다. 나는 한국인보다 진솔한 현장 외국인에게 인기 좋고 말 잘하는 이미지로 남고 싶다.

일도 정확한 오더만 있으면 보다 더 잘할 수 있고 말이다.

앞으로의 일은 모르지만 한동안 걱정 없을 것 같다.


고시텔에 돌아오니 세탁기가 돌아가고 있다.

막내가 일하고 왔나 했더니 늦잠을 자 못 나갔다고 한다.

박 씨처럼 추워 안 나간 것을 알지만 귀찮아 상대 안 하고 만다. 게으름에 거짓말까지 하는 두 사람은 저질스러움이 어찌 그리 비슷한가.

내 방에 스스럼없이 들어와 담배 피우고 가는 것도 싫어진다.

재균이처럼 일에 도움 되는 것도 아니면서 말이다.




### 53. 11월 27일 월요일 비. 작업 40일 차

아침부터 비가 내리나 그리 춥지는 않았다.

서 팀장 사람들은 보이지 않고 새로 온 사람들이 안전 교육을 받는다.

바로 대체가 가능한 단순노동자는 이렇게 소모품이다.

그들이 일하면 이익이고 쉬면 손해 보는 기계의 부품과 비슷하다.

하지만 이번에 온 사람들은 모두 몽골인이다.

그들이 누구인지 나는 관심 없다.
노가다로 돈 벌려는 사람은 모두 똑같기 때문이다.
현장의 조선족이나 몽골인은 자국에서보다 나은 수입을 원할 뿐이다. 하지만 서열 따지고 적당히 일하면서 수입 챙기는 한국인보다 오히려 돈 벌려고 온 그들이 열심이고 정직하다.
그들이 한국의 건설 노동 시장을 잠식해도 자유로운 경쟁일 뿐이다.
얼마 전 외국인에게 밀려 해고된 내가 현재 일한다는 이유로 진실을 말한다.
고지식한 내가 이러니 정말 사람의 마음은 간교한가 보다.

단체로 일하면 완전히 노출되어 힘들지만 마음은 편하다.
누군가 편한 자리 없이 똑같이 일하기 때문이다.
바보 같은 중절모 쓰고 현장 출근을 하는 박 씨만 빼고 말이다. 내 입장에서 보는 그는 거짓말쟁이에 구제 불능이다.
그러나 체력이 약한 그가 가끔은 불쌍하게 느껴지기도 하는데 진정으로 나이 먹어 몸이 안 따라 준다면 비극이다.
하지만 그의 말은 무엇 하나 믿을 수 없고 이상한 장사 해서 망한 박 씨이다.
내가 아는 장사는 신용이 우선이기 때문이다.

동천의 원룸을 가 보니 쓸 만하나 금연에 취사가 부실하다.
담배야 옥상에서 피우면 되고 계속 일 나가면 요리할 일도 거의 없다.

마음에 드는 조건으로는 화장실이 크고 월세가 31만 원밖에 안 한다.
용역 사무실에서 가까운 것도 선택 조건 중 하나이다.
하지만 2~3달 더 있다가 좀 더 크고 자유로운 원룸으로 옮기려 한다.
그러기 위해선 최소한 1천만 원은 모아야 할 것이다.

보령 장례식장 사모님이 다시 전화했기에 걸어 보았다.
그녀는 나보고 내려와 해명을 하라는데 설명을 잘못 표현한 것이다.
난 박 사장과의 인연을 끊었다 말했고 그것으로 충분하다.
미련을 갖고 있는 건 내가 아니고 그들이다.
나는 할 일을 다 했고 나 없는 그들은 커피로는 아무것도 할 수 없다. 특히 지자체로부터 지원받은 박 사장은 더 이상 대책이 없을 것이다.

난 스스로 하려는 작은 꿈을 가지고 있다.
남에게 휘둘릴 일 없고 서두를 필요도 없는 자유로운 커피 사업 말이다.
그리고 필요하다면 일주일에 2~3일 정도는 계속 일을 하련다.
노가다는 내게 적지 않은 수입이니 생계, 아니 사업 유지에 도움이 될 것이다.
급한 돈 마련하려 시작한 노동 일이 내 인생을 변화시켰다.
하지만 사실 가장 큰 변화는 내 건강이다.
부러진 갈비뼈와 허리는 회복되었고 통증은 있지만 어깨는 강해져 간다.
그리고 짐을 들고 계단을 오르내리는 일은 하체를 튼튼하게 한다. 발에 생긴 티눈이나 거칠어져 가는 피부로 형편없는 몰골이지만 말이다.

어쨌든 내 나이에 몸을 학대하면서 다시 태어나는 느낌이다.

회복 안 되어 손해 보는 몸의 일부도 있겠지만 나는 개의치 않는다.

고질적인 고혈압과 당뇨가 사라진 것만 해도 고마운 일이다.

확신하지는 않지만 심장의 기능도 조금은 회복되는 것처럼 느껴진다.

훗날 의학적으로 노동 불능인 사람이었다는 걸 밝히면 재미있을 것 같다.

병원 가도 돈 안 받는 의료 수급자였다는 걸 말이다.


## 54. 11월 28일 화요일 흐림. 작업 41일 차

마음 맞는 사람들하고 일하면 정말 편하다.

서로 상의하여 효과적인 방법을 찾기도 하면서 말이다.

시작은 이러했으나 얼마 후 박 씨와 함께 일하는데 그는 해체된 유로폼을 1m 아래인 바닥에 던진다.

얌전히 내려도 되지만 큰 소리를 내어 열심히 일한다는 티를 내는 것이다.

누가 봐도 얍삽한 행동인데 안 팀장은 이를 제지하지 않는다.

이쯤 되면 두 사람 사이에 어떤 관계가 형성돼 있다고밖에 볼 수 없다. 잔머리가 발달한 박 씨가 단순한 안 팀장을 가지고 노는 것이다.

그런 박 씨를 내가 까 대니 좀 복잡한 상황이 되었다.

사실 어제부터 박 씨가 내 이름을 함부로 부른다.

벌써 두 차례인데 친근감의 표현은 절대 아니고 또 그래서도 안 된다.

그는 나 외에도 만만한 사람에게 함부로 하는 경향이 있다.

결국 그는 나에게 심하게 걸려들었다.

내가 평소처럼 본능으로 행동했다면 화부터 냈을 것이다.

신경은 쓰이지만 난 보다 효과적인 타이밍을 노렸다.

모두가 현장으로 출발하려고 모여 있는 그때 큰 목소리로 욕을 한 것이다.

욕 못하는 내가 최선을 다한 욕은 마지막에 욕인 '씨'를 붙인 정도이고 그 정도로도 효과는 충분했다.


하지만 이에 대한 보복도 시작되었다.

바로 옆인 곳에 일하러 가는데 그는 멀리 돌아서 간 후 갑자기 사라진다. 못된 이 씨가 하던 유치하고 악질적인 방법을 내게 써먹는 것이다.

어디를 가는지 모르는 초보자는 당황하게 되지만 나는 길을 다 알고 있다.

그리고 이제 나의 역공이 시작될 것이다.


난 몽골 친구 동천에게 필리핀 타갈로그어를 가르쳤다.

박 씨를 '로골로고 박'으로 부르게 한 것으로 아무도 알 수 없는 말이다. 미친 박 씨란 뜻은 유치하지만 틀린 말도 아니어서 기분이 풀어진다.

먹고살려는 늙은이 놀리는 나도 늙었다는 느낌이 들지만 말이다.

체력은 고갈되고 잔머리만 남는다면 방법이 없을 것이다.

나는 저질스러운 노가다 문화에 적응하는 중이다.

오늘 일과는 서포트를 옥상으로 올리는 일이 주가 되었다.

허리와 어깨를 이용해야 하는데 오늘은 까먹고 허리 보호대를 차지 않고 일을 시작했다.

날씨가 추워 찬 바람이 불면 바로 통증이 오는 내 몸이다.

허리 보호대는 점심시간에 바로 착용했으나 어깨는 방법이 없다. 추위와 계속된 노동으로 지친 어깨는 방치된 어린애와 같이 힘들어한다.

시원치 않은 운동용 어깨 보호대라도 구입했어야 하는가 하고 후회된다.

고시텔에 돌아오니 쿠팡에서 주문한 귤과 토스터기 그리고 망치가 와 있다.

귤은 나름 신선하고 달았으며 토스터기도 가격 이상으로 작동을 잘한다.

가장 기대한 망치는 일제 정품으로 사용이 기대된다.

이제 연장이 다시 제대로 갖춰진 것이다.

쿠팡은 의외로 많이 싼 물건이 있다.

예를 들어 호주산 앵커 버터는 40% 이상 저렴해 큰 걸로 두 개나 주문했다.

기대했던 육류는 국내산은 그리 싸지 않지만 수입은 적당하다.

가격 차이가 큰 것은 유통 구조에 문제가 있는 것이다.

내 커피도 알릴 수만 있다면 쿠팡을 이용하고 싶지만 저렴한 상품이 너무 많아 가치가 떨어질까 우려된다.

그리고 쿠팡에 게시된 코피루왁은 엄청 비싸지만 아무도 사지 않을 것 같다.

제일 싼 것이 100g에 10만 원이 넘어가니 말이다.

## 55. 11월 29일 수요일 추위와 눈. 작업 42일 차

날씨가 제법 추워 옷을 단단히 입고 갔다.

오전은 청소 위주로 가볍게 시작했으나 오후는 자재 정리를 했다. 그 전에 하던 일이라 특별한 것은 없으나 안 팀장이 다시 설쳐 댄다.

지시를 하고는 바로 다시 수정하는 저의는 뭔지 모르겠다.

이해할 수 없는 자의 지시를 따라야 하는 나는 자괴감을 느낄 정도이다.

하지만 천로역정의 하나로 생각하는 나의 의지는 불변이다.

그냥 먹고살기 위함이 분명한데 잘도 갖다 붙여 댄다.

파키스탄에서 온 현장 친구에게 한 말도 기억난다.

소리치는 건 관심이고 말이 없으면 해고 대상이라 한 말이다.

내 기억으로는 인사 관리의 대부분의 경우가 이에 해당된다.

헤어질 사람에게 굳이 화낼 이유가 없는 것으로 현장에서는 얼마 전서 팀장이 나에게 그러했다.

무사히 일을 마치고 돌아왔으나 어깨가 계속 아프다.

뜨거운 물로 달래고 싶었으나 세탁기를 돌리면 수압이 약해 잠시 기다려야 한다.

어찌 보면 항상 나오는 뜨거운 물은 많은 걸 의미한다.

웃풍이 있어도 따뜻하게 잘 수 있는 전기담요나 쉽게 내려 마실 수 있는 커피 기계도 마찬가지이다.

제대로 된 고시텔은 밥과 김치도 준비되어 있으니 살 만한 것이다.

그래도 배낭여행만 다니던 나는 이 정도면 호사가 틀림없다.

뜨거운 물 잘 안 나오고 김치도 없는 내가 사는 E 고시텔 말고 말이다.

재균이가 노동 시장에 대한 새 정보를 전해 준다.

일거리가 계속 줄어드니 겨울 내내 현장 열심히 다니라는 것이다.

최소한 구정 전까지 다니고 그 후를 준비하라는데 나도 그럴 생각이니 이심전심이다. 당연한 내용이지만 말이다.

하지만 나는 오히려 프라이버시가 침해되는 이 상황이 더 심각하다.

보증금 있는 원룸은 포기하고 동천이 사는 레조트 리빙텔로 서둘러 가야겠다. 월 30~35만 원이면 모든 게 가능하니 상대적으로 저렴하고 말이다.

담배 줄이고 조리도 대부분 포기하면 생활비도 얼마 안 든다.

지금 가진 돈은 200만 원 정도이고 다음 주면 300이 넘어간다. 12월을 무사히 마치면 500만 원이 넘을 것이니 1차 목표는 넘어선다.

그런데 아무리 생각해도 커피 로스팅을 위해선 원룸이 필요하다. 원룸으로 가려면 구정까지는 일을 해야 하고 말이다.

큰돈은 아니지만 대부분 300~500만 원 정도의 보증금이 있기 때문이다.

천천히, 확실히 돈 모으고 유튜브를 이용한 마케팅 계획도 세우자.
구체적으로 그림이 그려지니 고달픔이 조금은 풀어졌다.

하지만 진짜 현실을 느끼게 한 사건이 발생한다.
아침에 먹을 빵을 사러 들어간 파리바게뜨에서 일어난 일로 계산대에서 카드를 꺼내는데 알바가 빵을 안쪽으로 치운다.
나를 아마 대가를 치르지 못할 노숙자로 본 모양이다.
일 마치고 샤워도 못 한 그 모습은 불쌍한 거지와 조금도 다름이 없다.
얼마 전 다이소에서 나가려는데 영수증을 보자고 한 것과 일맥상통한다.
그렇다. 나는 지금 사회적으로 최하층에 떨어진 것이다.
하지만 바닥에 있다는 것은 많은 걸 의미한다.
우선 더 내려갈 곳이 없으니 심리적으로 매우 안정적이고 쓸데없이 도움을 청하는 사람도 사라져 부담도 없다.
스스로 자위하는 나의 내면적 가치도 전혀 변하지 않았고 말이다.

## 56. 11월 30일 목요일 맑음, 강추위. 작업 43일 차

모처럼 연장 들고 일을 편하게 한 날이다.
시작은 경미했지만 이어지는 일은 내 의중대로 시작되었다.
옥상에 도착한 나는 당장 필요해 보이는 유로폼 대를 짜기 시작했다.
하나를 무사히 마치니 동료들이 계속 짜 달라 한다.

가끔 누군가 뒤에서 체크했지만 별문제가 없는지 내 일은 계속되었다. 점심시간까지 계속 짰으니 어느 정도 실력을 인정받은 것이다.

혼자 일하는 게 쉬운 것은 아니지만 잔소리가 없다.
기계를 이용하면서도 헤매며 파이프 다이를 짜는 박 씨와 비교되었다.
내가 바닥에서 집어 간 못 6개를 돌려 달라는 그는 정말 바보이다.
안 팀장이 그를 해고 안 하는 건 마음이 약해서이다.
도박으로 돈을 날렸다는 그는 박 씨의 말에 순발력 있는 걸 좋아한다.
그의 말에 논리적 표현이 전혀 없어 문제지만 말이다.

오후 일은 조금 문제가 되었다.
세대별 자재 이동 통로를 콘크리트로 채우는 일인데 제대로 못 하였다.
나는 사전 현장 조사를 권했지만 안 팀장에 의해 묵살되었기 때문이다. 이런 내용은 그 전에도 있었으니 같은 실수가 반복된 것이다.
현장에서는 아무도 정확한 충고를 주지 않는다.
노가다란 의미가 정해진 일 없이 아무거나 하는 직종을 말하는가 보다. 그리고 잡부는 그저 시키는 대로 지시를 따라야 관리자가 좋아한다.
알아서 하면 더 좋아하면서도 그러니 아이러니하다.
하지만 노가다의 사전적 의미는 건설 종사자이다.
일본말로 흙을 퍼내는 인부라는 진짜 의미는 이미 퇴색되어 아무도 알지 못하고 말이다.
다른 의미로 'No 가다(case)'라는 영어의 변형도 있다.

내 몰골과 피부는 갈수록 거칠어져 간다.

손은 늙은이처럼 작은 점들이 생겼고 발에는 티눈이 자라난다.
발뒤꿈치는 알 수 없는 이유로 헐어만 가고 말이다.
그리고 가장 중요한 폐는 먼지와 찬 바람 탓인지 기능이 원활치 않다.
잠잘 때 추위 피로를 못 풀어 주는 고시텔도 한몫한다.
이번 추위는 일요일까지 계속되니 참아야 한다.
그런데 돌아오는 차 안에서 안 팀장이 일요일을 거론한다.
일이 급하니 모두 나와 달라면서 내게 처음 지시하듯 물었다.
무리한 요구에 긍정적인 첫 대답이 가져올 효과를 노린 것인지는 알 수 없다.
당연히 나의 대답은 긍정이고 동료 몇 명은 따라 대답한다.
11월 중순이면 끝난다던 현장이 벌써 말일이니 많이 늘어진 건 맞다.
하지만 일요일에 작업한다고 일당을 더 주는 것도 아니다.
대답 없는 몽골 친구들이 어떻게 나올까 궁금하다.
그들은 막노동으로 돈 벌러 왔지만 생각보다 똑똑하기 때문이다.

노동으로 변한 내 모습을 보며 갑자기 오디세우스가 생각난다.
내가 아주 어려서부터 여러 번 읽은 그 책은 여러 가지 내용이 있다.
트로이 전쟁보다 더 즐거움을 준 건 그의 모험담이었다.
그런데 18년 동안 전쟁과 모험을 전전하며 돌아온 그를 아무도 못 알아본다.
발을 씻기던 유모는 발 상처로 그를 알았고 아내는 나무 그루터기 침대로 그를 테스트한다.
책을 읽던 당시는 이해가 안 갔는데 지금의 내 모습은 가능케 만든다.
내 동창들은 40년 전 모습을 그대로 보여 주는데 말이다.

현장 일은 방랑자의 삶보다 더 격심하여 어떤 결과가 나올지도 아무도 모른다.

이렇게 천로역경의 마지막 길은 너무도 강렬하다.

## 57. 12월 1일 금요일 맑음, 강추위. 작업 44일 차

오늘도 무난히 시작된 하루이다.

세대청소가 끝난 쓰레기 마대를 리프트로 내리는 작업이다.

내가 좋아하는 몽골 동생 동천과 같이하여 일하는 즐거움은 배가된다.

그와의 즐거움은 수입을 시간당으로 계산하기 때문이다.

지시받은 후 이동하고 대기한 시간만으로 3만 원을 번다면 나쁘지 않다.

긍정적인 이 내용을 수시로 동천에게 말하니 너무 좋아한다.

하지만 이 일에는 말 많은 한국인 한 사람이 있고 그는 정말 일을 잘 안 한다.

자신이 이 현장에서 오래되었고 남보다 많은 걸 안다고 말하면서 말이다.

하지만 우리는 리프트를 이용해 각층별 쓰레기를 내릴 뿐이고 이 단순한 일은 많이 아는 게 전혀 도움이 안 된다.

그의 지식을 글로 적는다면 1분이면 완전히 이해할 것이다.

마대 나르는 일은 먼지가 좀 나지만 그리 힘들지 않았다.

무거운 자재를 나르던 나는 땀도 나지 않아 일부러 빨리 움직여야 몸이 풀릴 정도이다.

서둘러 일을 마친 오후는 옥상 자재를 정리하러 갔다.

몽골 친구 3명이 있어 도우니 일이 신이 나 땀이 나기 시작했다.

땀이 나면 몸이 식기에 서둘러 내복을 벗어 버렸다.

영하 6도의 날씨에, 그것도 바람 부는 옥상에서 상부 나체를 드러낸 것이다.

모두 쳐다보고 일부는 경탄을 하기도 한다.

그렇다. 나의 몸은 지금 최고조에 올라 있는 것이다.

이유는 모르지만 혈액 순환이 잘되면 힘이 넘치고 땀이 나기 시작한다.

분명 정상은 아닌데 내 몸은 오래전, 아니 어려서부터 그러했다.

아마도 자기 멋대로 움직이는 심장 탓이 아닐까 싶다.

이는 일종의 부정맥으로 나의 지병인 협심증하고는 별개이다.

안 팀장이 돌아오는 차 안에서 다시 일요일을 거론한다.

다음 주 수요일까지는 누구도 절대로 빠지지 말라면서 말이다.

하지만 공정이 늦은 건 절대 인부들 탓이 아니다.

관리자의 잘못을 일당 받는 인부들에게 전가하는 모양이나 할 수 없다. 설치는 모습을 보여 주기라도 해야 상부에서 인정하기 때문이다.

처음부터 잘하면 아무런 관심도 없지만 말이다.

고시텔에 돌아와 먼저 막내를 만났다.

일손이 부족하다기에 그를 소개하려 했는데 제대로 듣기도 전에 싫다고 한다.

다른 현장에서 만난 자도 거절하는 걸 보니 문제가 있다.
거리가 멀고 같은 보수에 비해 일이 너무 힘든 것이다.
다들 일하기 편한 현장을 다니는데 갈 곳 없는 나만 여기 있는 것인가.
무슨 상관인가. 올겨울은 그냥 하던 대로 하자.
괜한 오지랖 떨어 내일 팀장 만났을 때 쪽팔리게 됐다.

뭔가 구상한 게 있는데 막상 일기를 쓰려 하면 기억나지 않는다. 온몸의 피가 계속 육체에 있으니 뇌가 멍청해졌다.
어쩌면 그동안 수고 많았던 고달픈 뇌의 휴식년인지도 모른다. 상대적으로 움직임이 덜했던 육체의 재탄생이 될지도 모르고 말이다.
방법이 없어 시작했지만 노가다는 내 인생의 신의 한 수이다.
아무쪼록 정해진 목표까지 무사하길 바란다.

## 58. 12월 2일 토요일. 작업 45일 차

공정이 늦는다는 이유로 안 팀장은 여전히 밀어붙인다.
인건비 높은 목공 팀이 자재 나르는 걸 도와주고 다른 현장에 있는 서 팀장 팀이 내일 지원 온다 하니 사실인가 보다.
하지만 늦어진 공사가 시키는 대로 하고 일당 받는 인부와 무슨 상관인가.
물론 관리하고 돈 받는 안 팀장은 연관 있겠지만 말이다.
결론은 일요일인 내일도 같은 돈 받고 일하러 나오면 되는 것이다.

돈 받고 일하는 데 뭔 문제인가 싶지만 휴식은 중요하다.

토요일, 아니 금요일 오후면 벌써 체력이 고갈되기 때문이다.

다행히 이번 목, 금요일은 일이 어렵지 않았다.

그런 이유로 오늘은 아침부터 일을 마칠 때까지 정말 열심히 했다.

차에서 잠들고 나니 눈이 다 부을 정도로 말이다.

하지만 안 팀장은 나를 일 못하는 사람으로 각인시키고 있다.

내가 스스로는 일을 잘한다는 것은 알지만 말이다.

어쨌든 그는 나의 말도 가급적 못 들은 척하고 무조건 지시를 따르게 한다.

나를 무시하는 게 아니라 어떤 의도가 심어져 있다.

박 씨처럼 어떤 지시든 말 잘 듣는 한국인 친위대를 만들려나 보다.

외국인을 많이 쓰는 그로서는 꼭 필요한 일이다.

김 씨는 자재 정리는 잘 못하지만 눈치 하나로 인정받으려 한다. 그는 벌써 총무 소리 들으며 차비와 종이 쪼가리를 만지고 있다.

말하는 걸 보면 고졸 수준이지만 안 팀장에게는 적격인 사람이다. 현장에서 너무 똑똑한 사람은 오히려 해가 될 수도 있다.

그리고 팀장이라면 언제 떠날지 모르는 나 같은 이방인의 존재도 주의해야 한다.

이 내용은 내가 내년 봄까지 일한다는 내용을 은연중에 밝힌 것과 상통한다.

어느 현장이든 오래 일할 사람이 대우받기 때문이다.

안 팀장은 내일 나올 것을 3번이나 다시 강조했다.

하지만 몽골 팀은 대답이 없고 그들의 수장 격인 목사는 오늘 결근했다.
그들은 돈을 위해 한국에서 일하지만 한국인을 존경하지는 않는다.
그들뿐 아니라 어느 나라 사람도 소리치는 걸 경멸한다.
외국인들이 항상 웃는 나를 좋아하는 이유이기도 하다.
아마 내일 몽골인 일부는 안 나올 수도 있다.
내가 안 팀장이라면 최소한 부탁한다는 말을 했을 것이다.

숙소로 오니 재균이가 냄새나게 밥을 볶는다고 핀잔을 준다.
반농담이지만 나는 그 소리 듣기 싫어 내일 바로 나간다고 했다.
나 역시 농담이지만 그의 시답지 않은 말에 스트레스 받는 건 사실이다.
필요 없는 말은 할 필요가 없는데 말이다.


## 59. 12월 3일 일요일 맑음. 작업 46일 차

결국 몽골 목사와 동천이가 안 나왔다.
이유가 몸이 아프거나 일이 힘들어서가 아닐 것이다.
내가 예측한 대로 목사는 안 팀장에게 비협조적이고 동천은 그를 따른다.
어쩌면 생각보다 그들이 현명한지도 모르겠다.
내가 몽골 목사라면 몽골인만의 팀을 짜서 집단으로 움직일 것이다.

그들의 체력과 일을 풀어 가는 능력으로는 충분히 가능하다.

현장 일이 급한 건 사실이었다.
하지만 돌관공사라 하기에는 내용이 너무 단순하다.
층별로 해체된 자재와 서포트 그리고 쓰레기를 치우는 것뿐이다. 인력만 충분했다면 이미 끝났을 일이지만 어수선한 관리가 문제이다.
차라리 지난주 일요일에 일을 했어야 했다.
어쨌든 일요일 근무가 큰 효과를 보지는 못할 것으로 보인다.
서두르는 긴장감과 대체되어 온 인력들이 어느 정도는 받쳐 주기는 하지만 그 대신 기존의 팀은 더욱 힘들어 능률이 안 오른다.
일요일에 일한 휴일 수당은 받을 수 있는지는 모르겠다.
분명 야간 수당은 지불하니 휴일 수당도 지불해야 마땅하지만 아무 말이 없다.
내가 들은 이야기로는 아직까지 지불한 예가 없다고 한다.
법적으로는 분명 평일의 1.5배를 지급하도록 되어 있는데 말이다.

일을 하다 가끔은 옛날 미국 목화 농장의 노예가 생각난다.
아프리카에서 영문도 모르고 끌려와 끝없이 일을 혹사당한 흑인들 말이다.
지금의 내 처지가 비슷한데 그래도 나는 자발적으로 온 것이다. 다른 외국인들도 돈을 벌려고 힘들게 일하는 것도 사실이고 말이다.
하지만 사실 그들은 적당히 일하고 쉬면서 돈을 번다.
현장에서 쉬지 않고 노예처럼 일하는 건 순진한 나만 그런가 싶다.
갑자기 뼈 빠지게 일한다는 말이 생각난다.

이 말은 인대가 늘어나 골병든다는 말과 어느 정도는 상통할 것이다.
발이 붓고 허리가 쑤시며 찬바람이 불면 어깨가 한없이 쑤셔 온다.
신기한 건 폐차 직전의 차가 스스로 재생하고 있는 것이다.
발은 모르나 허리는 견딜 만하고 고장 난 어깨로 아직 일을 하고 있다.
당뇨 약도 줄인 채 하루 네 끼를 먹으면서 말이다.

일은 무사히 끝났으나 정신적 후유증이 남아 있다.
안 팀장의 큰 목청에 대한 반발과 이에 적응하려는 인내의 고통이다.
지금 당장 그만두어도 사는 데는 지장 없으나 지금까지 해 온 게 아깝다.
실제로 일한 건 아직 50일도 안 되었기 때문이다.
'그래 일을 개기더라도 나 스스로 그만두지는 말자.' 하고 다시 마음을 먹는다.
계획대로 겨울을 넘기면 모든 게 원하는 대로 될 것이라 믿으면서 말이다.
내일 또 있을 힘든 하루를 대비하며 글을 마친다.


## 60. 12월 4일 월요일 맑음. 작업 47일 차

정말 힘 하나 없이 시작한 하루이다.
어제 잠을 일찍 자 한밤중에 일어났기 때문이다.
보통 기상 시간인 새벽 3시가 아니라 1시에 눈을 뜬 것이다.

잘 먹고 잘 자는 것은 노가다 일상에서 가장 중요한 생활 패턴이다.
이를 어기면 힘들기도 하지만 몸이 망가진다.

첫 일은 서포트를 옮기는데, 가장 편한 위치를 찾았다.
받아치기는 들어 올리는 시작과 바닥에 놓는 끝이 상대적으로 힘들다.
중간에서 전달만 하면 허리 움직일 일이 별로 없다.
다행히도 혈액 순환이 되는지 몸은 풀어졌고 열도 나기 시작해 이번 일은 무사히 지나갔다.

다음 일은 자재 운반 개구부를 콘크리트로 타설한다.
운이 좋아 리어카를 찾았고 항공마대에 콘크리트 채우는 일을 설쳐 댄다.
레미콘 기사에게 수신호를 보내고 동료에게 항공마대 교체시기를 지시한다.
내가 마음먹고 움직였기에 매우 빨리 잘하는 듯 보였을 것이다.
이렇게 현장에서는 유치한 쇼맨십도 가끔 필요하다.
하지만 무거운 것을 나르는 일은 역시 몽골 동생 동천이 한몫한다.
새로 온 경철은 기술적인 일로 시간을 때우지만 말이다.
현장에서 오래 살아남으려면 뭐든 배워야 한다.
별거 아닌 기술이지만 다양한 일을 하면서 가끔 쉴 수 있기 때문이다.

무사히 일을 마치고 숙소로 돌아오니 재균이가 방에 들어온다.
옷 갈아입는 중에도 개의치 않고 기초 수급에 대한 논쟁을 벌인다.
내가 오늘 통장 입금액이 백만 원을 넘었다 하니 당연하다 하면서 말이다.

    모처럼 좋은 기분이 유치원생 산수 논리가 되어 버렸다.
    남의 배려는 전혀 없는 그의 대화는 가끔 짜증이 난다.
    아는 것도 없으면서 남을 가르치려는 태도 역시 비슷하다.
    노가다와 고시원밖에 모르는 그가 잘 살 수 있을까 하는 의문이 든다.
    교도소에서 20년 형을 살다 나온 사람과 다를 게 없어 보인다.

    좀 쉬려 하나 8일간의 누적 피로가 근육 활동을 제어한다.
    아픈 어깨는 회복될 기미가 전혀 안 보이고 말이다.
    평지를 걷기도 힘드니 이런 몸 상태로 노가다를 한다는 건 사기와 같다.
    그런 와중에도 안 팀장에게는 주말까지 문제없다고 했다.
    먹고살려는 자의 간절한 외침인가? 아니면 변해 가는 내 몸에 대한 확신인지 모르지만 이는 분명 정상 의지가 아니다.
    사실 어제까지는 누군가의 도움으로 극한의 상황을 무사히 보낸 것 같다.
    내 옆에 누가 있다는 확신으로 앞으로의 일도 긍정적으로 기대한다. 신의 존재는 항상 믿거나 말거나지만 말이다.

## 61. 12월 5일 화요일 맑음. 작업 48일 차

    어제 일하다 보온병이 떨어져 뚜껑이 깨졌다.

이틀 전 이어폰을 잃어버렸고 콘크리트 묻은 옷은 세탁이 전혀 안 된다.

옷과 장비 그리고 간식까지 약간의 돈이 추가로 지불되고 있다. 그 대신 교통비와 식대는 안 들어가니 수지는 비슷하다.

알폼 정리 일 하면서 1만 원 더 받은 적도 있지만 지금 수입이 적당하다.

순수입 하루 14만 원이면 나에게 결코 작은 돈이 아니다.

그런데 몽골 친구들이 나에게 너무 호의적이다.

동천과의 관계야 그를 위로하면서 시작했지만 다른 이들은 다르다.

먼젓번에 몽골인들만의 팀을 짜면 보다 나은 조건에 일할 수 있다 말한 게 이유라면 내가 실수한 것이다.

물론 내가 나서면 가능한 내용이나 적지 않은 돈과 경험이 필요하다.

무엇보다도 나는 현장 일을 벗어나 커피 사업을 해야 한다.

하지만 나의 오지랖이 생각지도 않았던 새로운 운명을 만들지도 모른다.

내가 원했던 약자를 돕는 방식이라 못 할 것도 없고 말이다.

돈 급해 뛰어든 노가다가 내게 새로운 인생을 선보였다.

일을 알기 시작한 나에 대해 안 팀장이 헷갈리기 시작했다.

분명 초보인데 내가 같이 일하면 어쨌든 결과가 좋기 때문이다.

지금이라도 안 것은 그가 머리 나쁜 사람은 아니라는 것이다.

그는 이 씨와 서 팀장에게 일을 배워 뒤늦게 이 사업을 시작한 사람이다.

과거 잘나가다 노름으로 돈을 날렸다고 밝힌 바 있는 그는 재기를 노리고 있고 또 그런 이유로 내 현장 생활은 조금씩 편해지고 있다.

누구나 측근에 똑똑한 자는 필요하기 때문이다.

진짜 현명한 사람은 자신과 어울리지 않으면 떠나지만 말이다.

내일은 203동과 204동 개구부 콘크리트 타설을 해야 한다.

오래전부터 내가 주장한 사전 현장 조사를 조회 시간 전 직접 하기로 했다.

안 팀장의 방식은 적의 동태도 모르면서 무조건 공격하라는 1차 대전 당시의 지휘관 꼴이니 몰살도 가능하다.

좀 수고스럽지만 보다 효과적인 일 처리를 내일 꼭 보여 주련다. 이는 현장에서 나의 위치를 올리는 계기가 될 것이다.

조용히 단순한 일만 하려 했던 나의 계획을 벗어나지만 말이다.

나는 몽골인에 대해서도 좀 더 알고 싶다.

현장에서 일하는 그들은 대부분 키가 크고 체격이 좋다.

원래 알고 있던 순수 몽골족이 아닌 러시아계와 혼혈로 추정된다.

러시아 미녀도 몽골 피가 섞여 탄생했다 하니 맞을 것이다.

인종 개량이라 말하면 우습지만 필리핀에서는 인위적으로 시도했던 바 있다.

실제로 인종 간의 혼혈은 대부분 체격과 외모가 우수한 것으로 보였다.

혼혈의 결과로 지능까지 좋아지는지는 잘 모르겠다.

오늘은 재균이가 방에 오지 않아 모처럼 한가롭다.

차도 30분 일찍 도착해 여유를 더한다.

숙소가 사무실과 가깝고 현장이 1시간 이내라면 정상적인 생활이 가능하다. 세탁과 샤워 그리고 요리 후 일기를 써도 1시간 정도 여유가 있기 때문이다.

일이 힘들지 않다면 1~2시간 더 시간을 낼 수도 있고 말이다.

내일은 수요일이고 할 일도 예정되어 있다.

현장에서 할 일을 미리 알고 나가는 건 이번이 처음이다.

모처럼 순탄한 하루가 기대되지만 방심은 금물이다.


## 62. 12월 6일 수요일 맑음. 작업 49일 차

노가다 일이 계획대로 진행되는 건 없다.

나의 상관인 안 팀장도 앞일을 모르니 나로서는 전혀 방법이 없다.

아침 일찍 둘러본 현장은 나름 제대로 체크했다.

다만 옥상에 콘크리트를 어디에 얼마나 부어야 하는지 내가 잘못 알았다. 두 군데로 계산한 옥상이 최상층에 하나 더 있어 세 곳인 것이다.

더한 문제는 리프트가 연장 설치 중이라 사용이 불편했다.

연장된 리프트가 전 층을 운행한다 생각한 나의 착각은 도를 넘었고 말이다. 1, 2호 세대 두 곳을 제외하고는 옥상을 이용해야 하는 것이다.

일을 실수하자 현장에 대한 긍정적인 마음이 사라진다.

외국인 인부들은 시키는 대로 일할 뿐 아무도 현장에는 관심이 없다.

돈 벌어 자기 나라로 돌아가 노후 대책이나 사업 자금으로 쓰려는 자들이다. 갑자기 한국인과는 다르게 정신적 여유 있는 그들이 부러워지기 시작한다.

나 역시 간신히 먹고살려고 일한다고 느껴지기 때문이다.

아무리 내가 커피에 조예가 있어도 밑천이 없으면 망상에 불과하다.

노가다로 재기하려는 나는 어쩌면 평범한 한국인의 입장이 아닐지도 모른다. 그렇다. 나는 돈 벌어 돌아가려는 동남아인의 사고를 가지고 있다.

콘크리트 타설은 1시에 끝났고 옥상 정리를 위해 올라갔다.

이 일은 말 많은 조선족 반장이 관리를 하는데 잔소리로 나를 귀찮게 한다.

결국 청소하라는 소리에 난 그에게 화를 내고 말았다.

나를 새로 온 잡부 취급을 한 것이기 때문이다.

그는 모두를 자기 아래로 보나 한국인인 나는 이곳에서는 특권층이다. 게다가 자신보다 이 현장 고참이고 말이다.

트러블은 넘겼지만 최악의 경우는 비로 시작되었다.

잔잔하던 겨울비가 장맛비처럼 내리나 그는 멈추란 소리를 안 한다.

모두 두꺼운 겨울옷을 입었지만 흠뻑 젖었고 조끼만 입은 나는 냉기를 느꼈다.

다행히 허리는 보호대가 있어 속은 무사하지만 말이다.

이렇게 일 욕심 많은 자가 사람을 부리면 피곤함을 넘어 위험하기도 하다.

조선족인 그는 타인에 대한 배려는 전혀 없고 돈으로 산 노예처럼 취급한다. 그리고 착취의 대가인지 한국에 아파트를 두 개나 가지고 있다 한다.

한눈 안 판 10년 노가다의 결과물이니 탓하지는 않는다.

말 많은 조선족 반장에게 화를 참은 건 다행이다.

그 정도로 잘리진 않겠지만 현장에서 퇴출되면 다시 어려운 인생이 시작된다.

대략 3백만 원 정도 있으니 최악의 상태는 벗어났지만 말이다.

그놈의 잔돈 벌려고 정말 애쓰는 나를 보면 안쓰럽지만 대견하기도 하다.

아무 일 할 수 없던 내가 이제는 뛰어다니기 때문이다.

돈 벌고 건강을 되찾을 때까지 나의 행로는 계속될 것이다.

부디 그날까지 몸과 마음이 무사하기 바란다.

내가 최종적으로 돈이 얼마가 필요할지는 모르겠다.

1차 계획은 1천만 원인데 이를 위해선 내년 2월인 구정까지 일해야 한다. 원룸 하나 얻고 커피 조금 수입해 팔 수 있는 최소한의 금액이다.

이쯤 되면 내 일기의 원제인 '일반 공의 100일'이 넘어간다.

## 63. 12월 7일 목요일 맑음. 작업 50일 차

아침부터 몸이 너무 무겁다.

그리고 근육 이완제를 안 먹었더니 근육이 경직되어 온다.
장기적인 약의 부작용이 이러한가 싶다.
의사의 경고대로 투약 횟수를 줄이고 오늘은 아예 안 먹었지만 말이다.
만일에 대비하여 약 한 봉지는 항상 가지고 왔다.

다행히 오늘 일은 세대청소의 일부인 쓰레기 반출이다.
자루에 담아 놓은 수많은 쓰레기를 리프트를 이용해 아래로 내린다.
하나의 중량은 7~8㎏으로 양손에 들고 빠르게 이동한다.
결코 가볍지 않고 또 계속 움직이기에 허리가 아프나 쉬는 시간도 많다.
타 작업자가 리프트를 이용하면 양보해야 하기 때문이다.
이렇게 같이 일하는 세대청소 동료들은 요령 피우는 데 이력이 나 있다.
사실 그들은 자재 정리 지원을 나온 적 있으나 감당할 체력이 안 되었다.
어쩌면 그들이 일하는 정도가 맞는지도 모른다.

일은 한 시간 만에 끝나고 나는 다시 세대청소 지원을 한다.
2개 층에 쓰레기가 있는데 몽골 아줌마 혼자 하기에는 양이 많기 때문이다.
하지만 일은 갑자기 옥상 청소로 변경되었다.
우리가 하는 일은 타 공정의 지원이 우선이기 때문에 수시로 변한다.
같이 일하던 두 명은 계속 일을 하지만 말이다.

점심 먹은 후 일이 끝나기 전에 다른 지시를 받는다.

3동 옥상의 비계를 해체하는 작업이다.

양은 얼마 안 되고 나도 할 수 있는 정도지만 조금 위험하다.

특히 어깨가 안 좋아 파이프를 들어 올릴 수 없는 나는 조심해야 했다.

하지만 해체는 전문적인 일이고 위험을 인식한 안 팀장의 지시로 나의 일은 다시 옥상 청소로 변경되었다.

요즘 갑자기 지적인 태도를 보이며 부드러워진 안 팀장이다.

어떤 게 그의 본래 모습인지 모르겠다.


그는 돌아오는 차 안에서 내 잘못을 지적한다.

자재 운반 개구부 한 개가 덜 된 것을 박 씨가 찾은 것이고 같이 일한 중국인을 믿은 게 잘못의 원인이다.

현장에서 그 정도도 안 믿으면 아무 일도 할 수 없지만 안 팀장은 계속 따진다.

그는 은근히 박 씨의 편을 들어 내 기를 꺾으려 하고 있다.

그리고 어제 미리 말했으면 조치할 수 있었는데 박 씨는 오늘에서야 말했다.

내가 일부러 그랬냐 했고 안 팀장은 "그럴 리가."라고 했지만 가능도 하다.

박 씨는 자신의 이익을 위해 거짓말도 서슴지 않는 사람이다.

정말 가까이하면 안 되는 습관적 허언자이다.


저녁에는 몽골 동료가 준 번호로 원룸에 전화했다.

내가 항상 보면서 다니던 그 원룸인데 몽골 친구들이 모여 사는 모양이다.

　방 크기가 적당하고 요리도 할 수 있다고 한다.
　건물이 낡았으니 집세도 모든 것 포함해 35만 원으로 저렴하고 말이다.
　내일 새 둥지가 될 수도 있는 그곳을 가 보려 한다.
　마음에 들면 이번 일요일에 무조건 그곳으로 이사할 것이다.
　지금 사는 곳은 웃풍이 심해 피로가 회복되지 않고 샤워도 불편하다.
　화장실 딸린 방이 그리워진 게 벌써 여러 날이다.


## 64. 12월 8일 금요일 맑음. 작업 51일 차

　날씨가 많이 풀렸으나 현장은 계속 춥다.
　차가워진 건물이 냉하고 언덕이라 바람도 강하게 분다.
　어제 지적을 받은 나는 현장부터 점검해야 했다.
　일당 받는 자가 조회 시간 전에 일하는 것은 극히 이례적이다.
　30분 일했으니 만 원 손해 본 셈이기 때문이다.
　하지만 박 반장의 말과 달리 자재 운반 개구부는 모두 끝나 있었다.
　이유가 뭔지는 모르나 그는 허위 보고를 한 것이다.

　오늘 일의 시작은 어제 하다 만 해체와 옥상 정리이다.
　해체는 전문이라 소개된 경철이 주로 했고 나는 자재 정리와 청소를 했다.
　다른 해체자인 몽골인이 자신의 나라 글씨가 박힌 초콜릿을 준다. 가져온 것인지 한국에서 산 건인지는 모르나 맛있게 잘 먹었다.

어쨌든 그들은 내게 매우 친절하다.

오후는 세대청소 지원을 했는데 박 씨가 와 있었다.

쉬는 시간에 허위 보고에 대해 따져 묻자 그는 궁색한 거짓말로 변명한다.

스마트폰의 다른 사진을 보여 주며 끝까지 우기는 것이다.

베트남에서 내 커피 사업을 말아먹은 수정이가 그러했다.

사업을 위해 꼭 필요했지만 처음부터 거짓말로 일관된 그녀는 나의 상상을 넘어섰고 결국 내가 고생하는 시발점이 되었다.

그런데 박 씨도 그녀처럼 끝없이 거짓말하는 리플리 증후군이 있나 보다. 과거를 생각하자 감정이 폭발한 나는 욕이 시작되고 험한 말도 나왔다.

그가 나에게 대들기라도 했다면 끔찍한 큰일도 가능했다.

모든 피로가 누적된 몸에 지배당한 나의 정신은 그리 온전하지 않다.

하지만 폭력이 가져올 결과를 떠올리며 간신히 억제하였다.

현장에서 강함을 표출하는 일이 꼭 부정적인 것은 아니다.

정도를 벗어나지 않는다면 동질감 또는 구성원으로 인정받을 수도 있다.

그 덕인지 나는 세대청소 동료로부터 많은 내용을 들었다.

이 일은 남 소장이 직접 맡았고 자신들은 그의 직속이라는 것이다.

그리고 앞으로의 현장 일에 대해서도 자세히 말한다.

거의 끝났기에 다음 주 중에 마무리되고 다음 일은 예정되지 않았다.

일 끝나고 몽골 동료가 소개해 준 원룸을 찾아갔다.

옥상에 많은 작업복이 건조 중인 걸 보니 그들이 모여 사는 건 확실하다.

하지만 내가 원했던 취사 시설이 없고 가구가 부족하다.

더하여 Wi-Fi도 안 되니 인터넷 없이 못 사는 내가 살 수 없다고 결정을 내렸다. 일을 마치고 돌아오니 밤 9시고 식사를 하니 10시가 다 되어 간다.

소득 없이 시간을 보냈지만 다시 방을 찾아 다음 주 중으로 이사하련다.

겨울이 오기에 끝나 가는 현장에서 조금이라도 더 벌어 이번 크리스마스는 좀 한가하게 보내고 싶다.


### 65. 12월 9일 토요일 흐림. 작업 52일 차

온몸에 힘이 하나도 없는 주말이다.

얼굴은 부어 오고 눈곱이 끼었으며 무릎은 조금씩 아파 온다. 16층에서 뛰어내려 온 것은 필요 없는 객기였다.

오래전 왼쪽 무릎 연골 수술을 받았지만 마무리가 안 된 걸 잊은 것이다.

연골 문제가 아니라 인대가 늘어난 것일 수도 있지만 말이다.

주의하지 않으면 내 몸은 조금씩 부서져 간다.

신기한 건 아직도 씩씩하게 움직이는 내 심장이다.

스텐트 시술을 받은 지 6년이 되어 가니 고장 날 법도 한데 말이다.
숨이 차거나 통증이 없는 걸로 보아 큰 문제는 없어 보인다.
하지만 혈액 공급이 원활하지 못해 자주 피로를 느끼는 건 여전하다.
조금 몸이 좋아졌다고 슈퍼맨이라도 되려는 나의 모습이다.

안 팀장은 요즘 신이 났다.
나를 비롯하여 김 반장과 박 씨가 충성하기 때문이다.
그 외 더 있지만 추린다면 한국인 3명과 몽골인 4명은 좋은 팀이 될 수 있다.
하지만 나는 원래 최선을 다하는 기질일 뿐 언제 그만둘지 모른다.
그리고 기회주의자인 김 반장은 잔머리를 너무 쓰고 말이다.
남은 건 일 못하는 박 씨인데 그가 설치면 모든 게임은 아웃이다.
그는 허언증에 약간의 정신 분열 증세도 보이는 상태이다.
한마디로 망가진 상태인데 이유를 모르겠다.

오늘 일은 청소로 시작과 끝을 같이 한 날이다.
일은 쉬우나 먼지가 많고 삽으로 쓰레기를 긁어 대어 허리도 좀 아프다. 말라 가는 내 손끝과 멈추지 않는 기침은 청소 때문일 수도 있다.
그래도 어깨를 많이 쓰지 않아 일에는 무리가 없다.
역시 가장 중요한 건 건강이다.

현장 일 시작한 지 석 달이 채 안 되었는데 별일을 다 해 봤다.
이제 다른 현장으로 가도 신입 소리는 안 들을 것 같다.
아직도 반생이 하나 잘 못 묶지만 말이다.

하지만 땜빵으로 나온 사람들은 일을 잘 못하는 경우가 대부분이다.
잘하는 사람은 팀에 소속되어 고정으로 다니기 때문이다.
지금 내가 억지로 다니는 이 일처럼 말이다.

다음 주는 현장이 끝난다고 한다.
내가 모은 돈이 얼마인지 기억나지 않으나 3백은 넘을 것이다.
연말까지 부지런히 일 다니면 5백은 될 수 있다.
하지만 중요한 건 커피 일도 하면서 벌 수 있는 지속적인 수입이다.
한 주에 3~4일만 일하면서 월 2백만 원만 벌면 좋겠다.
물론 매일 새벽 사무실에 나가야 하지만 말이다.

일 마치고 김 반장과 막걸리를 한잔했다.
내가 준 안전화에 대한 고마움의 표시라 저렴한 곳으로 갔다.
이름이 경철인 그는 나를 형님으로 부르기로 했고 나는 받아 주었다.
아직 그가 한국인인지 조선족인지조차 정확히는 모르지만 조금은 우직해 보여 마음에 든 것이다.
젊은이가 친근하게 "형님." 하는데 거절할 이유도 없고 말이다.
나하고 11살 차이니 그리 젊은 것은 아니다.

내가 지켜본 경철은 절대 힘든 일을 하지 않는다.
그는 해체 일을 한다고 소개되었지만 얼마 후 일반 공으로 전환되었다.
이유는 모르지만 경험과 기술이 부족한가 보다.
하지만 일을 할 때 요령이 있어 체력을 아낄 수 있는 수준으로 나처럼 힘 위주로 일하는 경우와는 많은 차이를 보인다.

하지만 어쩌겠나. 나는 모든 것이 부족하다.

경철이 나에게 관심을 갖는 이유는 잘 모르겠다.
몽골인들과 친하고 현장에서 보기 드물게 학식이 있다는 건 중요하지 않다.
사실 현재 내게 있어 내세울 만한 것은 커피뿐이지만 그는 커피를 전혀 모른다.
내 전화를 기다리는 보령의 장례식장 사모님만큼도 말이다.
어찌 되었건 현장에서 날 따르는 동생이 있는 건 도움이 된다.
이상한 건 술 마시기 전에 팁 1만 원을 먼저 주었고 술집에서 나와 간 미용실에서도 나와의 관계를 오버한 것이다.
술이 약한 것인지 딴 뜻이 있는지 모르겠다.

장례식장 사모님이 거론되었지만 보령과 관계를 끊으려는 것은 아니다.
경제적으로 독립된 후 커피를 수입하고, 아니면 그린빈을 직접 조금이라도 가져온 뒤에 다시 만나려는 것이다.
그러기 위해서는 1천만 원, 최소로 보면 5백만 원이 필요하다.
전자는 원룸을 얻고 그린빈 100㎏ 수입한 후 로스팅 머신을 사려는 것이다.
저렴한 중고 로스팅 머신 구하기가 쉽지 않지만 말이다.
후자는 그린빈 30㎏ 구입과 경비에 3백만 원 그리고 나머지는 예비비이다.
지금의 상황은 후자에 가깝지만 나는 전자를 향해 간다.
이번 현장 끝나면 좀 더 모아질 것이고 일당을 다니면 생활이 가능하다.

한 주에 3~4번 나가면 한 달에 1백만 원씩 늘어나고 말이다.

이 생활을 구정까지 계속하면 모든 게 계획대로 된다.

아픈 어깨와 고단한 육체의 어려움도 참고 일했으니 결과가 있으리라 본다.

쉬운 길 놔두고 어려운 길 자초하는 나의 천성 때문이다.

하지만 내가 애를 써도 커피가 잘 팔릴지는 아무도 모른다.

아무리 좋은 커피도 광고의 도움을 안 받으면 시간이 많이 소요된다.

입소문이 무섭다지만 누군가는 마셔야 소문도 나기에 내 소유의 작은 커피숍 하나가 절실한 순간이다.

요즘은 마케팅을 위한 SNS가 활성화되어 있으니 방법을 찾아볼 것이다.

갈 길이 멀지만 조금씩 앞을 향해 나아간다.

내 삶을 천로역정에 비유한 것은 적절하지만 난 정말 내키지 않는다.

기독교인도 아니면서 천국을 향해 가다니 말이다.

## 66. 12월 11일 월요일 비. 작업 53일 차

비가 내리는 중에 출근을 한다.

일요일인 어제 다시 술 마시자 했던 경철은 예상대로 오늘 나오지 않았다.

의도적인지 아니면 다른 문제가 있는지 모르지만 신경 쓰인다.
고시텔에 사는 막내나 재균이의 행동처럼 내게는 무례한 처사이다.
그들 방식으로는 당연한데 나만 예민한 것인지도 모른다.
이 세상 모든 사람은 저마다 다른 사고방식으로 살아간다.
그래서 교육을 받으며 소통과 사회성을 배우는가 보다.

비가와도 실내에서 일할 수도 있기에 많은 사람이 보인다.
빗속에 안전모만 쓴 인부와 우산과 함께 다니는 간부는 대조적이다.
군인과 현장 노동자는 우산을 안 쓰는 것으로 알고 있었다.
내가 건축을 배우던 45년 전에는 말이다.

기온은 높으나 찬바람에 몸이 으슥하다.
내가 하는 일은 세대청소로 실내지만 열린 창문을 통해 찬바람이 들어온다.
현장이 17~18층 등 높은 곳이고 뒤에 산이 있기 때문이다.
최상층 청소는 알루미늄 폼에 붙어 있던 핀과 철물을 분리해야 한다.
핀의 가격이 얼마나 하는지는 모르나 시간이 가는 일이다.
앉아서 이를 분리하다 보면 가끔 배설물이 보인다.
시벳 똥에 코를 대고 냄새로 커피를 구분하는 나이지만 정말 내키지 않는다.
사람의 똥은 시간이 지나도 냄새가 심하기 때문이다.
이유는 모르지만 소똥은 냄새가 없고 돼지도 그리 심하지 않다.
누구나 배 속에 넣고 다니는 그 똥 덩어리 말이다.

쉬운 청소는 피곤한 내 몸을 보호해 준다.

자재 정리 등 힘든 일을 했다면 견디지 못했을 내 몸을 말이다. 하지만 역설적으로 강도 낮은 노동으로 근력이 빠지는 것도 느낀다.

들고 나르고 정리하는 힘든 일이 육체에 활기를 주는 것이다.

반복된 삽질과 쓰레기 담는 일은 허리만 아프다.

지속적으로 할 수는 있겠지만 운동은 전혀 안 되는 노동일뿐이다.

돈을 벌기에는 유리하지만 말이다.

안 팀장은 한 사람이 하루에 6세대를 청소할 수 있다 했다.

그가 경험 없는 나한테만 말하는 이유가 있을 것이다.

어쩌면 기존의 인부들이 하는 일이 마음에 안 들었는지도 모르고 말이다.

그는 은근히 모든 일에 최선을 다하는 이미지의 나를 의식하고 있다.

몸 안 좋은 내가 요령을 피우는 건 모르고 말이다.

돌아오는 길에 경철에게서 전화가 왔다.

차 안이라 잘 들리지 않았지만 돈 50만 원을 꿔 달라고 한다.

돈을 모으려 애쓰는 나에게는 말도 안 되는 요구이기에 바로 거절했다.

사실 어제 한 달에 45만 원짜리 고시텔을 계약했다.

중요한 건 ATM에서 10만 원 찾다 돈을 그 안에 두고 나온 것이다.

불우이웃 돕기라 생각하고 잊었지만 이를 만회하기 위해 5시간 일을 했다. 일당 14만 원 중 10만 원이 날아가 4만 원이 오늘의 실수입이 된 것이다.

하지만 경철의 전화는 계속되었고 나는 목소리를 올린다.

현장에서 만나는 사람은 저마다 나름 좋지 않은 특색이 있다.
그러거나 말거나 나는 돈을 위해 일만 한다.

이사 갈 고시텔은 동천이가 사는 원룸형이다.
수원에서처럼 세탁기와 조리 기구는 없으나 분위기가 아늑하다.
퀸 사이즈 침대에 티 테이블과 전자레인지가 있기 때문이다.
찜 요리야 전기밥솥으로 하고 나머지는 전기 프라이팬 하나 장만하면 된다.
본격적으로 요리할 일은 없고 가끔 해 먹으련다.
보통은 밑반찬 사서 공짜로 주는 밥과 김치랑 먹을 것이다.

## 67. 12월 12일 화요일 비. 작업 54일 차

오랜만에 몽골 후배인 동천이와 같이 일했다.
힘이 좋은 그는 일할 때마다 나를 극진히 보호한다.
무거운 것을 들어야 할 경우 자신이 나서고 하나 들 것을 두 개씩 들기도 한다.
별것 아닌 것 같아도 내 허리를 위해 실제로 큰 도움이 된다.
가끔 야한 농담도 하며 주위를 웃게 만들면서 말이다.

몽골인을 좋아하지 않는 김 씨도 그에게는 호감을 보인다.
좋아하는 음악을 보면 시골 출신으로 보이는 그가 말이다.

그는 내가 거부하는 박 씨에게도 관심을 보이는데 이유를 모르겠다.

현장 일을 계속하기 위해 나름 주변과 조화를 이루면서 살아가려는 모습이다.

스마트폰으로 작업 진행을 사무실로 보고하면서 말이다.

오늘 일의 시작은 굳어 버린 콘크리트를 옮기는 일이다.

콘크리트 타설 시에 슬래브가 터졌다는데 전체 중량이 3톤이 넘어간다.

다행히 항공마대에 너무 많이 담지 않아 지게차가 간신히 들 수 있는 정도이다.

혹시라도 허리 다칠까 주의하며 일을 마친다.

다음 일도 나르기만 했으나 다행히 모두 가벼웠다.

팔과 발을 빠르게 움직이면 전신 운동이 되어 풀린 몸이 가벼워진다.

이유가 당뇨 때문인지 시원치 않은 심장 탓인지 모르겠다.

중요한 건 이런 경우 몸이 매우 상쾌하며 힘이 넘친다는 것이다. 지금은 누적된 피로로 활력의 원인을 찾기 힘들지만 곧 알게 될 것이다.

어쨌든 나는 회춘의 비밀 열쇠를 하나 지닌 셈이다.

갑자기 회춘이라 하니 이상하지만 사실이다.

혈액 순환이 되는 시점의 몸놀림은 모두를 놀라게 했고 영하 8도의 날씨 속 옥상에서 상의를 탈의한 적도 있는 나이다.

가끔 느끼는 객기로 너무 힘을 써 허리를 혹사시키기도 했지만 말이다.

가장 무모했던 일은 16층에서 뛰어내려와 엘리베이터와 경쟁한 일이다.

아직 철심 박혀 있는 내 무릎이 안 부서진 게 신기하다.

현장 일은 내일이면 어느 정도는 끝날 것 같다.

하지만 내가 하는 청소 지원은 김 씨 말로는 토요일까지는 보장된다.

그리고 새로 나온 청소를 더하면 끝없어 일은 계속될 것이다.

내가 바라는 건 크리스마스까지인데 다음 주는 매우 춥다.

일요일부터 아침 최저 기온이 영하 10도를 넘어가니 진짜 겨울이 시작된다.

다행히 청소는 대부분 실내에서 일하기에 큰 무리는 없다.

좀 쉬고 싶지만 난 돈을 좀 더 모아야 한다.


### 68. 12월 13일 수요일 흐림. 작업 55일 차

돈을 빌려 달라고 했던 경철은 오늘도 안 나왔다.

그가 말한 치통 때문일 수도 있고, 다른 현장에 갔을 수도 있지만 확실한 건 없다.

남들은 벌써 잊어버릴 정도의 사소한 일에도 난 신경 쓰인다.

현장에서 만나 돈 빌려 달라고 한 그의 정신 상태가 궁금한 것이다.

결국 노가다하며 쓰는 일기는 사람을 관찰하는 일이다.

뭘 위해 어떻게 누가 일하는지는 지적 호기심을 넘어 나의 본능이다.

많이 망가진 내 몸 상태에 대해서는 관대하면서 말이다.


내 몸에 대해 발끝부터 머리까지 하나하나 짚어 보겠다.

왼쪽 발은 엄지에 티눈이 생기려는지 부어올라 염증과 통증이 있다.

그리고 우측 새끼발가락 끝 역시 심한 통증을 느낀다.
둘 다 일할 때는 모르지만 차 안에서 발이 붓고 내릴 때는 더욱 심하다.
혈액 순환 탓으로 생각되는데 다행인 것은 아직 견딜 만하다는 것이다.
하지만 조만간 원인을 찾을 수 있을 것이다.

위로 올라가면 왼쪽 무릎에 약간의 통증을 느낀다.
16층 계단을 뛰어 내려온 후 수술 시 보강한 철물이 충격을 받은 것 같다.
2004년 당시 12조각으로 부서진 무릎 뼈는 철물이 12개나 들어 있다.
다행인 것은 연골 수술 덕에 걷는 건 지장이 없다.
내 다리를 수술해 준 영통 서울정형외과 원장님이 고맙다.

좀 더 올라가면 두 번이나 부러진 왼쪽 다리가 조금 더 길다.
그래서인지 왼쪽 엉덩이에 힘이 쏠려 약간의 통증과 함께 힘이 빨리 사라진다.
평지는 별일 없지만 계단을 계속 오를 때 확실히 느껴진다.
이 역시 일종의 누적 피로가 아닐까 한다.

한번 고장 났던 허리는 아직은 무사하다.
허리 보호대 덕분인지, 가급적 무거운 것을 지양해서인지는 모른다. 하지만 어제 무거운 콘크리트 덩어리를 옮겨서 오늘은 허리 통증을 느낀다.
일 끝난 후 재빨리 근육 이완제를 먹었지만 항상 조심해야 한다.
약은 한동안 안 먹었지만 비상용으로 항상 가지고 다닌다.

상체의 중심인 등은 일을 많이 하면 통증이 오지만 바로 회복된다.

의외로 다른 곳에 비하여 혈액 순환이 잘되나 보다.

요즘 중량물을 드는 일을 한동안 하지 않아서일지도 모른다.

모든 곳이 아프기에 통증이 별로 없는 다른 부위는 거론할 가치도 없다.

질병이나 아픔도 결국은 상대적이다.

고장 난 오른쪽 어깨는 아직도 회복되지 않았다.

커피포트 하나 들기도 어렵지만 다른 근육을 이용해 일은 할 수 있다.

문제는 다친 적 없는 왼쪽 어깨도 통증과 함께 힘이 빠지는 것이다. 마사지기 사용도 어려워 그나마 할 수 있는 대처는 체온을 유지하는 것이다.

혈액 순환을 시켜 하는 자연 치유만이 유일한 치료 방법이다.

다행히 목과 승모근은 아직 이상이 없다.

눈에 눈곱이 끼고 가래와 기침이 나오기는 하나 먼지 탓이다.

청소는 먼지가 많이 나는데 안경에 습기가 차 마스크를 안 쓰기 때문이다.

그리고 다행히도 요즘 일은 쓰레기 운반이 주된 일이다.

온몸이 아프지만 신기하게도 일은 할 수 있다.

하루만 쉬어도 체력의 30%, 2~3일 쉰다면 70% 이상 회복된다. 그리고 가끔 놀라울 정도로 몸이 가벼운데 그 이유를 모르겠다.

적당히 일을 한 후 솟구치는 아드레날린의 효과를 보는 이유는 당뇨와 관련된 혈액 순환이 잠시 개선된 것이다.

어쨌든 어려움 속에서 돈 벌며 잘 살아가니 이쯤 되면 장기간 전쟁을 수행하는 과거 로마군 정도의 수준이 아닐까 한다.

일을 마치고 떠나려는데 박 씨가 휴대폰을 잃어버렸다.
차비 만 원을 달라 한 후 혼자서 찾겠다는 그는 정말 심각한 모습이다.
요즘 모든 것이 입력되어 있는 스마트폰 분실은 금액으로 환산할 수 없다.
모두 포기를 말하는데 안 팀장이 같이 찾아보라 한다.
다행히 찾았고 박 씨는 너무 기뻐한다.

이 작은 해프닝은 많은 걸 시사한다.
발단은 좀 늦게 가더라도 같이 찾자는 안 팀장의 발언이다.
만일 서 팀장이었다면 두고 그냥 출발했을 것이다.
그래서인지 시원치 않은 박 씨를 끝까지 챙겨 주는 안 팀장이 다시 보인다.
사람의 진정한 가치는 위급 상황을 겪어 봐야 알 수 있다.

현장에서 그 반대의 경우도 나왔다.
추워서 미장일이 힘들다는 중국인 아줌마에게 집에 가라 한 김 씨이다.
돈 벌러 왔으니 일은 해야 하지만 어떻게 그럴 수 있을까.
그냥 좀 "쉬었다 하세요." 하면 되는데 말이다.
동천이를 비롯한 모든 몽골인이 나를 좋아하는 이유도 비슷하다.
같은 삶에서 행복과 불행이 구분되는 이유는 말에서 나온다.

물론 기본적인 배려심이 있어야 가능하다.
그럼 이 힘난한 노가다 현장도 얼마든지 즐거울 수 있다.


### 69. 12월 14일 목요일 비. 열외 14

오늘 새로운 보금자리인 레스트 고시텔로 방을 옮겼다.
고시텔 중에서 가장 비싼 월 45만 원의 값을 하는지 모든 게 깨끗하다.
며칠 지나 봐야 자세히 알겠지만 지금까지 지내 온 춥고 어두운 굴속은 아니다.
조명과 옷장 그리고 침대 하나로 모든 게 달라져 보인다.
아직 사용은 안 했지만 방 안에 화장실이 있다는 것은 또 다른 축복이다.

이사는 천천히 시작해 저녁 10시경에나 끝났다.
정확한 주소를 몰라 전입신고에 두 시간 허비해 이사가 너무 늦었다.
현장에서는 아무것도 아닌 운반이 사회에서는 큰일이다.
배낭을 메고 캐리어를 운반하면서 계속 비를 맞아서인지 몸이 무겁다.
다행히 마트에서 햄과 치즈를 사 왔기에 빵과 함께 전자레인지에 돌려 먹었다.
앞으로는 편한 이 전자레인지를 많이 사용할 것 같다.

집이 안정되자 모처럼 보령 사모님에게 전화를 걸었다.

그들은 연구실이 준비되었고 커피도 계속 팔고 있다 한다.
내 시벳커피도 전문가에게 좋은 평가를 받았다는데 말이 좀 이상하다.
고작 커피 맛 하나 스스로 판단 못 해 남에게 의지하는 모습이 말이다.
내 사업 파트너라고 하기에는 정말 정떨어지는 수준이다.
그런 저급한 사업자가 나를 필요로 하니 더욱 갈 수 없다.
아니 난 이 글을 끝낼 시점이면 직접 커피를 수입할 것이다.
어쨌든 나쁘지는 않은 대화였다.

커피 이야기는 내게 희망을 되새기게 한다.
하지만 나는 내가 쓰고 있는 이 글과 일을 멈출 수 없다.
매일 아침마다 몸에 통증을 느끼지만 어느 정도는 지속적인 수입이 필요하다.
커피를 팔 수 있고 다시 커피 투어를 다닐 수 있는 돈 말이다.
작은 돈으로 하는 사업과 커피 여행이 목표지만 계획은 언제든지 바뀔 수는 있다.
상상은 자유롭고 원하는 일이 이뤄진다면 희망의 날개는 얼마든지 날아갈 수 있기 때문이다.
미소 속의 나는 돈 벌어 놓은 후에 다시 생각하기로 했다.


## 70. 12월 15일 금요일 하루 종일 비. 작업 56일 차

그리 춥지는 않지만 비가 내렸다.

처음 작업은 자재 정리로 하던 일이라 쉽게 적응한다.

재미있는 건 몽골 친구들이 중국인 리더의 말을 들은 척도 안 하는 것이다.

할 수 없이 나서서 내가 중국인을 도와주어야 했다.

그는 통솔력도 일 잘하는 항목에 포함되는 걸 모르는 것 같다. 중국인 리더는 잔소리 심하다고 나에게 욕먹은 그 조선족 친구이다.

요즘 나에게 매우 친근하게 다가서지만 말이다.


한 시간 정도 지나자 난 다시 청소 지원을 나갔다.

청소라지만 상당한 양의 쓰레기 반출로 동천과 함께한다.

원래 두 명이 하던 일인데 이렇게 매번 지원을 하는 건 뭔가 의도적이다.

누군가 자신이 편하기 위해 잔머리 쓰는 건 아닌지 의심스럽지만 무시한다.

현장에서는 어느 일이든 힘들긴 마찬가지기 때문이다.

하지만 겨울 현장 일은 생각 못 한 복병이 숨어 있다.

장갑과 작업화가 조금 젖자 손과 발에 냉통이 오기 시작한다.

계속 일하면 괜찮지만 리프트를 기다리는 동안 바람이 불면 매우 춥다.

기온은 영상 4~5도인데 아주 추운 날씨보다 악조건인 것이다.

그래서 열대 지방 사람들은 이 정도 온도로 동사하기도 한다고 들었다.

돈을 벌기도 하지만 체험을 중시하는 나에게 중요한 현장이다.

체험 좋아하다 동상 걸릴 수도 있지만 말이다.


추운 현장을 마치고 돌아가는 것은 오지 탈출과 비슷하다.

더하여 퇴근할 때 숙소가 가까이 있는 것은 또 다른 축복이기도 하다.

이번에 옮긴 방은 화장실이 있고 전자레인지가 있으며 무엇보다 웃풍이 없다.

모처럼 겉옷을 벗고 잠이 들었으니 환경이 개선된 셈이다.

이곳에서 겨울을 나고 봄이 오면 좀 더 크고 나은 곳을 알아보련다.

조금씩 나아지는 내 주거 환경이 마음을 녹인다.

내일부터는 날씨가 매우 추워진다고 한다.

아침 기온보다 해 뜨는 오후가 훨씬 추우니 매우 이례적이다.

다시 청소 일 하겠지만 문제는 진짜 추운 다음 주이다.

하지만 모든 일이 마무리 단계니 앞으로 어떤 일을 하게 될지는 모르겠다.

차라리 한동안 쉬는 것도 좋은데 그럴 기미는 보이지 않는다.

추위와 관계없이 수입이 줄어드는 걸 걱정하지만 일단 소기의 목적을 이뤘기에 조금 여유가 있는 것이다.

'일이 끝나도 땜빵 다니며 적당히 벌면서 커피를 판다.'가 계획의 일부이다.

계산해 보면 하루 일당은 나의 한 달 담뱃값이다.

3일 일하면 집세 내고 4일 일하면 한 달 생활비가 나온다.

한 달 중 8일 일당이면 풍족하진 않지만 살 수 있으니 주 2회 일하면 된다.

하지만 나의 목표는 주 4회이고 그러면 월 150만 원 정도는 저금할 수도 있다.

방법은 많으니 앞으로의 행보를 보며 갈 길을 선택하련다.

## 71. 12월 16일 토요일 눈, 비바람. 작업 57일 차

   날씨는 예측한 것 이상으로 급변했다.
   새벽에 내리던 비가 진눈깨비로 변하더니 결국 눈이 내린다.
   일하다 말고 옥상에 올라가 오랜만에 눈 구경을 한다.
   한국에서는 흔한 눈이지만 남쪽 나라에 살던 사람에게는 신기한 것이다.
   내가 제대로 된 눈을 본 지는 20년이 넘은 것 같다.

   청소 일은 마무리답게 어렵지 않았다.
   내 컨디션이 안 좋아 동료들과 약간의 트러블도 있었으나 그냥 넘어간다.
   오늘 다시 느낀 점은 사람들의 말투가 거슬린다는 것이다.
   일이 피곤하다는 사람에게 집에 가라고 하는 건 어디식인지 모르겠다.
   어제 미장하는 중국 여자에게 김 씨가 한 말인데 오늘은 내가 그녀를 편들어 줬다.
   약자에게 따뜻한 말 한마디 못 하는 불쌍한 한국인이다.
   하지만 한국에서의 벌이가 신통치 않다는 의외의 경우도 나온다. 분명 중국보다는 고수입이 틀림없는데도 말이다.
   속 내용은 자세히 모르지만 과거 건설 현장과 비교한 것 같다.
   어쨌든 나도 그들처럼 돈을 벌려고 이렇게 애쓰고 있다.

   퇴근 무렵 바람이 강하게 불어 모처럼 강추위를 느꼈다.
   젊어서는 제법 추위에 강했는데 이제는 늙어 찬바람을 피해 다닌다.

영하 6도에 리프트 가동을 중단할 정도의 바람이니 체감온도는 상당할 것이다. 그런데도 안 팀장은 월요일 출근을 명하니 뭔가 사연이 있다.

당장 모자와 내복 그리고 두꺼운 작업복 바지를 사야 한다.

안전화도 발등의 접히는 부분에 구멍이 났으니 새로 주문해야 할지도 모른다.

노가다는 생각 외로 장비에 돈이 드는 직업이다.

숙소에, 아니 집에 돌아와 거울을 보니 내가 많이 말랐다.

어제부터 점심을 빵 두 개로 때워서인지 모른다.

합쳐 칼로리가 1천이 안 되니 하루 4~5천을 소비하는 노가다꾼에게는 부족하다.

더하여 이사한 날은 저녁 외에는 거의 제대로 못 먹었다.

몸이 마른 이유가 식사 부족이라면 다행이지만 또 다른 원인도 찾아본다.

만에 하나라도 당뇨로 인한 증세가 아닐까 하고 말이다.

내가 먹는 약은 혈관 속의 당분을 배출시켜 혈당을 낮춰 준다.

한마디로 당을 조절하는 약이지 몸에 영양분을 저장시키지는 않는다.

자주 뭔가를 먹으면 되지만 현장 특성상 혼자 먹기가 어렵다.

결국 필요한 에너지를 위해 근육이 축소되는 것이다.

강제 노동에 시달리는 전쟁 포로들이 이럴까 한다.

어쨌든 난 말라 가는 내 몸을 보호하기 위한 방법을 찾아야 한다. 일단 현장에서의 식사량을 늘리고 에너지바 등 간식을 사 가야겠다.

일요일인 내일은 무조건 닭 한 마리 삶아서 먹고 말이다.

나는 어떤 병보다 살 빠지는 게 가장 무섭게 느껴진다.

다이어트하는 요즘 시대에 아무도 이해 못 할 이상한 말이지만 사실이다.

아파 본 자만이 이 내용의 심각성을 안다.

## 72. 12월 18일 월요일 맑음. 작업 58일 차

추위에 대비해 단단히 옷을 입고 출근한다.

아래 내복이 스타킹처럼 얇아 조금 걱정일 뿐 다른 곳은 이상 없다.

바람이 안 부는 현장은 생각보다 춥지는 않았으나 그 대신 손발이 시려 온다. 일을 하면 발에 열이 나지만 가만히 있는 손은 냉통을 느낀다.

20L짜리 깡통에 든 보양용 난로가 있으나 고체 연료라 화력이 약하다.

주성분이 에틸알코올이라 냄새가 안 나는 장점은 있다.

일은 마무리라 그런지 손쉽게 넘어간다.

주로 세대청소를 하지만 옹벽 콘크리트 하스리 작업 한 것도 치워야 한다. 평소 같으면 논다고 할 정도지만 오늘은 추위라는 다른 복병이 있다.

곱아 오는 손을 난로 속에 자주 넣으며 하나씩 마무리한다.

일은 모레, 수요일까지 끝내야 한다고 한다.

돌아오는 차 안에서 안 팀장이 싸우지 말라고 내게 충고했다.

얼마 전 박 씨에게 심한 말을 해서 그런가 본데 생각해 보니 화를 낸 적이 여러 번이다. 어떤 이유인지 옛날 성격이 다시 나오나 원인을 모르겠다.

현장에 적응해서인지, 돈의 여유인지, 아니면 몸의 변화인지 말이다.

어쨌든 사람 몸에 기운이 없으면 매사에 민감해진다.

참고로 나의 근력은 젊었을 때의 20% 정도밖에 되지 않는다.

처음 현장 나왔을 3개월 전 당시의 40%에 비하면 몸이 많이 약해졌다.

지금 식사량을 늘리고 있지만 아무래도 당뇨가 문제인 것 같다. 약을 먹어도, 안 먹어도 몸은 쇠약해져 간다.

뭔가 들어 올리는 일도 문제지만 계단 오를 때 하체에 힘이 없다. 어쩌면 피로해진 심장 탓일지도 모른다.

글을 끝내려면 아직 40일 이상 남았고 돈도 더 필요한데 말이다.

보령과의 통화는 잠시 긴장을 풀어 준다.

믿음이 안 가는 똑같은 말의 쓸데없는 유혹일 뿐이지만 말이다.

어렵지만 나는 내가 계획하고 정한 길을 가야 한다.

나이 먹어 쇄약해진 내가 가는 마지막 길은 끝이 안 보이는 천로역경이다.

그래서 화를 내는 것은 더욱 수행자에게 어울리지 않는다.

현실적으로 필요함에도 말이다.

이제 보니 동창에게 연락 안 한 지도 오래되었다.

더 이상한 건 그러는 동안 아무도 내게 전화하지 않은 것이다.

그들이 나의 사업 시작을 기다리는가, 아니면 포기한 것인가. 그것도 아니면 관심이 없는 것인가 하는 의문이 든다.
　아무래도 좋다. 나는 커피를 수입해 팔 수 있는 그날까지 혼자만의 길을 간다.


## 73. 12월 19일 화요일 맑음. 작업 59일 차

　예상한 대로 일은 끝을 향해 간다.
　오늘 아니면 내일 올해 일이 마무리되는 것이다.
　원래의 계획하고는 좀 다르나 나의 몸 상태도 좋지는 않으니 잘된 일이다.
　차라리 쉬면서 몸 관리부터 하고 다시 일을 시작하면 된다.
　구멍 난 내 작업화처럼 내 육체의 어딘가에서 양기가 빠져나가기 때문이다.
　작업화는 왼쪽만 그런 줄 알았는데 오른쪽도 마찬가지다.
　겨우 3달 만에 두꺼운 가죽 신발이 작살났다.

　나는 가끔 다른 사람의 작업화를 본다.
　여러 종류가 있지만 중요한 건 내 것처럼 험하게 망가진 것은 드물다.
　실내에서만 일하는 경우와 열심히 안 하는 경우는 깨끗하다.
　옷도 마찬가지로 몸을 사린다면 일의 시작과 끝이 차이가 없다.
　그렇다고 옷과 신발이 더러워야 열심히 일했다고 보는 것은 아니다.
　나 같은 초보가 일에 열중하다 보면 자연히 나오는 결과일 뿐이다.

경험자는 일보다 몸과 옷을 먼저 사리기 때문이다.

춥다는 이유로 일의 강도가 약해졌으나 쉽지는 않다.
손과 발이 시려서 수시로 불을 가까이 해야 하기 때문이다.
그리고 굳은 몸으로 하는 일은 전혀 운동이 안 되는 험악한 노동일 뿐이다.
더하여 지금은 심한 콘크리트 분쇄 먼지까지 난다.
안경에 서리는 김 때문에 마스크를 쓰기도 힘들고 말이다.
스쿠버 다이빙 할 때처럼 침을 바르면 되지만 아직 시도하지는 않았다.

오늘 일은 청소로 어제의 연속이다.
아무도 감독하지는 않지만 김 씨는 작업 내용을 문자로 보고한다.
누가 보는지는 모르지만 그는 분명 관리자를 의식하고 있다.
사실 긴 장문의 보고를 자세히 읽는 사람은 그리 없다.
그저 보고가 있다는 것 하나로 결과만 볼 것이다.
그들에게 중요한 건 뭘 했고 언제 끝날 수 있나 정도이고 나머지는 그저 감이다.
만일 보고서 위주로 감독한다면 근로자의 많은 노력이 이에 대항한다.
회장 온다고 밤새워 청소하는 이랜드와 비슷하게 말이다.

하체 근력이 떨어져 계단을 오르기가 힘들다.
한 달 전만 해도 7~8개 층은 무난히 올랐는데 지금은 3층도 어렵다.
물론 짐을 들고 가지만 왼쪽 엉덩이에 약간의 통증을 느낀다.
조금 긴 왼쪽 다리 탓에 무리가 왔기 때문이다.

20여 년 전 수술 후 의사 말로는 일상생활에 무리가 없다 했는데 육체를 혹사하는 노가다는 아닌가 보다.
의식적으로 오른쪽 다리에 힘을 주니 갑자기 장애자처럼 걷게 되었다.
다리 아픈 사람 앞에서 뛰었다고 벌받는 모양이다.
방금 말한 그는 사고로 다리를 심하게 절지만 아직도 현장에서 일하고 있다.

14일 고시텔로 이사 온 후 4일 지났다.
원래 계획은 크리스마스까지 1백만 원 더 벌기로 했는데 좀 모자란다.
그래도 내일까지 5일 일하니 추가 수입이 70만 원은 넘어갈 것이고 추운 날의 경험을 했고 생활비로도 충분하다.
안 팀장은 내일 모든 일이 끝난 후 내년에 다시 시작한다고 했지만 그냥 놀기엔 내게 너무 긴 시간이다.
하지만 별다른 대안 없는 나는 기다려야 한다.


## 74. 12월 20일 수요일 맑음. 작업 60일 차

올해의 마지막 현장 출근을 한다.
일은 적당히 마무리하고 작업화와 연장 등 짐을 챙겨야 한다.
작업화는 새로 살 수도 있지만 얼마나 이용할지 모르기에 돈이 아깝다.
다른 현장에 가도 한 달 지나면 지급해 주기 때문이다.
현장에서 쓰는 물건이 비싼 건 아니지만 돈은 아무리 아껴도 항상 부족하게 느껴진다.

  일이 끝나면 돈 안 드는 운동으로 근력을 강화시키고 건조되어 오래된 때처럼 보이는 몸의 피부를 제거하려 한다.

  당뇨와 추위로 변해 지문 인식이 안 될 정도로 변한 손끝도 마찬가지이다.

  몸이 엉망이니 갑자기 따뜻한 남쪽 나라가 그립다.

  얼마 전 다녀온 인도네시아가 생각난다.

  그곳에 가면 지금 가지고 있는 돈으로 어느 정도 커피를 사 올 수도 있다.

  그린빈 30㎏을 직접 가져오면 커피 값과 항공료 등을 포함해 최소 300만 원 가까이 들고 더하여 경비가 추가된다.

  하지만 이를 보령에 팔면 수입이 적지 않으니 자금 확보에 도움이 될 것이다.

  그놈의 망할 보령은 아직도 연을 놓지 못하고 있다.

  커피를 생각하며 언 손으로 쓰레기를 치우다 호출을 받는다.

  옥상의 눈을 치워야 하는데 3명의 몽골인만으로는 힘에 겨운 모양이다.

  나는 모처럼 허리 근육을 쓰며 눈을 바람에 날린다.

  공중에 눈을 뿌리는 나는 영화 〈겨울 왕국〉의 노가다 왕이 된 기분이다.

  하지만 이런 낭만적인 행동은 바로 제지를 당했다.

  안 팀장은 뿌리지 말고 낙하물방지망을 향해 아래로 그냥 퍼서 내리라 한다.

  혹시라도 모를 얼음 때문이지만 나는 다시 노예가 되었다.

추의를 벗어나려 인도네시아를 생각하는데 일정이 바뀌었다.

이번 주 토요일까지 계속 일을 한다는 것이다.

방수를 위해 옥상에 눈을 계속 치워야 하고 잡일도 남아 있기 때문이다. 일정이 애매하고 돈도 부족하기에 망설였는데 누군가 결정을 해 준다.

아직 아니라고 느끼는 영감도 무시 못 하고 말이다.

하지만 영하 15도가 넘는 날씨에 옥상 방수를 강행하는 건 미친 짓이다.

물론 천막을 덮고 열풍기를 계속 틀겠지만 말이다.

내 경험으로 볼 때 옥상 아래층도 최소한 하루 이상을 가열해야 한다.

그나저나 진짜 강추위가 시작되니 혹한기 현장 체험을 할 것 같다.

결국 집에 가는 길에 두꺼운 바지와 후드 재킷을 샀다.

지금까지 산 것 중 가장 두꺼운 놈으로 말이다.

옷을 갈아입으며 보는 내 피부는 진짜 늙은이 같다.

내가 젊다는 게 아니라 갑자기 10년 더 늙은 것처럼 변했기 때문이다.

앞으로 현장 일만으로 먹고살아야 한다면 슬퍼질 것이다.

갑자기 노가다하는 다른 사람들의 처지가 생각난다.

경험 많은 그들이 몸을 사리는 이유는 쉬지 않고 계속 일하기 위함이다.

그래서 외국인이나 처음 온 자들을 부려 먹으며 체력을 비축한다. 나쁜 행동임에도 불구하고 좀 더 오래 먹고살기 위함이니 이해는 간다.

돈 벌어 금의환향하는 외국인 노동자와는 분명 차이가 난다.

그런데 내 처지는 외국인과 비슷하다.

어느 정도 돈을 모으면 이 일에서 벗어날 수 있기 때문이다.
근데 다른 한국인들은 왜 돈을 모으지 않는 걸까 하는 의문이 든다.
물론 가족과 먹고사는 게 우선이지만 그래서는 미래가 없다.
일부 혼자 사는 이도 돈 쓰기 바쁘고 말이다.

3일을 더 일하면 휴일은 9일뿐이다.
인도네시아를 이 기간 안에 다녀올 수 있는지 항공권을 검색해야겠다. 비용 면에서 불리하면 원래 계획대로 구정까지 일하면 되니 별문제는 없다.
노는 동안 건강이나 챙기고 쓰던 글이나 정리하련다.

## 75. 12월 21일 목요일 맑음, 매우 추움. 작업 61일 차

진짜 혹한기 작업이 시작되었다.
아침 기온이 영하 16도에 바람 부는 경기도 광주는 더욱 춥게 느껴진다. 모자와 새로 산 옷이 냉기를 막아 주나 노출된 손과 발은 달리 방법이 없다.
작업화는 쇠가 들어 있고 고무 코팅된 장갑은 연장을 들기 때문이다.
동상을 방지하는 방법은 수시로 알코올 양생 통에 손을 넣어야 하고 작업화를 벗을 수 없는 발은 부지런히 움직인다.
어제부터 받은 핫 팩이 큰 도움이 되었다.

처음 일은 어제 못 한 쓰레기 반출인데 새 옷의 결과로 등에 땀이 난다. 일할 때는 모르지만 찬바람 불면 바로 굳어 오는 등짝이 위험하다.

할 수 없이 조끼를 벗고 옷을 말리기 시작했다.

이후 조끼 없는 상태로 일을 했으나 외부 이동을 제외하면 옷은 적당했다.

산 게 아깝지만 내일은 아예 입지 않고 일하려 한다.

일을 마칠 때쯤 안 팀장이 다시 내일까지만 일한다고 한다.

눈 치우는 것 때문에 일정이 늘어났으나 더 이상 일이 없는 것이다.

나는 가장 적당하다며 긍정의 뜻을 전했다.

중요한 건 그가 동료, 또는 동생에게 말하듯 자상한 억양을 쓴 것이다.

원인은 모르지만 나는 상당히 긍정적으로 받아들인다.

구정을 지나 3, 4월까지도 같이 일할 수도 있다는 표현으로 들렸기 때문이다.

수입을 위한 앞으로의 일은 일단 그 정도면 충분하다.

일이 끝나 가니 돈을 계산하며 계획을 검토한다.

지금 4백 있고 구정까지 일하면 8백만 원 저금이 확실하다.

그 돈이면 보령하고 연을 끊어도 자생이 가능하고 말이다.

앞으로의 운명은 아무도 모르지만 내 계획의 하나로 정했다.

나는 수시로 계획을 변경하는데 이유는 몸 상태가 계속 안 좋기 때문이다.

어쩌면 노가다를 만만히 본 최초의 생각은 실수인지도 모른다.

3개월 만에 온몸이 망가지는 걸 상상도 못 했던 초보 노가다꾼의 자만이다.

 몸을 사려야 한다는 것을 이제라도 안 게 다행이다.

 가장 문제는 아픈 어깨가 아니라 고관절이다.
 오래전 수술받아 길어진 왼쪽 다리로 너무 많은 일을 했다.
 돈을 모으기 위해 소모할 수 있는 내 육체의 한계점을 찾아야 한다.
 항상 말했던 1천만 원 함부로 쓴 벌을 지금까지 받는 것 아닌지 모르겠다.
 과거 잘나갔을 때 발리에서 마약쟁이에게 그냥 준 돈 1만 불을 말하는 것이다.
 인과응보는 내 생각보다 끝없이 돌아간다.

 집에, 아니 고시텔에 돌아오면 밥 먹고 그냥 잔다.
 추위를 벗어나 몸이 풀린 탓인지, 아니면 건강의 문제인지 모르겠다.
 거울 앞에서 본 벗은 몸은 많이 먹음에도 너무 말라 있다.
 작은 닭 하나 사서 삶아 먹으니 그나마 위로가 된다.
 '몸을 위해 적은 식사량을 늘린다면…' 하고 생각하다 당뇨에 미치는 영향도 생각한다. 그리고 지금 기억나는 건 어젯밤 자는 중 심장 통증을 느낀 것이다.
 심장이 회복 안 된 건지 당뇨 탓인지는 모르겠다.
 아직 갈 길이 머니 신체의 어느 부위든 고장 나면 안 된다.

## 76. 12월 22일 금요일 맑음, 매우 추움. 작업 62일 차

공식적으로 올해 마지막 일하는 날이다.
적당히 하고 마무리했으면 하는데 김 씨는 의외로 열심히 일한다.
그는 쓰레기를 밀대로 쓸기만 하고 그놈을 분리하고 삽으로 퍼 자루에 담아 나르는 건 내 일이다.
그리 힘든 건 아니지만 상대적으로 김 씨는 편한 일을 한다.
문제는 먼지가 너무 많아 기관지가 걱정되는데 공기가 건조해서인지 가래 배출도 잘 안 된다.
마스크를 써야 하는데 안경에 김이 서려 포기했다.
차라리 안경을 벗고 했어야 했는데 말이다.

바람은 없으나 내복을 안 입은 탓에 냉기가 은근히 스며든다.
너무 입으면 일하다 땀이 나기 때문이다.
추운 겨울의 땀은 몸의 체온을 떨어뜨려 진짜 위험하다.
지금 입은 옷은 적당해 일하기 좋으나 가만히 있으면 조금은 춥다.
하지만 손과 발이 얼어붙는 걸 빼고는 견딜 만하고 열심히 일하면 아무런 추위도 못 느낀다.

돌아오는 길에 차 안에서 로니와 통화했다.
별다른 내용은 아니고 조만간 간다는 말과 커피를 체크해 달라 했다.
물론 커피는 항상 있겠지만 일정을 통보해야 한다.
사려는 양은 30kg으로 내가 직접 가져올 수 있는 한계이다.
커리어를 새로 사야 하는지 고민하다 배낭을 메기로 했다.

항로도 자카르타를 거치는 게 아니라 경유지를 들러 발리로 직접 간다.
잘 모르는 인도네시아 국내선을 이용하는 위험은 피하려는 것이다.
처음 계획한 버스 이동은 자카르타에서 바뉴왕이까지의 거리가 1,000㎞가 넘어 시간이 너무 걸린다.

결정은 중국남방항공으로 광저우를 거쳐 가기로 했다.
환승 시 공항이 바뀌지는 않으나 이 루트는 초행길이라 쉬운지는 모르겠다.
가 보면 알겠지만 내 여행은 항상 쓸데없는 위험이 도사린다.
알고 보면 아무것도 아니란 자만심의 이유로 말이다.
하여튼 나는 24일 출발로 항공권을 예약했다.

내가 커피 사러 간다는 사실은 아무에게도 말하지 않았다.
커피를 살 보령이나 친구 명찬이에게도 말이다.
아이러니하게 이 내용은 안 팀장이 관심을 가졌고 잘 다녀오라고 한다.
나는 팀장 덕에 급한 위기를 넘겼기에 고맙다고 했다.
아부가 아니라 사실이고 그는 진심으로 관심과 보람을 표한다.
그리고 나는 내년 초 다시 시작할 일에 자동으로 참여하게 될 것을 확신한다.
커피를 팔면 상황이 좋아지겠지만 미래는 아무도 모른다.
그리고 지금 쓰는 일기를 끝내려면 구정까지는 일해야 한다.
여행 후 건강이 회복된다는 전제하에 말이다.

내 몸이 약해지는 것은 결국 심장 탓으로 보인다.

자재 정리 할 때는 지속적으로 움직이면 땀이 많이 났다.

긴급한 상황이 심장을 강하게 하여 혈액 순환을 강제로 한 것이란 말이다.

하지만 청소는 가끔 근력을 쓰기에 땀이 나는 경우는 거의 없다. 그것도 온몸이 아닌 어깨와 허리 근육만 쓴다.

원인을 알았으니 먼지만 먹고 운동이 안 되는 청소는 지양해야겠다.

시키면 할 수 없지만 원래 내가 원했던 일은 아니다.

이번 여행 일정은 7박 8일로 새해 첫날 돌아온다.

2024년 1월 1일을 새로 가져올 커피와 함께 시작하는 것이다.

아무쪼록 무난한 여행이 되기를 기원한다.

## 제4장
## 시작한 커피 사업과 오랜 데마찌 기간

### 77. 12월 24일 일요일 눈. 열외 15

지금 중국 남부의 도시인 광저우시에 와 있다.

저가인 남방항공을 선택했기에 발리를 가기 위해 비행기를 갈아타야 한다.

발리는 지금 계절적인 영향으로 비가 많이 온다는데 걱정이다.

비옷을 샀지만 우중 오토바이는 상당히 위험하다.

뒤에 30kg의 커피를 실으면 힘없는 나는 중심 잡기가 힘들 것이다.

젊어서는 무거운 짐, 아니 두 사람도 거뜬히 날랐는데 말이다.

시간 여유가 있으니 발리에서 2박을 하고 출발하련다.

26일에 가서 3일 볼일 보면 29일이고 귀국이 31일이니 다시 2박을 해야 한다.

그러니 커피 사고 나면 아무 일 안 하며 그냥 쉬련다.

물론 바닷가를 거닐면서 수영 정도는 하겠지만 몸 상태를 점검해야 한다.

아무래도 약간의 통증이 오는 심장이 의심스럽다.

노가다 일을 하면 강해진다는 생각은 말도 안 되는 오판이다.
누적된 피로가 온몸의 균형을 망가뜨려 조금씩 고장 나기 때문이다.
연식이 다 된 차를 가속하면 달릴 수는 있으나 무리가 온다.
간신히 지탱하던 부분까지도 한계를 보이기 때문이다.
이제 내키지 않던 커피 구매자인 보령이 필요할 때인가 보다.

난 그들과 접근하는 방식을 생각해야 한다.
꿀릴 것 없으니 중개자 없이 직접 박 사장에게 연락하자.
샘플을 먼저 보내는 방식도 고려하지만 미끼를 쓰는 것 같아 내키지 않는다.
항상 정정당당하던 나답게 평소 하던 대로 하자.
안 되면 다시 노가다 일을 해 돈을 더 모으면 되고 말이다.

내가 직접 커피를 사는 이유는 아무도 믿지 않기 때문이다.
로니에게는 미안하지만 돈을 보내고 주문했다가 숙성이 잘못된 커피가 오면 낭패이다.
베트남에서의 전철을 다시 밟으면 커피 사업을 떠나야 한다.
그리고 아무리 오래 살았어도 동남아에서 당하는 실수를 벗어날 수 없다.
체크하고 또 해야 그나마 실수를 최소화하나 그 비용은 모두 추가된다.

하지만 일이 쉬우면 아무나 할 수 있지 않은가.
쉬운 일을 하면서 산다는 건 아무 의미 없는 삶이라 생각한다.
또 그래서 비슷한 경험을 한 명찬이와 자꾸 친해지는지도 모르겠다.

나이 50살에 영화배우 도전이라니. 참 대단한 발상이나 내가 같은 나이에 글쓰기를 시작한 것처럼 갑작스러운 생각은 아닐 것이라 믿는다.

반대로 어려서부터 문학과 철학이라는 외길만 걸어온 친구 필규가 생각난다.

두 사람은 어쩌면 보수와 진보의 차이를 보여 준다.

아웃사이더인 나는 영원한 관찰자이지만 말이다.

# 78. 12월 25일 월요일 한때 비. 열외 16

크리스마스 휴가철의 발리는 생각 외로 딴 세상이 되었다.

인도네시아와는 별개로 많은 외국인이 연말 휴가를 위해 발리로 몰려들었다.

오래전 보라카이에서 리조트를 하며 겪었던 일인데 기억 못 한 것이다.

덕분에 도착한 날 밤을 쿠타 비치에서 노숙으로 보냈다.

호텔비가 2~3배씩 올랐고 그나마도 내가 도착한 밤에는 방이 없는 것이다.

하지만 따뜻한 모래 위에 누우니 바닷바람이 나를 감싼다.

옆에는 현지 청년 여러 명이 열심히 노래를 부르고 말이다.

노가다 현장에서 일한 게 불과 며칠 전인데 지금 낭만이 가득한 꿈속에 있다.

내 인생에 처음 겪는 이색적인 크리스마스이브 날이었다.

다행히도 귀중품의 도난 같은 일은 없었다.

내가 발리를 좋아하는 이유는 발리네스 때문이다.

팔에 매듭을 맨 발리네스는 정직으로 자부심 갖는 힌두교도 발리인을 뜻한다.

하지만 그런 발리에서 외국인 관광객 등쳐 먹는 한 인간을 발견했다. 1L에 1만 루피아(900원) 하는 기름을 1.8L 넣어 주고 10만 루피아를 받는 것이다.

5배가 넘는 바가지가 틀림없으나 나는 분석해 본다.

그는 나에게 발리가 처음인가 물었고 다음 한국인인가를 물었다.

한국인에게 대놓고 바가지를 씌울 인종은 중국인과 그 영향을 받은 베트남인이다.

한국이나 다른 나라에서도 겪는 일이나 일반적이지는 않다.

그리고 그자의 생긴 것과 영어 억양으로 봐서는 장사하러 온 중국인 같다.

건설 현장에서 좋은 의미로 평가한 중국인을 다시 보게 된다.

새벽이라 내가 거래하던 오토바이 렌털 숍이 문을 안 열었다.

전화 걸 수 있지만 너무 이른 시간이라 머뭇거리는데 다른 숍이 오픈한다.

금액은 비슷하고 외국인을 우대하는 응대도 마찬가지이다.

내가 발리에서 사업을 하면 어떨지 모르지만 관광객은 정말 편한 나라이다.

그런데 배를 타러 길리마눅을 가던 중 희한한 일이 발생했다.

내가 중간에 묵을 숙소를 한 시간 이상 지나쳐 달린 것이다.

물론 비가 오고 인터넷도 거의 안 되서 감각으로 갔는데 이게 문제였다.

내 심장인지 나이 탓인지 순발력과 감각이 떨어져 간다.
삶에 대한 공허감으로 잠시 긴장이 풀어진 것이라면 그나마 다행이다.
기름값 바가지 쓰고도 웃고 마는 여유라면 말이다.

숙소는 오랜만에 온 발리안 파라다이스이다.
로니와 약속한 시간은 아직 많이 남아 있어 난 이곳에서 휴식을 취하려 한다.
바닷가에서 서핑을 보며 맥주와 맛있는 음식 먹으면서 말이다.
그래서인지 호텔비가 26만 루피아에서 40만 루피아로 올랐으나 개의치 않았다.
공사가 끝나면 그 정도 가치가 있다고 내가 후기에서 말했기 때문이다.
아고다 말고 다른 사이트는 아직도 낮은 금액을 유지하고 있음에도 나는 기꺼이 추가 요금을 지불하고 정든 이 호텔을 이용한다.
노가다해서 번 돈을 쉽게 쓰는 걸 보면 나는 아직 멀었다.
요즘의 나는 점점 현실감이 떨어지고 그놈의 정에는 더욱 약해져 간다.

하지만 상상도 못 한 엉뚱한 일을 당한다.
기존에 두 개씩 주던 생수는 물론 휴지, 비누 그리고 수건도 주지 않는다. SNS의 저가 사이트를 선택했기 때문이라기에 나는 말도 안 된다고 항의했다.
7만 루피아 하는 게스트 하우스도 수건은 준다면서 말이다.
발리인 종업원은 자신의 수건이라며 가져왔지만 나의 화는 여전하다.
도대체 이 리조트에서 어떤 일이 벌어진 것일까.

나는 이런 현상을 지금의 내 처지와 비교해 본다.

돈이 없다고 무시하고 이상하게 나를 이용만 하려는 보령 박 사장하고 말이다.

직접 비교가 안 되는 것 같아도 내가 느끼는 감정은 비슷하다.

그리고 그는 커피가 필요함에도 내게 전화하지 않는다.

미련이 있는지 그와 함께했던 장례식장 사모님만 내 동향을 체크할 뿐이다.

내가 직접 커피를 판다면 어떤 일이 벌어질지 궁금하다.


여러 가지 해프닝 가운데 나를 섭섭하게 한 일은 또 있었다.

고시텔 후배인 재균이가 준 여름용 신발의 밑창이 대부분 떨어진 것이다.

쓰자마자 떨어진 것을 보면 순간접착제로 대충 붙인 것 같다.

고무 부분은 본드로 붙여야 하는데 말이다.

이 작은 사건으로 과거 필규가 자신이 신던 구두를 내게 준 것이 기억난다.

받고 나서 바로 버렸지만 그 당시 그의 마음을 모르겠다.

이는 자신이 못 먹는 오래된 생선을 내게 보내온 박 사장과 상통한다.


쉬고 있는 나에게 로니는 준비된 그린빈 사진을 보내왔다.

내일 만나지만 그는 항상 기대 이상이어서 극히 만족스럽다.

어쩌면 인도네시아에서 신뢰할 수 있는 유일한 사람을 만난 건지도 모른다.

그가 준비한 커피를 볶아서 맛을 봐야 하지만 말이다.

신을 믿는 자들만이 이상 속에서 살아가고 그래서 엉뚱한 욕심이 없나 보다.

커피 맛만큼 중요한 게 나와 함께할 사람인 건 분명하다.

노가다로 인해 아직도 쑤시는 어깨와 약해진 허리를 위해 일찍 잠에 든다. 내일은 보다 나은 몸 상태를 기대하며 말이다.

참, 메리 크리스마스이다.


## 79. 12월 26일 화요일 맑음, 산 위는 비. 열외 17

아침을 컵라면으로 때우고 다시 길을 떠난다.

지겨운 라면이지만 외국에서는 부담 없는 한 끼 식사다.

날씨는 생각 외로 화창하고 주변을 자세히 보니 녹색보다는 갈색이 많다.

이는 우기라기보다는 건기에 가까운 현상이다.

비가 계속 내린다는 로니의 말은 '이젠' 산의 지형적 영향일 것이다.

발리도 높은 산이 있으니 가까이 가면 비가 내릴지도 모르다.

가는 길에 인도 마트에서 쉬는데 거지가 보인다.

어린 여자애를 이용한 앵벌이임에도 대부분의 사람들이 돈을 주어 생각 외로 수입이 좋다.

나는 처음에는 거절했지만 다시 왔을 때는 500원 정도의 돈을 주었다.

덕분에 작은 미소를 받았으니 공짜는 아니었다.

오늘은 크리스마스이기도 하지만 크리스의 생일이기도 하다.

사실 잊어버렸는데 그녀에게 문자가 온 것이다.

"미안하다. 내년에 꼭 함께하자."라고 말하고 싶었으나 참았다.

확실하지 않은 내용을 미리 말할 필요는 없기 때문이다.

내 심장은 어쩌면 약해진 게 아니라 세상에 관심이 없는 것인지도 모른다.

내가 그냥 주어진 운명대로 살아가기 때문이다.

진실이야 어떻든 늙어 가는 자의 자연스러운 행보이다.


비 오는 이젠 산을 넘어 카티모르 홈스테이까지 한 번에 갔다.

로니가 저녁 식사 후 오면 함께 커피를 확인하러 갈 것이다.

하지만 그는 저녁 무렵 가족들과 함께 왔다.

두 살 정도의 아들에 6개월 된 아이를 안은 귀여운 아내를 동반한 것이다.

사업이 중요하지만 무엇보다도 소중한 건 가족이다.

갑자기 내게 멀어진 아들 상호가 생각난다.

너무 많은 돈을 썼기에 그리고 미래도 불투명하기에 화난 것 같다.

내가 보령 박 사장을 미워하는 가장 큰 이유일 것이다.


영어 잘하는 로니의 아내가 있음에도 대화는 여전히 사업이다.

사실 사업보다는 경과를, 미래를 말한다는 편이 맞을 것이다.

농장주는 내일 점심시간에 그의 집에서 만나기로 했다.

다음에 만나면 아내와 좀 더 대화해야겠다고 마음먹으며 헤어졌다.

그들이 떠난 후 혼자 남은 나는 일기를 정리한다.

별로 재미없는 내용에 최선을 다하는 걸 보니 나는 글에 정말 진심이다.

언젠가 누가 읽어 줄지도 모르니 열심히 하는 것이다.

## 80. 12월 27일 수요일 강한 소나기. 열외 18

농장주는 여전히 커피를 말리고 있었다.

그는 티피카 종 일반 커피도 취급하기에 시즌이 아니어도 항상 바쁘다.

곧 코피루왁 샘플을 가져와 냄새를 맡으니 사향 냄새가 피어난다. 이는 숙성 과정 없이 배설물 수집 후 바로 말린 것이다.

숙성된 코피루왁은 사향내가 은근히 느껴지나 어떤 게 좋다고는 말할 수 없다.

덜 숙성된 드라이한 맛을 좋아하는 사람도 많기 때문이다.

전자는 커피의 깊은 맛, 후자는 사향 향이 강하다.

샘플을 볶자마자 바로 강한 향이 올라온다.

커피에 묻은 사향이 온도가 오르자 퍼진 것으로 커피 맛과는 별개이다. 진정한 코피루왁의 맛은 사향과 커피의 기름 성분과의 조화이다.

어쨌든 시벳 그린빈은 틀림없지만 사향 냄새가 좀 강하다.

루왁 배설물의 프로세싱은 내가 꼭 해야 하는 과제이다.

나이 먹어 가니 누굴 가르칠 수도 있고 말이다.

그린빈 포장을 기다리는데 주인아줌마가 커피를 서비스한다.

이상한 곰팡이 냄새로 판단하면 분명 와인 커피이다.

좋은 커피 놔두고 새로운 커피를 개발하려는 그들의 저의를 알 수 없다.

지적 호기심인가, 아니면 보다 나은 수입을 원한 것인가.

어쨌든 내가 여기서 발효 커피를 만든다면 모든 문제는 해결된다.

문제는 멍청한 박 사장과 누군지 알 수 없는 그의 조력자이다.

커피를 너무 쉽게 생각하는 속물들을 말하는 것이다.

이 세상 모든 사람이 속물이니 그들에게 화낼 수도 없지만 말이다.

나만 참으면 되는데 그 일이 왜 이렇게 어려운지 모르겠다.

다른 문제가 생겼으니 농부가 미화를 꺼린다는 것이다.

멀지 않은 도시에서 바꾸면 되는데 이상하게 그는 거부감을 표시한다.

정확한 내용은 모르나 혹시라도 위폐로 의심하는 게 아닌지 생각된다.

아시아인은 비상금으로 미화를 선호하기에 가짜도 많다.

결국 나는 ATM을 이용해 대금 일부를 먼저 지불하기로 했고 나머지는 도시에 가서 내가 직접 환전해 주기로 했다.

한 번에 지불해도 좋으나 인도네시아 환율을 알고 싶었다.

은행과 거리 환전상의 차이로 경제 상태를 알 수 있기 때문이다.

로니는 저녁 무렵 아들과 함께 그린빈을 가져왔다.

일은 간단히 마무리되었고 나는 로니에게 가까운 미래를 이야기했다.

다시 박 사장과 손잡고 자본을 가져오겠다고 말이다.

확실하지 않음에도 약속을 한 것은 확고한 의지의 표현이다.

이제 다시 칼자루는 박 사장에게 넘어가나 이 내용은 아무도 모른다.

그리고 혹시 모르니 노가다를 다시 할 준비는 해야 한다.

만일 일이 잘되어도 구정까지는 일을 할 것이다.

커피로 돈을 버는 사람이 노가다를 계속할 수 있을까 궁금하기 때문이다.

경제적 어려움 없이 그 일을 한다면 가진 자의 자만인가?

어떤 이유든 전제 조건은 몸이 따라 주어야 한다.

## 81. 12월 28일 목요일 한때 비. 열외 19

아침 일찍 바뉴왕이로 와서 환전을 했다.

여전히 인터넷이 안 되어 헤매는데 길거리의 미녀 여학생이 나를 돕는다.

옆에 있던 남자도 거드니 한국인에 대한 친절이 극에 달한다.

그리고 도시는 산골과 다르게 모두 영어에 능숙하다.

돈을 환전한 후 다시 올라가 체크아웃을 하고 로니에게 돈을 건네주었다.

이제 그도 나처럼 적지 않은 돈임에도 굳이 세어 보지 않는다. 나는 은행을 믿고 그는 나를 믿는 것이다.

두 사람 사이에는 좀 다른 의미지만 신뢰가 형성되어 있는 것이다. 함께 사업할 만한 수준으로 말이다.

노가다한 돈으로 커피 대금을 치른 것은 의미가 있다.

확신 못 하지만 앞으로의 행보는 변할지도 모른다.

페이지도, 내용도 부실한 노가다하며 쓴 이번 다이어리는 멈출 수도 있다는 말이다.

이 커피를 팔 수 있다면 계획대로 《커피 헌터의 노가다 다이어리 2》를 시작해야 한다.

인도네시아에서 루왁 배설물과 일반 파치먼트를 사서 내가 직접 가공하는 내용이다.

이 역시 쉽지는 않지만 적은 자본으로 할 만하다.

특히 일반인에게 생소한 발효 커피는 빠른 시간 내 관심을 모을 것이다.

문제는 박 사장과 어떤 방식으로 접촉하는가이다.

쉬우면서도 결코 단순하지 않은 내용으로 그가 사업 준비가 안 됐다면 과감히 포기하련다. 어쩌면 이번이 그와의 마지막 대면이 될 수도 있다.

구체적으로는 일단 2kg의 그린빈을 보령으로 가져가 직접 로스팅하련다.

내가 산 커피는 아직 정확히 모르지만 그리 나쁘지는 않다.

어차피 내가 가공한 게 아니지만 말이다.


오후 길리마눅에서 오는 페리 안에서 숙소를 예약했다.

아고다에서 처음 보는 '정글 하우스'인데 길에서 내륙으로 조금 떨어진 곳이다.

근처에 왔으나 이미 날이 저물어 아무것도 보이지 않는다.

그리고 깊은 개천 옆을 지나는 좁은 길은 무섭기도 했지만 힘을 낸다.
맞은편에서 여러 대의 오토바이가 오는 것을 봤기 때문이다.
험지라면 이 시간에 통행량이 적을 것이다.

밤에 도착한 정글 하우스는 작은 로지 스타일이었다.
말 그대로 나무 사이에 방갈로가 있어 조용했으나 지금은 아무도 없다.
내가 도착 시간을 메일로 보냈으나 전달이 안 된 것이다.
좀 쉬다 주위를 둘러보자 전등 스위치가 보인다.
일단 밝아졌기에 시간 난 김에 연락을 기다릴 겸 간단히 명찬이와 통화를 했다.
별것 아닌 내용으로 시간을 보내고 있을 때 누가 키를 가지고 나타났다.
방문이 열려 커피를 안으로 옮기는데 전혀 힘이 나지 않는다.
그렇다. 나는 충분한 휴식이 필요하다.

내 몸의 힘은 생기는 듯했으나 바로 사라진다.
제대로 먹지도, 쉬지도 못하고 글 쓰고 오토바이만 탄 결과일 것이다.
한국에 도착하면 일단 아령으로 몸만들기부터 시작해야겠다.
다시 시작할 《커피 헌터의 노가다 다이어리 2》를 위해서 말이다.
지금 쓰는 일기는 노가다해서 돈 모아 커피 샀다는 내용으로 끝나니 결국은 커피이다.
아직 팔지도 않은 커피로 많은 상상을 하나 가능성은 높다.
박 사장이 내 커피를 취급할 의지만 있다면 말이다.

## 82. 12월 29~30일 금요일 맑음. 열외 20

정글 하우스는 정말 마음에 드는 숙소이다.

방 5개에 주방과 작은 정원이 있는 작은 규모지만 조용하고 아늑하다.

게다가 손님은 나 혼자뿐이고 직원도 낮에 잠깐 청소만 하는 정도라 요리를 하고 마음껏 글을 쓸 수 있었다.

아침에는 커피를 내린 후 가까운 바닷가에서 서핑을 감상하면서 말이다.

난 하루를 연장하여 지친 몸과 마음을 치유하였다.


## 83. 12월 31일 토요일 맑음. 열외 21

발리에서의 마지막 날로 공항으로 이동해야 한다.

오토바이를 반납했기에 택시를 이용했으나 바가지를 씌운다.

운전기사와 싸운 후 여러 번 갈아타고 10㎞ 정도의 거리를 4~5만 원을 지불했으니 믿고 있던 발리에 배신감까지 느꼈다.

하지만 발리에 산다고 다 발리네스는 아닌 게 그들은 손 매듭을 하지 않았다.

한 기사는 발에 문신으로 했다지만 거짓말로 보인다.

그래도 다행히 진짜 발리네스 기사를 만나 공항으로 갈 수 있었다. 그는 연말이니 가족을 위해 보너스가 필요하다 했고 나는 기꺼이 주었다.

같은 돈을 주더라도 기분 좋게 서비스받으면서 말이다.

비행기가 비엣젯 항공이어서 수화물 초과요금을 걱정했으나 내지 않아도 되었다.

중국남방항공과 연계되어 그들처럼 25kg까지는 면제인 것이다. 커피는 30kg이라 기내 수화물에 나누었고 2kg 초과는 봐준 것이다.

나는 친절한 발리네스 아가씨에게 고마움을 표했다.

발리에서 여생을 보내고 싶은 이유는 이런 친절함 때문이다.

장사하러 타지에서 온 사람만 피하면 발리는 말 그대로 천상의 섬이다.

이 섬에서 천상의 커피를 파는 나를 상상해 본다.

## 84. 1월 5일 금요일 맑음. 열외 22

한국에 오자마자 커피를 볶아 보령으로 내려갔다.

커피농장은 사람이 없어 황량한데 박 사장은 새 차 샀다고 자랑만 한다. 게다가 대화의 주제에 동남아 여자에서 리얼돌까지 튀어나온다.

내가 연구하고 고생하면서 가져온 커피가 아니고 말이다.

밥 먹다 마음이 터져 버린 나는 100이라는 그의 IQ를 거론하고 만다.

아이큐는 2년 전 그의 동창이 한 말로 사실 중요한 건 아니다.

그럼에도 거론한 건 그가 사업적 대화를 전혀 할 줄 모르기 때문이다.

답답한 그가 불쌍하기도 하지만 더 이상 엮이고 싶지 않았다.

그의 긍정에 내 말은 농담같이 끝났지만 서로 더 이상 보지 말자는 선언이나 마찬가지가 되었다.

박 사장도 "난 네가 오는 게 싫어."라고 했으니 피장파장이다.

내가 그와 완전히 결별한 것은 많은 걸 의미한다.

자본도, 조직력도, 인맥도 없는 나는 모든 걸 혼자 해야 하기 때문이다.

두려움은 없지만 사업의 성공 가능성은 희박해진다.

긴장감이 몰려오자 나는 농장 옆 숙소를 포기하고 대천 시내를 향해 걷는다.

새로운 각오를 하나 어둠과 추위 속에서 다리만 아플 뿐이다.

하지만 아무것도 보이지 않는 산길의 적막한 고행 길은 많은 걸 의미한다.

어차피 인생은 어둠 속에서 혼자 가는 길이다.

6시간을 걸어 대천역 근처의 무인 판매점을 이용한다.

해가 뜨려면, 아니 차가 출발하려면 시간이 많이 남아 난 계획을 세운다.

다시 노가다를 해서 자본을 모으고 가져온 그린빈을 팔려는 것이다.

커피숍은 돈이 많이 드니 통신 판매를 이용해야 한다.

그리고 안 팀장이 1월 초에 부른다 했으니 기다리면 된다.

좋은 길 놔두고 억지로 고생하는 내 팔자가 기구하지만 다 운명이다.


85. 1월 6일~14일. 열외 23

고시텔에 돌아가 가장 먼저 진공 포장기를 구입했다.

팔리기까지 얼마나 걸릴지 모르니 그린빈을 진공 포장 해 놓아야 한다.

주문한 진공용 비닐이 큰 놈이 와 반으로 잘라 직접 만들어야 했다.
그린빈은 포장 전 선별했으나 불량이 많이 나오지는 않았다.
하지만 가끔 작은 돌이 나오는데 이는 그라인더를 망가뜨린다.
커피 산지 이젠에는 돌 고르는 기계가 없나 보다.

사업자 등록을 하고 통신 판매도 신청했다.
판매 상품에 붙일 스티커를 위해 프린터기도 장만하고 말이다.
모든 일은 컴퓨터를 이용했는데 덕분에 많은 걸 공부한다.
시대가 변해 컴퓨터 못 다루는 늙은이는 아무것도 할 수 없는 세상이다.
그나마 근시라 가까운 것을 잘 볼 수 있어 도움이 된다.
거북이처럼 천천히 하지만 내 길을 가고 있다.

아쉬운 건 내 커피숍이 없어 원두를 팔 수 없다는 것이다.
원두를 팔려면 제조업 허가를 내든 아니면 커피숍이라도 있어야 한다.
차선으로 베트남의 김 사장에게 서둘러 샘플을 보냈으나 기대하지는 않는다.
그의 능력으로 사업이 성사될 가능성은 제로에 가깝다.
그는 아직 익지도 않은 감이 떨어지길 기다리는 나이 먹은 할아버지일 뿐이다.
그런 자에게 일말의 희망을 기대하는 내가 안쓰럽다.
사실 내가 원하는 건 커피에 대한 주변 사람들의 관심이다.

일단 노가다를 다시 해 돈을 벌어야 한다.

현장 일정을 체크하러 가까이 사는 박 씨를 만나 보니 조금 늦어진다고 한다.
안 팀장과 가까운 그는 직접 통화를 했다는데 진실은 아무도 모른다.
그리고 일주일이 지나자 다시 또 한 주를 거론하는데 신빙성이 없다.
고시텔 집세를 내자 돈이 줄어 앞으로의 생활비까지 걱정된다.
상황이 불안한 나는 다시 인력 사무소를 나가 볼까 고민한다.
통신 판매 준비도 얼추 끝났기 때문이다.

## 86. 1월 15일~21일. 열외 24

나는 불안하지만 일주일을 더 기다리기로 했다.
통신 판매 신고도 아직 안 되었고 다른 약속이 남아 있기 때문이다.
돈이야 일만 하면 금방 들어오니 큰 문제 될 게 없다.
사실 중요한 문제는 내 어깨가 아직 회복되지 않은 것이다.
날씨가 추워서인지, 웃풍 때문인지 아침에 일어나면 어깨가 시리다. 결국 다친 어깨에 혈액 순환이 잘 안 되는 것이다.
심장인지 당뇨 탓인지는 모르나 나는 극약 처방으로 운동을 시작했다.
아령으로 아픈 곳을 스트레칭하고 하체도 강화시켰다.
현장에서 취약한 부분은 가끔 쓰는 상체가 아니라 하루 종일 쓰는 하체이다. 특히 계단이 많은 현장은 걷는 것 하나로 눈 밖에 나기도 한다.

일을 기다리면서 갑자기 불길한 예감이 든다.

다시 박 씨를 만났지만 결과는 이상하게 흐르고 나는 갑자기 좌절하게 된다.
일을 못 딴 안 팀장이 이번에는 구정을 거론했다는 것이다.
난 사무실에 다시 나가야 할지 고민하게 된다.
하지만 내가 아는 남 소장은 눈 밖에 나면 한동안은 일을 주지 않는다. 대부분은 그의 지시에 불응한 경우이지만 오랜 공백도 문제가 된다.
이런 경우 다른 사무실에 나간 것으로 판단하기 때문이다.
난 일단 안 팀장을 좀 더 기다리기로 했다.

출력을 기다리는 동안 인터넷 카페에 커피를 소개했다.
혹시라도 내 커피에 관심 있는 사람을 찾을 수 있지 않나 해서이다.
그리고 만난 사람은 교회에서 일한다는 조 씨이다.
그는 작은 로스팅 머신을 가지고 있는데 내 커피를 볶아 본다고 했다.
직접 대화를 해 보니 아마추어치고는 상당한 경험이 있어 커피를 보냈다.
물론 뜸들이기 등 어느 정도 충고를 했지만 말이다.

특별한 일 없이 글 쓴다는 핑계로 일주일은 금방 지나간다.
커피와 여행 그리고 글쓰기는 나의 숙명인가 보다.
그럼 생존을 위한 노가다 일은 운명인가? 아니 말이 바뀐 것 같다.
어쨌든 다음 주는 필히 사무소에 나가 일을 기다릴 것이다.

## 87. 1월 22일~26일. 열외 25

모처럼 인력 사무소를 나갔으나 아무도 쳐다보지 않는다.
한동안 안 나왔으니 남 소장 눈에 들려면 최소 3일은 기다려야 한다.
현재 나에게 중요한 것은 커피를 파는 게 아니라 당장 생활비를 벌어야 한다. 하지만 내일부터 갑자기 기온이 떨어져 대부분의 현장이 문을 닫는다.
여파는 최소 3일은 갈 것이니 이번 주는 일 나가기 힘들다.
이제는 돈을 아끼려 담배도 줄여 피우기 시작한다.

일 못 나가 불안한데 조 씨에게 로스팅 결과가 왔다.
첫 로스팅이 고르지 않아 원두를 피킹까지 한 그는 성의가 대단하다.
하지만 그의 작은 머신은 그만큼 다루기 어렵고 예민하기에 성공 또한 쉽지 않다.
그는 나와 상의한 후 2차 로스팅을 장담한다.
진작 이런 사람을 만났어야 했는데 하며 나는 좋은 결과를 기다린다.

중고 로스팅 머신을 구입한다고 해도 지금은 방법이 없다.
꼭 필요한 일임에도 노가다해서 돈 모은다고 제일 먼저 할 일은 아니다.
지금은 쿠팡을 이용한 통신 판매에 주력해야 한다.
먼저 《주간조선》에 실렸던 기사의 대표 사진과 커피 매입 당시의 사진들로 소개했다.
지명도가 있고 스토리를 첨부했으니 읽어 본다면 구매 가능성이 높다. 그리고 포장된 제품에 스티커를 붙였고 택배용 봉투도 구입했다.

또한 꼭 필요한 통신 판매업 신고도 마무리해서 다음 주에는 받을 수 있다.

커피가 팔린다는 보장은 없지만 준비는 끝내야 한다.

다행히도 택배는 편의점을 이용하면 아무 때고 보낼 수 있다.

우체국 택배만 생각해 주중 하루를 쉬려 한 내 생각은 무지의 소치이다.

내가 고정으로 일할 수 있을지는 모르지만 말이다.

나의 체력이나 지금의 상황을 볼 때 어느 게 나은지 모르겠다.

커피를 조금이라도 팔 수 있다면 일주일에 2~3번만 일 나가는 게 정상이다.

건강을 생각해 장기전으로 가려는 것이다.

다른 판매를 검색하니 네이버의 스마트스토어가 나온다.

유명한 인터넷 판매 플랫폼이지만 나만 모르고 있었다.

서둘러 입점을 요청하고 승인을 기다린다.

다행히 쿠팡을 준비하면서 얻은 노하우가 있어 매우 쉽게 처리했다.

내가 늙은 것은 분명하고 일하는 속도도 느리지만 포기할 정도는 아니다.

젊은이들이 간단히 하는 일을 며칠씩 걸린 주제에 자만한다.

얼마 후 2차 로스팅을 끝낸 조 씨는 커피가 정말 맛있다 한다.

로스팅은 내가 권한 대로 1차 파핑 후 뜸들이기를 아주 정밀하게 했다. 이 자료는 훗날 로스팅 머신을 사면 큰 도움이 될 것이나 당장은 아니다.

나는 돈이 줄어들어 하루하루 피 말라 가고 있기 때문이다.

일을 시작하면 아무 문제 없으나 계속 못 나가니 갈수록 처참해진다.

난 지금 바람 부는 벼랑 끝에 혼자 서 있는 것이다.


## 88. 1월 27일 토요일 맑음. 열외 26

아침 일찍 남 소장 앞에 앉았으나 역시 일을 보내지 않는다.

마음이 불안한 나는 결국 소장에게 다가섰다.

내가 일 나가는 데 문제가 있나 물었고 대답은 월요일에 가타부타를 말하겠단다.

표현은 조금 이상하지만 그의 말뜻을 알아들은 나는 기다린다.

하지만 잘 쓰지 않은 소장의 '가타부타'란 대답에 다시 의문이 들었다.

일을 보내는 것은 소장의 판단이자 권한이기 때문이다.

결정을 미룬 것은 뭔가를 알아본다는 말이고 안 팀장과도 관련 있을 것이다.

나는 지난날을 돌아보며 혹시 문제라도 있을까 걱정한다.

소장이 부정적인 대답을 한다면 다른 용역 사무소에 나가야 하기 때문이다. 아니면 기초 수급자를 신청해 긴급 생계비를 지원받을 수도 있다.

하지만 먼저 달의 월 소득이 높아 해명이 필요하고 지원금은 공짜가 아니다.

남들은 이해 못 하는 초초함 속에 주말을 보냈다.


## 89. 1월 29일 월요일 맑음. 열외 27

월요일이 되자 나는 오랜만에 본 전 총무에게 인사를 했다.
그는 그만두었는지 가끔 얼굴을 비치고 한 젊은이가 그 자리를 대신한다.
하지만 가벼운 인사말에서 나는 놀라운 소식을 듣는다.
안 팀장이 벌써 일을 한다는데 더 이상 자세한 내용을 말하지는 않는다. 그는 오히려 뭘 믿고 안 팀장을 기다렸냐고 나에게 가볍게 핀잔을 준다.
그렇다. 내가 일 못 나가는 것은 분명 안 팀장과 연계가 되어 있다. 침울한 그 순간 남 소장은 출근을 했고 나는 그의 얼굴만 쳐다본다.
하지만 그는 바로 일 보내 줄 것이니 걱정 말라고 한다.
나이가 좀 있어서란 여운을 남기면서 말이다.

일단 약속을 받은 나는 마음을 놓는다.
뜨내기 안 팀장과 달리 사업체를 운영하는 남 소장은 약속을 지킬 것이다.
안 팀장도 일부러 그런 것이 아니라 여건이 안 됐을 것이다.
모든 것을 좋게 생각하나 내 통장은 바닥을 보이고 날짜는 계속 지나간다.

일을 쉬는 설날이 얼마 안 남았고 집세 납부 일자도 돌아오기 때문이다.

하지만 방법 없는 나는 잠자코 기다리는 수밖에 없다.

연말에 커피를 사지 않았다면 하고 상상해 본다.

돈은 충분했고 한동안 글이나 쓴 뒤 기초 수급을 신청할 수도 있었다. 아니 보령에서 화만 내지 않았어도 모든 일이 풀렸을지도 모른다.

역겨움을 참는 게 천로역경 중 일부라면 감수했어야 한다.

내가 가는 길은 선택이 아니라는 걸 이제야 깨달았다.

## 90. 1월 31일 수요일 맑음. 작업 63일 차

일 멈춘 지 한 달이 넘어 오랜만에 현장을 나간다.

장소는 수원이고 계룡 건설의 덕산 병원 현장이나 이상하게 썰렁하다.

더하여 교육이 없는 걸 보니 땜빵에 불과한 일이었다.

어떤 조건이든 한 3~4일은 일하기를 원했으나 겨우 하루짜리인 것이다.

일은 청소였고 경험치가 쌓인 나는 오랜만에 뭉친 몸을 푼다.

조심했던 어깨는 청소 위주인 이번 일과 연관이 없었다.

직영반장은 내가 마음에 들었는지 직접 지시를 한다.

나는 두 사람을 차출하여 주어진 일을 깔끔하고 빠르게 처리하였다.

하루짜리지만 또다시 볼 수도 있기에 최선을 다한 것이다.

첫 현장인 태영에서 이랬다면 지금도 일하고 있을 테니 아쉬운 순간이다.

하지만 서로가 경쟁자인 현장 잡부들은 결코 지식을 공유하지 않는다. 그 당시 누군가 한마디만 내게 조언했어도 불상사는 일어나지 않았을 것이다.

아니 나와 종씨인 자가 한마디 했지만 흘려버린 내 탓이다.

모든 일은 새옹지마이니 앞날은 누구도 모른다.

일 마치고 사무실에서 일당을 받았는데 152,000원이다.

10%의 수수료와 보험료 1,000원을 포함하면 17만 원이 일당이다. 일은 잡부가 하는 청소인데 일당은 힘든 일인 알폼 정리 팀과 같은 수준이다.

가끔 계산이 잘못된 경우도 있기에 다음번에 확인하면 된다.

남들은 전혀 상관하지 않지만 난 이미 더 받은 1만 원을 돌려준 적이 있다.

사무실에서 어떻게 생각할지는 모르지만 내 성격이 그렇다.

겨우 하루를 일했을 뿐인데 기분이 달라졌다.

사실 어제까지는 다시 일할 수 있을까 하는 불안한 마음이 남아 있었다.

또한 망가진 내 어깨가 견딜 수 있을까 걱정하면서 말이다.

두 가지 모두 기우였고 나는 시장에 가서 약간의 식품을 산다.

고구마와 무 그리고 양파 정도지만 나는 이조차 아끼고 있던 것이다.

고구마는 성숙한 놈이 아니라 종자용으로나 쓰는 작고 길쭉한 것인데 먹을 만하다.

무는 김치 떨어질 때를 대비한 생채로, 양파는 다용도로 쓴다.

하지만 오늘 저녁은 어제 먹던 돼지고기찌개이다.


## 91. 2월 1일 목요일 맑음. 열외 28

오랜만에 일해서 그런지 이상하게 온몸이 쑤셔 온다.

일하면서 풀어지기도 하지만 몸이 굳어지는 겨울철은 조심해야 한다.

그래도 일은 하고 싶지만 운명인지 오늘은 나가지는 못했다.

사실 마무리될 무렵 서 팀장이 사무실에 들어와 3명을 요청했다.

그는 앞자리에 앉은 나와 남 소장을 번갈아 쳐다봤으나 나는 고개를 돌렸다.

남 소장도 굳이 나를 지정하지 않고 출력 희망자를 부른다.

허리 아프다고 해고한 자와 고개 돌린 자의 관계를 잘 아는 것이다.

가끔 남 소장의 이런 세심한 배려가 눈에 들어온다.

그는 많이 늙은 사람도 생계를 위해 가끔은 일을 보내 주기도 한다.

난 아직 그 정도는 아니지만 일종의 보험 같은 느낌이 드는 것은 부정 못 한다.

누구나 나이는 먹고 앞날은 아무도 알 수 없다.

일은 못 나갔지만 나갈 가능성이 높아 허무한 것만은 아니다.

그 대신 쿠팡 입점에 관한 정보를 확인하고 자체적인 광고를 신청했다.

하루 만 원으로 최소 비용일 뿐이지만 뭐라도 해야 한다.

다른 이들은 하루 3만 원 이상 쓰나 나로서는 만 원도 결코 적은 돈이 아니다.

수수료에 광고비를 더하면 돈은 쿠팡이 다 벌지만 다른 방법이 없다.

나는 커피숍 하나 없는 가난한 커피 전문가이기 때문이다.

일단 열심히 노가다해서 돈을 먼저 모아야 한다.


## 92. 2월 2일 금요일 흐림. 작업 64일 차

하루걸러 일 나간다는 건 바람직한 현상이다.

일주일에 2~3번 일 나가면 커피 파는 데 도움이 되고 건강도 챙길 수 있다.

수입도 2백만 원 가까이 되니 경제적인 곤란도 없고 말이다.

하지만 목돈을 모으려는 계획은 조금씩 멀어져 간다.

테이크아웃 커피숍을 하든 그린빈 판매를 위한 광고를 하든 돈은 필요하다.

2~3개월 하다 날 풀리면 고정으로 전환하여 3~4개월 정도 열심히 하련다.

그래도 커피가 안 팔리면 폭염 아래의 현장도 생각하고 있다.

남들은 꺼리지만 열대 지방 출신인 나는 더위가 문제될 일이 없다.

필리핀은 항상 덥고 최고 46도에서도 산 적 있기 때문이다.

그리고 내 몸은 더워서 땀이 나야 가벼워지는 특이 체질이기도하다.
무더운 동남아 생활 20년 경험이 노가다에 요긴하게 쓰인다.
잘하는 생활 영어는 한 마디도 못 써먹고 말이다.

차를 타니 같이 일했던 동갑내기 친구인 김 영권 씨가 앞자리에 먼저 타 있었다.
기사가 초보인 걸 보니 김 씨가 팀장인 게 확실해 보인다.
그는 어제 만난 서 팀장의 보조 팀장으로 일하는 모양이다.
크지 않은 체구에도 괴력을 발휘하는 김 씨는 일에 대한 요령을 알기 때문이다.
그가 가르쳐 준 나비 반생이 묶는 법도 기억 못 하는 나와는 많은 차이가 난다.
노가다하러 태어난 사람은 없지만 체질에 맞는 사람은 있다.
친구 덕 볼 일 없는 나는 관리자인 직영반장 눈치를 보며 열심히 일한다.
일은 옥상의 보양물을 철거하고 정리하는 게 먼저였다.
먼저 천막 반생이를 해체하고 이를 반장이 표현한 대로 야무지게 접어야 한다.
항공마대에 차곡차곡 담으니 분명 재활용하려 할 것이다.
얼추 일이 끝나 가니 벌써 오전 참 시간이 되었다.

현장에서 참은 많은 걸 의미한다.
아무리 식사를 많이 해도 일을 하면 두 시간만 지나도 배가 고프기 때문이다. 물론 열심히 일한 경우지만 대부분의 현장은 오전에 일을 많이 한다.

오전이 가면 오후는 저절로 간다는 말이 있을 정도이다.

그러니 나같이 당뇨가 있는 사람은 참을 통해 당을 보충해야 한다.

거리도 가깝고 오후 참도 있다니 계속 다니고 싶은 현장이다.

현장에는 욕쟁이 이 씨와 청소 잘하는 몽골 아줌마 명숙 씨도 있었다.

반갑기는 한데 내일 다시 볼 수 있을지는 아무도 모른다.

일용직 노무자가 현장을 선택할 수 없고 또 불만도 표출하면 안 된다.

김 영권 씨와 막걸리 한잔할 때 만난 젊은 몽골 친구는 그런 실수를 했다. 일당 적은 곳에 차출되어 항의했다가 아예 출력에서 제외된 것이다.

한국인도 일하기 힘든데 자기 입맛에 따라 일하려 하는 몽골인이다.

나는 아직도 그들의 정체성을 조금도 이해 못 하겠다.

개인적으로는 친하지만 가끔 그들이 한국을 너무 쉽게 보는 게 아닌가 싶다.

외국인에 대한 편견을 배제하고 말하는 거다.

오후는 할 일이 없어 적당히 청소하면서 시간을 보냈다.

편하고 좋을 것 같지만 노가다가 일이 없어 서성거리면 오히려 불안하다.

할 일 없으면 더 이상 현장에 나올 일도 없기 때문이다.

너무 힘들지만 않으면 계속 일해야 열이 나 몸도 굳지 않는다.

나는 일한다는 전제로 항상 옷을 가볍게 입기에 이번에는 추위를 타고 말았다.

난 열심히 일했을 때 땀이 나지 않을 정도로 입는다.

일이 끝난 후 김 영권 씨에게 순댓국과 더불어 막걸리를 한잔 샀다.

먼저 얻어먹었고 또한 반가운 마음이 우선해서이다.

잘 먹고 마시는데 문제의 그 몽골 친구가 전화해 이곳에 온다고 한다. 그와 만날 일 없고 술도 적당히 된 나는 계산 후 먼저 일어나기로 했다.

그가 온 후 막걸리 한잔 따라 주는 예의는 지키고 말이다.

내일도 사무실에 출근을 하겠지만 분명 일은 못 할 것이다.

토요일은 교육이 없고 아직 순서도 안 되었기 때문이다.

중요한 건 교육인데 많은 현장에서 받아야 필요한 경우 지원해 나갈 수 있다.

남 소장은 "○○ 현장 가 본 분?" 하고 묻기 때문이다.

나는 교육받은 두 곳에서 퇴출되었고 한 곳은 이미 끝나 갈 곳이 없다.

어찌 보면 그래도 일 보내 주는 남 소장이 고마운 존재이다.

### 93. 2월 5일 월요일 비. 열외 29

일하기를 기대했지만 역시 호명은 없었다.

약간이지만 비가 내리기 때문에 현장이 중지된 곳이 많다.

내 뒤에 있던 사람은 현재 안 팀장 소속인데 비가 와서 사무실에 나왔다.

결국 안 팀장은 일을 하고 있음에도 나를 부르지 않은 것이다.

중간의 박 씨가 연락 안 했을 수도 있기에 내가 직접 메시지를 보냈다.

부담 주지 않으려고 필요하면 나를 부르라는 정도이다.

하지만 사람은 필요 없다면 약속을 잘 지키지 않는다.

손해를 보면서 물건을 보내는 경우는 신용을 어필해 거래의 지속을 위함이고 계약서에 명시되었기 때문이기도 하다.

미래가 없다면, 아니 약속을 어겨도 손해 볼 일 없다면 무시하고 만다.

안 팀장과 내가 그런 사이인데 나만 의리 지켜 기다린 것이다.

하지만 그와는 점점 멀어져 가도 불안하지는 않다.

오늘 남 소장과 웃으며 농담했기 때문인데 최소한 그는 계속 일 못 나가는 나를 의식하고 있다.


원하지 않은 휴식을 취하며 미래를 구상한다.

나는 한국 나이로는 65세, 몸은 아직 건강(?)하지만 할아버지가 틀림없다.

조금만 관리에 소홀해도 근육이 줄어들고 몸이 굳어 온다.

몸 상태는 차라리 일을 계속할 때가 좋았던 것 같다.

그런 내가 노트북만 보니 다시 배가 나오고 피곤한 눈이 붓기 시작한다.

내일 나가 일하면 되지 하고 말한 게 계속 쌓이니 말이다.

한심한 모습으로 있는데 로니가 전화했다.

자신의 바누왕이 직장에서 배려해 15일간 휴가가 생겼다는 내용이다.

그는 내가 돌아오면 많은 일을 도울 수 있다고 어필한 것이다.

당장 먹고살기도 힘든 나에게 의지를 피력하는 그는 어쩌면 힘이 된다.

나는 당장은 모든 일이 어렵고 쿠팡도 광고를 해야 하지만 설날이

지나 청룡의 해가 오면 좋아질 것이라고 했다.

그냥 바람이지만 간절한 하소연이기도 하다.


로니와 통화를 마치니 조 씨의 메시지가 보인다.

세 번째 볶은 커피가 약간 온도가 높아 본연의 시벳커피가 됐다는 내용이다. 그 상태는 커피 맛보다는 사향내가 강해 일반적인 코피루왁 형태는 맞다.

하지만 궁극적인 천상의 커피는 두 가지가 조화되어야 한다.

커피 본연의 맛과 사향내가 어우러진 맛을 말하는 것이다.

참 어려운 말이지만 한 사람이라도 어느 정도 이해하니 고맙다.

나는 그에게 조심스레 내 커피를 팔아 볼 것을 권유한다.

공급가는 쿠팡보다 저렴하니 중간 마진을 챙기든 로스팅해서 팔든 수입은 나올 것이다.

조 씨는 교회 집사인 모양인데 내가 성스러운 곳을 장터로 만들려 하고 있다.

이래저래 내가 복받기는 틀린 모양이다.


돈은 떨어져 가고 시간도 속절없이 흐르는데 마음은 편하다.

오늘 아니면 내일, 또 아니면 모레 일 나가면 된다.

이제 나는 정말 일용직, 그것도 고정 아닌 노가다 일당 잡부가 된 것이다.

사회의 최밑바닥이라 할 수 있는 내 처지이다.

그럼에도 커피를 공부하고 시간 나면 글을 쓰고, 또한 정리하고 있다.

간간이 유튜브에 나오는 압축된 영화도 보면서 말이다.

두 시간짜리 영화를 10분 만에 보는 건 나만이 아닐 것이다.

보기 쉬운 영화도 지루해하며 스토리와 결과만 보니 책이 팔릴 수가 없다.

내가 15년을 연구하고 노력한 커피와 글쓰기가 무너지는 시대이기도 하다. 지난 과거가 아쉽지는 않지만 그렇게 애쓴 게 돈이 안 되는 현실이 야속하다.

모든 게 새옹지마인데 그놈의 도망간 말은 언제 돌아오려나.


## 94. 2월 7일 수요일 흐림. 열외 30

어제도 오늘도 일을 못 했다.

내 나이가 있어서라지만 나보다 더 늙어 보이는 사람도 신규로 나간다.

뭔가 문제 있음을 인식하는데 박 씨가 갑자기 커피를 권한다.

역시 돈이 필요한 그는 뒷자리에 조용히 있었던 것이다.

나는 소장이 거론한 안양 현장에 대해 물어보니 내가 다녔던 곳이 아니다.

난 교육받은 고이 현장을 안양으로 착각한 것이다.

혹시나 해서 사무실을 나온 후 가 보니 역시 다른 곳이다.

안양을 돌아보는 중 필리핀 카페장에게 카톡이 왔다.

커피 로스팅 사업을 시작했다며 문의하는데 쓸데없는 희망을 준다. 내가 필요한 건 당장 현금이 생기는 현장 일이다.

혹시나 해서 박 씨에게 전화했더니 안 팀장이 몽골인하고만 일한단다.
누구든 사정이 있겠지만 내 희망은 계속 사라진다.
나이 한 살 더 먹어 살기 어려워진다면 이는 끔찍한 미래를 보여 준다.
지금까지 일한 건 1월에 한 번, 2월도 아직은 한 번뿐이다.
최소한 일주일에 두 번은 나가야 생활비는 버는데 말이다.

나는 다시 기초 수급자 신청을 고려해 본다.
한 달에 백만 원 정도 지원을 받으면 간신히 살 수는 있다.
아껴 쓰면 30~40만 원씩 저축도 가능하고 말이다.
소득 자료 안 남는 부업까지 찾으면 금상첨화인데 아직 보지를 못했다.
기초 수급 받으며 커피를 조금씩 파는 것도 괜찮은 방법이다.
최후의 선택을 고려하니 허망한 마음부터 밀려온다.
뭔가 사회를 위해 헌신하려는 내 이상이 헌신짝처럼 생각되는 것이다.
'다 버려라.'라고 하는 계시 같으면서도 '너는 아무것도 아니니 꿈에서 깨어나라.'란 냉정한 결론에까지 도달한다.

인생 전반에 걸친 기적 같은 생이 지금은 그냥 허무이다.
원래 내 삶이 그렇게 정해졌다면 신의 장난치고는 너무나 치졸하다.
그런데 그 느낌이 지금 일 배정의 결정권을 지닌 남 소장의 말에서 느껴진다. 가끔 친구나 지인 또는 제삼자의 입으로 전달되는 신의 메시지처럼 말이다.
어쨌든 나는 지금의 상황보다 더했던 경우를 생각해 본다.

IMF 시절이나 필리핀 사고 후의 내 모습은 정말 최악이었다.

그러나 기적처럼 회복하였고 또 많은 걸 이뤄 냈다.

한때 큰돈을 벌기도 했지만 금전에 대한 미련을 버렸다.

그 후 최선을 다해 커피를 연구하였고 책도 출판하였으며 이번 커피 투어에서 최고의 코피루왁을 발견하기까지 했다.

누가 그런 암울한 상황에서 멋지게 재기(?)할 수 있을까 할 만큼 말이다.

내가 원했던 건 가족과 함께 사는 소박한 삶 정도인데 갈수록 무너지는 멘털에 나이 탓인지 자꾸 힘이 빠진다.

하지만 나는 또 힘내어 내일을 기다려야 한다.


오후에는 조 씨가 보낸 커피가 도착했다.

분명 중요한 내용이지만 성의 없는 나는 쳐다만 보고 있다.

오래 기다렸지만 당장 배고픈 자에게 돈이 안 되는 결과는 아무것도 아니다.

난 차라리 그가 내 커피를 팔아 줄 것을 원했는지 모른다.

그러고 보니 난 진정한 순례자가 아니라 고생하는 모습을 애써 둘러댄 것에 불과하다. 감히 천로역정이라니.

기독교인도 아니면서 세계를 지배하는 그들의 논리를 따르고 만다.

평생을 살아도 결국 내가 알 수 있는 건 하나도 없다.

이 일기의 원제였던 '일반 공의 100일'을 채울 수 있을지 의심된다.

## 95. 2월 8일 목요일 흐림. 열외 31

 구정 전 마지막 일할 수 있는 날이 좀 쌀쌀하다.
 추운 날은 허약한 심장과 당뇨병이 있는 나에게 정말 안 좋다.
 그동안 억지로 일했지만 체온 조절에 실수라도 하면 몸이 굳어 오기 때문이다.
 그 대신 따뜻한 날 땀을 흘리면 혈액 순환이 되어서 그런지 옛날의 괴력이 살아난다.
 물론 가끔이지만 그런 날은 아침에 정상적인 발기도 된다.
 어쩌면 발리에서 살라는 신의 안배인지도 모른다.

 생각은 긍정적이지만 또다시 일을 못 나간다.
 하지만 소장은 건강 진단서를 받아 오라 하니 어딘가 신규로 보낼 모양이다. 근데 동갑내기 다른 한 사람도 같은 지시를 받았는데 아는 사람이다.
 그는 1월 말 내가 일했던 덕산 병원 현장의 직영반장이었다.
 현장 자체가 수개월 중지되니 일이 필요한 그는 사무실에 나온 것이다.
 그의 지시에 따라 열심히 일했기에 그가 가는 곳에 따라갈 가능성도 있다.
 그런 이유로 동갑내기에게 깍듯이 존칭을 쓴다.

 진단서가 필요한데 내가 다니던 병원이 오늘부터 휴일이다.
 병원은 구정 지나 2월 13일이나 되어야 다시 문을 여니 그다음 날이나 제출이 가능하다.

하지만 가능성은 내게 힘을 주었고 기꺼이 새해를 기다리기로 했다.
자신감이 생기니 집세 좀 밀려도 걱정 안 하기로 했다.
오히려 건강 진단과 새로운 현장을 위해 다시 운동을 시작한다.

오후는 오랜만에 명찬이에게 전화를 했다.
그는 부잣집 사위지만 한편으로는 가난한 영화배우이기도 하다. 요즘 일이 없어 한가하기에 통화하기에 부담 없지만 자주 하지는 않는다.
통화가 끝나자 바로 문학박사 이 필규와 통화를 했다.
현대시를 전공한 필규는 요즘 내가 사는 데 도움 되는 말을 자주 한다. 하지만 오늘 그가 이례적으로 내년에 잘나갈 것이라는 그의 행보를 소개한다.
감성 하나로 사는 나와 정반대인 그는 박사에다 상당한 학식도 가지고 있다.
조금 낮추어야 일반적인 교수들이 알아듣는다는 수준이다.
인싸인 줄 알았던 그가 나처럼 아웃사이더 기질이 있었다.
원초적인 나와 달리 스스로 만든 고차원적 아웃사이더를 말하는 것이다.

친구들과 통화한 후 용기가 난 나는 비상금을 쓴다.
5만 원 권을 꺼내 돼지고기와 약간의 식품을 좀 샀으나 그것뿐이다. 탐스러운 봄 딸기나 좋아하는 바나나 등 과일은 영양제로 해결하기로 했다.
당분과 맛을 중시하는 과일은 아직 내게는 사치에 불과하다.
돈 안 드는 내 사치는 시벳커피를 맛보는 것뿐이다.

커피는 세 가지로 볶았으나 마음에 든 건 하나뿐이다.

내 지시를 받아 볶은 두 번째 놈으로 조 씨도 이를 극찬했다.

나는 내 커피를 알아준 고마움에 그린빈 1㎏을 새로 보냈다.

그가 동호인 모임에서 소개한다 하니 기다릴 생각이다.

기독교적인 생각인지는 모르나 한 알의 밀알이라도 열매를 맺으면 충분하다.

중요한 건 그 한 알이 썩어 버리면 소용없다는 것이다.

하지만 조 씨의 성의면 충분하고 안 돼도 할 수 없다.

모든 것은 신의 뜻이기에 다시 기다리면 된다.

내일부터는 4일간의 설날 연휴이다.

남들은 가족과 함께, 또는 친구들과 만나겠지만 나는 다시 혼자이다. 계속 일했다면 맛있는 거 먹으며 신나게 글이나 쓰겠지만 지금은 우울하다.

워낙 멘털이 강해 별문제 없지만 소소한 행복마저 사라졌기 때문이다.

가끔이지만 요리를 하고, 좋아하는 아이스크림도 사 먹고, 그리 멀지 않은 곳으로 여행도 다녀야 하는데 말이다.

오는 해는 내 어깨의 문신이기도 한 청룡이라니 기대해 본다.

22년 전 발리에서 세상을 구원한다는 청룡을 새긴 내 꿈처럼 말이다.

## 96. 2월 13일 화요일 흐림. 열외 32

돈 없는 연휴란 금욕과 인내의 연속이다.

내가 기다린 것은 건강 검진을 받아 다시 일하는 것이다.

병원, 아니 봄 내과의원은 원장이 1시간 정도 지각을 했다.

긴 연휴 끝나고 긴장이 풀어졌을 것이니 진료를 위한 내게 이로울 수도 있다.

하지만 간호사 말이 건강 검진은 별도로 신청해야 한단다.

진찰이 아닌 기구와 검사에 의한 과학적 데이터만으로 작성하는 것이다.

취업용은 2만 원으로 그리 비싸진 않았으나 시간이 오래 걸린다고 한다. 다행히 의사가 건설 현장에서 일할 수 있다는 소견서를 써 주었다.

도움이 될지 모르지만 어쨌든 두 가지 다 얻은 것이다.

오후 4시 소장이 출근한 후 사무실을 방문했다.

그는 생각 외로 반갑게 그리고 친절히 나를 맞이한다.

책상 위에는 다른 사람의 것으로 보이는 개봉도 안 한 건강 진단서가 놓여 있다.

나보고 요구할 때 나는 소견서를 제출했고 그는 가능하단다.

안 될 수도 있다는 말이지만 어쨌든 내일 다시 나오라 한다.

신입이 아닌 땜빵으로 일할 현장이 열린 모양이다.

집에 오다 시장에 들렀는데 아직 돈 쓰기는 내키지 않는다.

사실 이번에 산 닭이 너무 늙었는지 살이 별로 없어 먹을 게 없었다.

항상 사던 노계를 샀지만 늙은 것도 차이가 있는 모양이다.

가성비만 본다면 1.5㎏에 만 원 하는 돼지 뒷다리 살보다 싸고 좋은 건 없다.

2년 전에는 2.4㎏인 게 가격이 많이 오른 편이나 난 아직도 선호한다. 주방에 가스 불만 있다면 여러 가지 요리를 할 수 있으나 인덕션뿐이다.

그것도 라면 정도만 요리할 수 있는 약한 놈이다.

일찍 잠이 들었으나 새벽 2시에 일어났다.

현장 나가기 2시간 전에 깨었으니 나의 신체리듬은 이미 변화된 것이다. 하루 피곤한 건 상관없으나 잠을 못 자면 측정 시 혈압이 올라간다.

오래 기다린 신규 현장이라 나가면 또 긴장하고 말이다.

다시 잠을 청하나 10분도 못 되어 일어나 컴퓨터를 켠다.

일하기 시작하면 참으로 보기 어려운 유튜브와 SNS의 다른 기사들이다.

매일 일기 쓰는 것도 간신히 행했으니 말이다.


97. 2월 14일 수요일 맑음, 온화함. 작업 65일

오늘 모처럼 일 나간다.

현장은 가까운 주안으로 작은 규모의 폴리텍 학교 증축이다.

책임자는 친한 김 영권 반장과 몽골 두 친구 그리고 욕쟁이 이 씨도

있다.

팀의 구성은 좋고 일도 자재 정리라 그리 어렵지 않았다.

무엇보다 중요한 건 형식적이지만 교육을 받아 등록이 된 것이다. 이제 남 소장이 "주안 가 보신 분?" 하고 물으면 내가 나설 수 있는 것이다.

하지만 이 현장이 나이 제한이 없음에도 지금까지 나를 안 보낸 게 이상하다.

확실히 내가 일하지 못한 다른 문제가 있었다.

유추해 보다 사무실 문 열기 전에 만난 박 반장이 생각난다.

세대청소를 하던 그는 춥다고 마무리가 얼마 남지 않은 현장을 포기했다. 광주에서 무려 8개월 정도를 일했다는 그는 자기가 최고인 줄 안다.

하지만 일하는 것을 꺼려해 나하고 싸운 적도 있는 자이다.

남 소장은 현장에서 벌어진 모든 내용을 모니터링, 아니 듣고 있는 듯하다. 나에 대해서도 그와의 트러블과 취약한 건강이 알려졌을 것이다.

하지만 일이 없음에도 쉬지 않고 나오는 성실함이 이를 만회한 것 같다.

아직 마음을 놓기는 이르지만 말이다.

쉽게 시작한 일이 점심때가 되자 힘들어졌다.

지하층 아시바 사이에 쌓인 자재를 꺼내 지상으로 올려야 했기 때문이다.

내가 날라 준 자재를 김 반장이 올려 주면 중간의 몽골 친구 둘이 중계하고 지상의 욕쟁이 이 씨가 받아 주는 방식으로 이를 올려치기라 한다.

    하지만 유로폼이 아시바 사이에 끼어 있어 나 혼자 하기는 무리였다. 나름 열심히 하다 보니 얼마 되지 않아 내 셔츠가 젖어 버렸다.

    날이 풀려 땀을 흘린 건 당연하지만 갑자기 몸이 식으면 큰 문제가 된다.

    다행히 바로 점심이었고 오후는 여럿이 같이 일하기로 했다.

    오후 일은 두 가지가 개선이 되었다.

    하나는 올려치기를 포기하고 크레인을 이용하기로 한 것이다.

    누구의 아이디어인지 모르지만 힘들었던 나를 좀 더 편하게 해 주었다.

    다른 하나는 드라이 에어리어의 자재를 직접 꺼낸 것이다.

    원래는 줄로 연결해 하나씩 올리려는 것을 바로 옆으로 꺼내자고 내가 권했다.

    인정한 김 반장이 안으로 들어갔고 내가 밖에서 받아 주니 쉽게 끝났다.

    확실히 현장 일은 요령이 반이라 머리 안 쓰면 몸이 괴롭다.

    일은 풀렸지만 현장 일의 마무리는 쉬운 게 아니다.

    쉽게 하면 일은 빨라지나 그날 할 일이 줄어드는 게 아니기 때문이다. 예상보다 시간이 남자 모두 청소에 동원되었고 우천에 대한 대비도 한다.

    내일 강수량은 미비하지만 주력인 철근 작업은 쉴 것이다.

    하지만 지하에는 아직 많은 자재가 남아 있어 내일도 계속 일할 수도 있다.

출력을 내가 결정하는 것은 아니지만 말이다.

일당 152,000원을 받으니 갑자기 마음이 풀어진다.
아직 집세 내기에도 부족하지만 일을 시작한 마음은 풍족하기 이를 데 없다.
사무실을 나오며 막걸리를 마시려 친구 김 영권 씨와 순댓국을 먹으러 갔다. 원래 나는 소맥을 좋아했으나 일한 후는 막걸리가 좋다고들 한다.
이런저런 이야기 하다 보니 그가 나를 실제로 존중하는 건 확실해 보였다. 갑자기 중간 관리자가 된 그는 나의 충고를 진심으로 받아들인다.
현장 일은 그보다 못해도 건설 현장 관리자로서 경력이 수십 년 된 나이다.
나는 또한 남 소장에게 조금도 토를 달지 말라고도 하였다.
아무리 생각해도 안 팀장이나 서 팀장이 자기 마음대로 인원을 배정한 게 그의 자존심을 건드린 것 같다.
모든 인원은 용역 회사 사장인 남 소장 아래 있기 때문이다.

대화가 계속되자 그는 내일 일을 말한다.
비가 올 것이기에 오늘 간 현장은 내일은 세 사람만 필요하다는 것이다.
운전기사와 자신 그리고 또 한 명인데 누가 갈지는 남 소장이 선택한단다.
그전 같으면 현장에서 지명했으나 나는 나서지 말라고 했다.
혹시라도 나를 지명하면 지금까지 쌓아 온 내 이미지가 다시 무너진다.

내일 다른 데 갈 수 있고 또 다음 날은 다시 주안으로 갈 수도 있기 때문이다.

재미있는 건 내가 정말 어려울 때 친한 김 영권 씨와 함께하는 것인데 꼭 안배된 것 같다.

누구의 의도인지는 모르지만 신경 쓴 것은 사실이다.

어쨌든 어렵던 현장 일이 앞으로는 풀릴 것 같다.

아무나 할 수 있던 노가다 일을 나이 먹었다는 이유로 간신히 하지만 말이다. 게다가 젊은 외국인과 경쟁하는 시대가 되었으니 정말 쉽지 않다.

생활비와 집세뿐 아니라 전화비와 쿠팡의 광고비까지 앞으로 돈 나갈 일이 적지 않은데 말이다.

그나마 아직은 건강해(?) 일을 할 수 있으니 다행이긴 하다.

언제인지 모르지만 커피가 팔릴 때까지는 계속 노가다를 해야 한다.


98. 2월 15일 목요일 비. 열외 33

혹시나 했지만 오늘은 남 소장이 나를 쳐다보지도 않는다.

비가 와서인지 아니면 '넌 어제 교육받았으니 기다려라.'인지 모르겠다. 두 가지 다 좋은데 주안 현장은 너무 작아 일이 지속되기 어렵다.

아마도 콘크리트 타설 후 2~3일간 자재 정리에 투입되는 정도일 것 같다.

당장은 생활에 도움이 되겠지만 여윳돈 모으기는 불가능하다.

나는 직영잡부 등으로 고정으로 나갈 현장이 필요하다.

어쨌든 남 소장 앞자리에서 호명을 기다린다.
제일 먼저 나오고 또한 매일 출근한다는 일종의 쇼맨십이다.
내 나이만 젊다면 용역 회사가 인력 수급을 위해 가장 좋아하는 타입이다.
그 대표적인 예가 광주에서 세대청소를 함께했던 김 씨이다.
자재 정리도 힘들어하는 근력이지만 꾸준히 일하는 그는 신뢰를 받고 있다.
오늘도 그는 새로운 현장 직영잡부로 나간다.
이제 59세인 그는 나이 더 먹으면 일 편한 팀장 자리를 노릴 것이다.
동갑내기인 김 영권도 마찬가지인데 스타렉스 같은 승합차가 필요하다.
물론 팀장은 하루도 쉴 수 없어 피곤하지만 말이다.

일반인도 노가다를 꾸준히 하려면 차는 필수이다.
돈 없어 나오는 사람이나 외국인은 차가 없기 때문이다.
한 예로 작년 11월에 일 시작한 동료 김 씨는 지금까지 거의 쉬지 않았다. 작은 승용차가 이유이나 당연히 일을 잘해야 하고 결근해서도 안 된다.
이런 경우 3~4명만 가는 작은 현장을 계속 배정받을 수 있다.
난 차는커녕 운전면허도 없으니 갈 길이 멀다.

운전면허가 없는 이유는 적성 검사를 안 받았기 때문이다.
필리핀 면허를 가져오면 바로 갱신해 주는데 그것도 오래되었다. 운행 2백만㎞를 넘긴 후 더 이상 운전 안 하려 했는데 지금은 차가 필요하다.

하지만 임시로 시작한 노가다를 위해 차를 산다는 게 자존심을 건드린다. 지금의 처지로는 나이를 더 먹어도 노가다를 계속할지 모르지만 말이다.

결국 오늘 일은 못 나갔고 기분도 꿀꿀하다.
사무실을 나오니 덕산 병원에서 본 반장이 기다리고 있다.
그도 오늘은 공치지만 일을 예약받은 상태라 한다.
더하여 건강 검진표도 이미 제출했다 하는데 생각보다 빠른 결과이다.
난 화요일 신청했으니 다음 주까지 기다려야 한다.
이미 교육받아 등록된 주안 현장이나 나가면서 말이다.

고시텔에 돌아와 한숨 자고 나니 몸이 굳어 온다.
어제 일한 결과인데 일 안 한 지 두 달이 가까이 되니 몸이 많이 약해졌다.
얼마 전 이틀 일한 걸 제외한 이유는 일이라고도 볼 수 없기 때문이다.
내가 전에 광주에서 하던 일은 알폼이 포함된 자재 정리로 가장 힘든 현장 일 중 하나이다.
너무 힘들어 포기했지만 유로폼도 결코 쉬운 일은 아니다.
그 무거운 알폼과 유로폼을 나르고 쌓는 그런 일을 하루 종일, 아니 하루도 쉬지 않고 한 내가 존경스럽다.
남들 다 하는 걸 자화자찬한다고 하겠지만 나는 기초 수급에 의료 수급자였다.

한마디로 일할 능력도, 해서도 안 되는 사람이었던 것이었다.
지금은 일이 없어 못 하지만 말이다.

오후가 되니 제법 많은 비가 내린다.
다이소에서 라면과 커피필터를 산 후 큰맘 먹고 돼지고기도 샀다. 일 안 나가는 지금은 라면이 필수이고 돼지고기는 유일한 단백질 공급원이다.
그리고 필터 없이 내리는 커피는 맛이 탁하기 때문이다.
돈도 못 버는 나의 유일한 즐거움은 커피를 마시는 시간이다.
그 커피가 카톡으로 온 베트남 커피 소식으로 이어진다.
김 사장이 팝콘 기계로 커피를 볶았다면서 허접한 사진을 보내온 것이다.
최고가의 커피를 돈 들여 국제 택배로 보냈는데 그는 2~3만 원짜리 팝콘 로스팅기 구입으로 응답한다.

나는 베트남에 대한 기대를 포기한 지 이미 오래다.
사업을 원하면서 자신의 돈을 조금도 쓰지 않는 자와 뭔 말이 더 필요한가. 70세가 넘은 그는 그저 베트남에 사는 기득권을 이용하려는 것뿐이다.
그래서 보령과 결별했다 하니 티는 안 내지만 그는 무척 실망했다. 어찌 된 게 아무도 도움이 안 되고 오히려 노가다하는 내게 기대려 한다.
다들 충분히 먹고살면서들 그러니 참으로 아이러니하다.
그나저나 집세를 위해서라도 내일은 일을 꼭 나갔으면 한다.

99. 2월 16일 금요일 맑음. 열외 34

오늘 그리고 또 내일 일해야 집세를 낼 수 있다.
3일만 일하면 된다며 비싼 방을 얻은 내가 조금 후회된다.
일주일에 2~3번 일하든지, 아니면 기초 수급을 받게 되면 방을 옮겨야 한다.
조금 작은 31만 원짜리 방도 안에 있을 것 다 있어 그런대로 쓸 만하다. 짧은 시간에 모든 걸 이루려 했던 내 자존심은 상했지만 말이다.
지금의 나는 전화 요금도 걱정하면서 하루하루를 살아가는 막노동꾼이다.
또 그래서 가장 먼저 사무실에 나가 소장 눈치를 보는 것이다.

내가 앉는 맨 앞자리는 남 소장과 눈이 마주친다.
그는 개의치 않겠지만 난 나름 은연중 성실함으로 압박을 주고 있다.
하지만 내 주변은 조용히 떠들거나 스마트폰을 보기도 한다.
일을 위해 호명을 기다리는 자가 긴장감이 전혀 없다.
하지만 그럼에도 일만 잘 나가는 걸 보면 나 혼자 바보 쇼 하는지도 모른다.
결국 노가다 판에서 '성실함이란 아무 소용없는 것인가.' 하는 생각이 든다.
갑자기 혼자만의 꿈이 깨지며 자괴감이 몰려온다.

나의 장점은 최악의 경우에도 실망하지 않는 것이다.
사실 안 풀리는 내 삶을 정해진 운명이라며 얼마 전부터 감수하고 있었다.

오랫동안 나를 기만했다며 어느 정도 신을 포기하면서 말이다.

그리고 일 못 나간다고 전혀 방법이 없는 것은 아니다.

서둘러 기초 수급을 신청하고 함께 긴급 생계비를 지원받으면 집세는 낼 수 있다.

그럼 한 달에 백만 원으로 살면서 못다 쓴 글이나 쓰면서 인생을 마무리하면 된다.

물론 방을 옮기고 담배도 줄이면 간간이 여행은 다닐 수 있다.

광고비 못 내는 커피 사업은 물 건너가고 미래는 암울하지만 말이다.

돈 없는 삶보다 변화 없는 삶이 무서워 걱정이다.

심란한 그때 남 소장이 한 사람을 부르더니 나를 소개한다.

월요일부터 직영으로 함께 일하라며 우리 식구라는 표현까지 쓰면서 말이다.

난 너무 고마워 미소가 저절로 생겼지만 왜 이리 오래 걸렸나 생각해 본다.

아픈 날 빼고는 하루도 안 쉬었으니 노가다 판에서는 이례적인 나의 모습이다. 성실은 믿음을 동반하기에 최우선일 거라는 믿음도 변함없고 말이다.

그럼에도 남 소장이 나를 보류시킨 건 나이 먹어서만은 결코 아니었다. 나보다 더 먹은 사람들이 신규로 나가는 걸 여러 번 봤기 때문이다.

결국 서 팀장과 안 팀장 그리고 사무실과의 관계 때문인가?

정확히는 알 수 없는 나는 그 사실을 일단은 덮어 두련다.

이제 일 나갈 준비를 해야 하기 때문이다.

일이 예정되자 난 비상금을 쓰기 시작한다.

아직 집세도 못 냈지만 일을 나갈 수 있다는 사실이 내게 큰 용기를 준 것이다.

먼저 시장에서 기본적인 식품을 사고 병원도 가기로 했다.

고정으로 일 나가면 약 타러 병원 갈 시간도 없기 때문이다.

다음 주 시작할 일은 직영잡부로 거의 매일 일하나 힘들지는 않을 것이다.

검색해 보니 월요일은 비가 오지만 이 현장 직영잡부는 비가 와도 출근한다.

만일 안 되면 화요일에 시작해도 그만이다.

일이 해결되니 광고비 나가는 쿠팡을 검색해 본다.

결과 없이 돈만 들어가 취소를 고려하는데 코피루왁을 검색하자 의외로 전면에 내 사진이 박힌 커피가 소개되었다.

혹시나 하여 코피루왁 생두를 검색하니 역시 전면에 내 커피가 나온다.

일반 생두 판매 코너에는 없는 걸 보니 광고 팀이 알아서 안배한 모양이다.

모두 내가 원했던 타입이라 이제 일이 풀리는 듯하다.

내 운을 도와주는 청룡의 해가 맞는지 해가 바뀌며 풀리기 시작한다.

## 제5장
# 다시 시작한 삼성 현장의 고정 일

### 100. 2월 20일 월요일 안개비. 작업 66일 차

일은 나가지만 약간의 긴장감은 남아 있다.

지금 가는 삼성 현장은 건강 검진이 까다롭기로 유명하다.

차는 남쪽을 향하다 송도 유원지에서 멀지 않은 곳으로 간다.

바닷가라 그런지 안개가 끼어 있고 현장 근처의 길은 차로 완전히 막혔다.

이른 새벽에 길 하나에만 차가 몰리는 것은 이례적인 현상이다.

내가 탄 차는 자기 차례를 30분 이상을 기다리더니 간신히 도착한다.

나는 아침 식사 할 시간도 없이 안전 교육장으로 가야 했다.

교육장 내는 200명 가까이 모여 있는데 평소보다 3~4배 많은 수준이란다.

뭘 어떻게 해야 할지 몰라 기다리니 전화가 왔다.

내가 속한 업체인 월드건영의 한 여직원인데 그녀는 신청서로 보이는 서류를 작성한 뒤 교육부터 받으란다.

교육 후 전화하면 자신이 다시 와 다음 절차를 도와준다는 것이다.

교육은 실질적인 내용보다 정신 교육이 우선이다.

기억나는 내용은 타이타닉호가 침몰한 원인이 값싼 리벳을 썼기 때문이란다.

현재 가치로 수천억짜리 배가 싸구려 작은 자재 때문에 침몰한 것이다.

그 리벳의 슬러지, 즉 불순물이 많은 게 그 당시의 기술 결함인지, 아니면 구입 담당자의 부조리인지 모르지만 단순 현장 노무자와는 상관없다.

그런데 타 현장과 비교되는 저런 교육은 이유가 있었다.

주변을 둘러봐도 ○○기공 등 특수 업체들이 대부분이고 나 같은 일반 공은 거의 보이지 않는다.

3시간이 넘는 교육이 끝나자 건강 검진이 시작되었다.

일단 접수 후 엑스레이와 청력 검사가 먼저이다.

엑스레이는 결과를 모르고 그 대신 청력 검사에서 문제가 있었다.

먼저 돈 주고 한 병원 검사에서도 청력에 문제가 있었는데 다시 거론된 것이다.

결국 청력에 관하여 40여 분 정밀 검사를 받게 되었다.

청력에 문제 있으면 일을 못 하나 걱정된다.

일상생활에 문제없음에도 그들의 기준을 통과 못 하면 퇴출이다.

이상한 건 그러면 건강 검진 후 안면 인식을 해야 하는데 여기는 안면 인식을 먼저 한다.

그 말은 당장은 문제없어도 일을 한 후 몸의 이상을 핑계로 돈을 요구하는 사례가 있어 증거를 확보해야 하는 방침인 것이다.

소비자 고발 등 수많은 고소와 민원의 대상이 되는 삼성이다.
내 마음대로의 해석일 수 있으나 더 이상의 긍정적인 방법이 없다.

건강 진단을 마무리하니 점심 배식의 마지막인 1시가 넘었다.
배고파 식당을 가니 남은 음식으로 비빔밥을 만들어 준다.
내가 그 줄 맨 뒤에 선 걸 보면 다른 사람은 진단 중에 식사를 한 것이다.
그럴 수도 있구나 생각하며 마지막 배식을 받는데 거부당했다.
쿠폰이나 카드를 제시하여야만 식사를 할 수 있는 것이다.
사무실에 전화하니 여직원은 자신 외에는 아무도 없어 당장 못 온다고 한다.
밥 먹는 게 내 권리인지, 아니면 일꾼들이 알아서 하는 건지 모르지만 나는 간단히 편의점에서 빵을 사 먹기로 한다.
아침은 만두 5개에 점심은 빵 2개지만 아직 배고프지는 않다.
당장 사무실로 가 안전모를 받고 현장으로 가야 하기 때문이다.

서둘러 간 사무실에는 여러 명 있었으나 거리가 좀 있었다.
다음은 2번 게이트를 통과하여 현장으로 가야 한다.
항상 문제 되는 건 현장은 아무도 자세히 가르쳐 주지 않는다는 점이다.
분명 설명을 하나 자신이 아는 기준이라 처음 온 내가 이해하기는 쉽지 않다.
대충 말하고 잘 이해하기 바라는 안 팀장이 생각난다.
그의 지시가 수많은 시행착오를 만드는 건 대화가 충분치 않기 때문이다.
 언어란 신호 교류인데 서로 간의 알고리즘의 차이는 분명하다. 가급적 간결하게 말하는 내 말이 길다 느끼는 사람들이 있는 걸 보면 말이다.
 그들의 멍청함은 사람 운이 없는 나에게 항상 다가온다.

 2번 게이트는 도로에서 들어오는 큰 문을 말한다.
 나는 주변에 있는 콘크리트 골조 건물일 것이라 예측하고 전화를 한다.
 하지만 전화받은 김 씨는 내 의견을 무시하고 길을 따라 북쪽으로 오라며 그가 아는 지식 한도 내에서 정성껏 안내한다.
 깊은 안개 속이라 높은 건물 외에는 하나도 보이지 않는데 말이다.
 결국 여러 번 물어서 혼자 현장에 들어가 휴게실에서 다시 전화했다.

 김 씨는 오자마자 왜 전화 안 받았냐며 호통친다.
 기 싸움이라는 이 싸구려 지식은 누가 시작했는지 세상에 만연해 있다.
 싸우다 정든다는 말은 동족, 동창, 동향 등 도망갈 수 없는 신분 안에서 사는 대한민국에나 있는 말이다.
 친절한 첫인상은 오래가고 따뜻한 배려는 서로의 관계를 돈독히 한다. 하지만 한국에서의 친절은 돈 없고 허약한 자의 상징처럼 되어 있다.
 물론 인간애를 지닌 사람들이 아직은 다수 있음에도 말이다.

 그의 시답지 않은 언행은 계속 이어진다.
 게이트 통관 시 스마트폰 카메라 렌즈에 붙이는 스티커를 거론한 것이다.
 물론 내가 실수한 것을 안 그의 우매하고도 날카로운 지적이다.

이유는 내가 정식 통관한 것이 아니라 차도를 이용했기 때문인데 그 것이 문제라면 차를 탄 모든 사람이 문제 된다.

결국 보안에 허점이 있는 형식 절차이고 이는 까다롭지 않음을 말한다.

그런데 김 씨는 퇴출까지 거론하면서 그의 목소리를 올린다.

사람이 화를 내는 까닭은 여러 가지이다.

그중 하나는 남의 의견을 무시하며 상대적으로 조금 유리하기 위해 자기 목소리만 올리는 사람이다.

꼭 필요한 경우도 있지만 김 씨도 이 현장에 지난주에 왔을 뿐이다.

결국 내가 결론을 내려 보안실, 즉 경비실을 직접 찾아가서 간단히 해결했다.

그러자 김 씨는 "따라와." 하고 한마디 거들면서 다시 자기 위치를 찾는다.

이런 경우 뭐라 해야 할지 적절한 표현을 못 찾겠다.

현장은 생각대로 거대한 단일 콘크리트 건물이다.

진행은 층고 높은 1, 2층이 경량 칸막이 작업 중이고 5층은 슬래브 타설 전이다.

그런데 5층 현장에 올라가 보니 일부는 보양을 했고 온풍기도 대기하고 있다. 날씨가 계속 영상인데 철저한 양생을 위함인지 보여 주기 식인지 모르겠다.

다른 현장에서는 보기 힘든 리프트 걸도 있으니 어쨌든 유별난 삼성이다.

이 현장의 정확한 명칭은 '삼성바이오로직스 5단지'이다.

시간이 얼마 남지 않아 청소만 하다 돌아왔다.

현장에서 사무실까지는 많은 신호등에도 불구하고 한 시간이 채 안 걸린다.

아주 가까운 건 아니지만 이 정도면 준수한 거다.

일당은 134,000원으로 15만 원에서 수수료 10%와 보험료 1,000원 제외했다.

먼젓번 땜빵보다는 작지만 고정으로 일 나간다는 건 엄청난 이익이다.

직영 일은 대부분 힘들지 않기 때문이다.

내일은 사무실 올라갈 일 없고 교육도 없다.

먼저 광주 현장처럼 커피 마시며 담배 한 대 피고 차를 타면 되는 것이다.

오랜만에 고정 직이 되었으니 기다린 보람이 있다.

## 101. 2월 20일 화요일 안개비. 작업 67일 차

다행히도 퇴출 없이 일은 지속되었다.

사실 약간의 청력 문제는 말이 필요 없는 현장 일하고 아무 상관이 없다.

하지만 진짜 문제가 다가왔으니 오래된 천식이 도진 것이다.

안개 낀 날씨의 찬바람은 가볍게 입은 내 몸에 발작을 일으켰다. 굳이 추워서는 아니고 현장 내 원동기를 쓰는 청소 도구의 매연이 문제다.

가스 알레르기로 인해 나는 살충 스프레이도 견디기 힘들다.
게다가 요즘 일찍 일어나 글 쓴다고 담배도 많이 피웠다.

심하지 않은 천식은 일하는 데 크게 지장 없다.
시작한 일은 어제 하다 만 콘크리트 타설 전의 청소와 정리이다.
두 시간 정도 하다 4층의 쓰레기 치우는 일을 하게 된다.
양은 그리 많지 않았으나 리어카가 한 대뿐이라 속도가 나지 않았다.
또한 분리가 제대로 안 되어 밖의 야적장(?)에서 하나씩 선별한다. 일은 별것 아니나 모처럼 시멘트 먼지를 마시니 천식이 도지기 시작했다.
이제 더 이상 담배를 피우면 안 된다.

가벼운 기침이 계속되는 가운데 점심시간이 되었다.
아직 11시인데 모두들 식사를 하러 가는 것이다.
메뉴는 짬뽕과 약간의 반찬인데 그런대로 먹을 만하다.
배급이 적어 밥을 조금 말아 보충하니 내 식사량에 딱 맞는다.
식사하다 재미있는 사실을 발견했는데 이곳은 외국인이 없는 것이다.
어느 곳이건 시끄러운 중국인 목소리가 전혀 들리지 않았다.
물어보니 보안 때문에 한국인만 채용한다고 한다.
보안이 잘 될지는 모르지만 덕분에 한국인 일자리가 많아져서 다행이다.
하지만 내가 생각하는 또 다른 이유는 이 현장이 단순한 건물이 아닌 것이다.
의약으로 보이는 바이오는 최신 아이템이라 시설도 남다르다.
그래서인지 하청업체 이름도 대부분 기공, 정밀 등 테크닉을 강조한다.

오후가 되자 이슬비가 내리고 천식은 더욱 심해졌다.

서둘러 천식 분무기를 찾으나 머피의 법칙인지 오늘따라 집에 두고 왔다.

이제 나는 심한 발작이 올 수도 있다는 사실을 인지하고 일해야 된다.

어떤 경우에도 생명에는 지장 없지만 퇴출 가능성은 100%이다. 거친 숨과 기침 속에 일의 강도는 점점 심해진다.

반장들이 우리를 길들이기 하려는 듯 목소리 높여 지시한다.

김 씨와 나는 일 같지도 않은 일을 이상하게 지시해서 불만이고 말이다.

결국 두 사람은 한 조가 되어 원래 하던 능란한 실력을 보여 주었다. 함께 세대청소를 하던 사이니 손발 맞는 정도가 아니라 거의 로봇 수준이다.

게다가 내 표정도 험하게 변해 더 이상 아무도 잔소리하지 않는다.

사실 직영 팀이란 일 잘 못하는 사람들이 모인 집단이다.

어제 서먹했던 김 씨와의 관계가 개선되었다.

내가 그를 팀장급이라 했고 같이 열심히 함으로써 체면을 세워 준 것이다.

이번 인식의 변화로 앞으로 함께 일할 것으로 보인다.

어리석은 사람들은 서로 씹어 대지만 더 좋은 건 협력이다.

이를 이해한 김 씨는 사무실에서 돈 받고 나가는 순간 내게 인사를 한다.

마음이 동한 나도 인사하고 약간의 대화도 지속되었다.

지금 어제 일기를 읽어 보니 그에 대한 혹평이 많으나 수정하지는 않는다.

어제의 마음은 사실이고 오늘 변화한 것도 사실이기 때문이다.

마지막으로 오늘 남 소장에 대한 이야기를 들었다.

그가 얼마 후면 떠나고 새 총무인 줄 알았던 젊은이가 대신 관리한단다.

사무실에 대한 모든 일을 관장하는 남 소장이 실세임에도 오너는 아닌 것이다.

확인이 어려운 사실이지만 남 소장이 사장인 줄 안 나로서는 충격이었다.

월급쟁이가 그토록 열심히 일한다는 자체가 의심스럽다.

어쨌든 일을 해야 하는 나는 앞으로의 변화를 주의 깊게 관찰해야 한다.


## 102. 2월 21일 수요일 안개비. 작업 68일 차

아침부터 비가 내리고 바람이 심하게 분다.

어제 추웠던 걸 생각해 옷을 좀 더 실하게 입었지만 충분하지 않았다. 몸을 생각한 나는 출퇴근용 코트를 그대로 입고 일하기로 했다.

시작부터 비를 맞고 일했기에 이는 현명한 선택이었다.

일은 어제 타설한 콘크리트의 상부 보양인데 자재가 멀리 있기 때문이다.

비를 맞으며 김 씨와 나만이 리어카로 이를 날랐다.

하지만 내부에서 일하는 자들은 일이 바쁜지 우리를 쳐다보지도 않는다.

심지어 그들은 장화에 비옷까지 입고 있었다.

나와 김 씨는 옷을 넉넉히 입었음에도 추위에 시달려야 했고 말이다.

이번 현장은 남을 챙겨 주는 일은 아예 없는 진짜 노가다 판이다.

그나마 재미있는 건 여자와의 대화가 많은 것이다.

특별한 교육이라도 받았는지 현장 여자들이 남자와의 대화를 가리지 않는다.

회사가 소통을 강조하지만 일상은 아닐 것이다.

어찌 보면 여자들이 의도적으로 먼저 대시하는 형태이니 현장, 아니 한국 경험이 별로 없는 나로서는 호기심이 발동한다.

처음 본 여자 동료가 내 가슴 버클을 직접 조정해 줬으니 말이다.

난 육체노동을 하는 남성미에 끌린 것이 아닌가 조심스레 생각해 본다.

내 경험이지만 운동처럼 노동도 남자의 페로몬이 많이 발생한다. 혼자인 여자가 중년에 접어들어 외로움을 느낀다면 충분히 가능한 발상이다.

그녀들이 아직도 원초적 본능을 지니고 있다면 말이다.

다행히 교육이 있어 조금 일찍 오전 일이 끝났다.

신발과 온몸이 젖어 추위를 느낀 나는 칼로리 높은 식사가 필요했다.

하지만 오늘 점심은 이상한 국수에 반찬은 거의 없어 주로 단무지를 먹었다. 단백질로는 고등어찜이 있었지만 그거 하나로는 충분치 않았다.

심한 일을 하는 현장의 함바 식당은 고기와 튀김 등이 매일 제공되지만 이 현장은 조립식 PC공법으로 지어서인지 좀 다르다.

사실 모든 건설 현장은 인간의 육체보다는 장비와 기계를 써야 한다.

그러니 어제 항공마대를 몸으로 직접 끌라고 한 직영반장의 지시는 이례적이다.

카트나 리어카 없이 구석기 시대로 돌아간 모습이 세계 최고의 첨단을 자랑하는 삼성바이오로직스 현장에서 나온 것이다.

이는 안전을 강조하면서 정작 난간과 떨어진 데크 끝에서 일한 것과 상통한다.

건물은 6층이지만 거의 10층 높이라 떨어지면 사망이 분명한데도 말이다.

물론 안전벨트는 매지만 그 아래 낙하물방지망은 없다.

시스템과 논리는 존재하지만 허점이 드러난 AI와 같다 할 수 있다.

점심 먹고 젖은 작업화 대신 장화로 갈아 신었다.

장비 정비 후 담배 한 대 피우려는데 작업반장과 일부 동료들이 모여 있다.

혹시나 해서 시계를 보니 아직 11시 45분이 안 되었는데 말이다.

그런데 한 직영반장이 창고 안에 있던 나머지 사람들을 나오라고 소리쳐 부른다.

점심시간이 11시에 시작했으니 식사 시간이 채 1시간도 되지 않는 것이다.

어이없는 상황에 웃음이 나오지만 어제 받은 지시를 생각하면 이해는 간다.

여러 사람이 함께 쓰는 리프트에 커다란 항공마대를 사람 손으로 질질 끌고 타라는 이상한 지시 말이다.

그래서인지 어제 만난 젊은이가 오늘 안 나왔다.
사실 일당이 적은 직영은 일 못하는 초보나 늙은이가 온다.
군말 없이 반장이 시키는 대로 하고 "예, 예." 하며 대답할 수 있는 사람들 말이다.
씁쓸하게 오래 기다려 간신히 일 나온 나도 포함된다.
비록 잡부지만 아무 현장이나 잘 팔리는 젊은이가 갑자기 부러워졌다.
하지만 직영은 장점이 있으니 적당히 시간을 때울 수 있는 것이다.
한마디로 큰 잘못 없이 반장 하라는 대로 하면 하루는 금방 간다.
일을 무리해 허리나 어깨 다칠 일도 없고 말이다.
날씨 풀려 봄이 오면 한동안은 일하기 좋을 것이고 그 정도면 충분하다.

오후 일은 적당히 개기며(?) 무난히 지나간다.
일을 안 했다는 것이 아니라 뭔가를 했지만 티도 안 나기 때문이다.
걷거나 앉아서 데크 위의 콘크리트 잔여물을 긁는 일이니 필요 없을 수도 있지만 내일 검열이라 그냥 하는 것이다.
한동안 일하다 마지막으로 팀장과 함께 쓰레기 분리수거장으로 갔다.
마대 자루에 담긴 콘크리트를 차에 쏟는 간단한 일이지만 지원이 필요했나 보다.
시간이 충분하기에 기존에 일하던 한 명으로도 가능한데 말이다.
그렇다. 건설 현장 직영잡부는 이렇게 할 일이 없다.

적당히 일하고 돈만 받으면 되니 열심히 해서 몸 버리지나 말자. 아쉽게도 현장 마무리까지 채 두 달이 못 갈 것 같지만 말이다.

일당을 받아 일단 어제 전화 온 집세부터 지불했다.
난 이상하게 마지막 날 간신히 돈을 지불하는 등 사는 게 아슬아슬하다.
그다음 지출은 생각 외로 많이 나온 세 달 치 휴대폰 전화 요금 26만 원이다. 이번 주 안으로 지불 안 하면 바로 정지시킨다 하니 꼭 내야 한다.
커피 통관비부터 집세 그리고 커피 구매에서 전화 요금까지 노가다 하면서 참 많은 걸 해결했다.

## 103. 2월 22일 목요일 눈비. 작업 69일 차

밤새 내린 함박눈이 아침까지 계속되어 가는 길이 걱정된다.
길 위로 보이는 적설량이 10㎝가 넘지만 약간 녹아 운전은 무리가 없다.
현장은 이미 제설 작업이 진행 중이고 우리는 어제 일했던 6층으로 향한다. 생각대로 눈이 쌓여 있고 보양을 위한 시설은 완전히 무너졌다.
우리는 삽을 들고 눈부터 치워야 했다.

차라리 그냥 눈이면 좋은데 빙수처럼 물 반 얼음 반이다.

작업화는 바로 젖었으나 다행히 영하의 날씨가 아니라 동상의 위험은 없다.

오랜만의 삽질은 추운 바람으로부터 몸을 견디게 하고 말이다.

하지만 다른 이들 일하는 걸 보면 일당 잡부답게 몸 사리기에 바쁜 모습이다.

작업 능률 같은 건 신경도 안 쓰고 그저 일하는 모습만 보여 준다. 작은 쇠 삽 하나로 눈을 치우고 누구는 눈을 한 삽씩 떠 나르기도 하니 말이다.

내가 반장이면 한마디 하겠는데 자세히 보니 늙은이들이다.

난 이제 반장이 우리들을 무시하는 이유를 조금은 알겠다.

모두 일당 잡부라 최대한 몸을 사리고 어떤 이는 아는 척하며 말로 때운다.

같이 일해 보면 그리 잘하지도 열심히 하지도 않지만 말이다.

나도 불만이 있으면 표출하지만 일하는 손은 놀리지 않는다.

반장이 무시하는 이유는 하나 더 있으니 결근이다.

오늘 일한 사람은 모두 7명인데 새로 온 한 명을 포함하여 3명이 바뀐 것이다. 부실한 식사에 작업량은 많은데 일당이 작으니 선호도가 떨어진다.

점심을 먹으러 리프트에 타니 지하철처럼 붐빈다.

리프트 걸에게 1인당 천 원씩 받으라 했더니 백 원도 좋다고 한다.

먼저 내가 예쁜 순으로 리프트 걸 뽑느냐 농담했더니 너무 좋아했다.

마스크 벗으면 더 예쁘다고 자찬하면서 말이다.

노가다가 삭막한 것 같아도 얼마든지 재미있는 현장이 될 수도 있다.
현장은 전혀 즐거울 일 없다던 김 씨도 인정하며 좋아한다.
일을 안 하려는 자와 시켜야 하는 자의 대립이라면 불가능하지만 말이다.
난 모두 지겨워하는 이 현장을 조금이라도 바꾸고 싶다.

점심을 한식 전용 식당으로 가니 메뉴가 달라졌다.
개수 파악해 주는 돼지등뼈국에 약간의 반찬도 포함되니 먹을 만하다.
하지만 11시에 시작된 식사를 이동 시간 포함해 11시 40분까지 마쳐야 한다. 20분 일찍 모이는 까닭은 TBM이라는 작업 개선 모임이 있기 때문이다.
TBM은 Tool Box Meeting의 줄임말로 스티븐 킹의 작법에 관한 책에 나오는 걸 인용한 건지는 확실히 모르겠다.
책에 의하면 연장통에서 아이디어를 하나씩 꺼낸다는 뜻이다.
하지만 별로 쓸데없어 보이는 미팅 때문에 서둘러 밥 먹고 일한다.

오후 일은 보양용 천막을 걷어 내고 파이프를 정리한다.
얼마 전에 모처럼 하루 종일 온몸을 이용해 자재 정리 한 것만큼 일을 했다.
하지만 무리는 아니고 심한 운동을 한 정도라 오히려 온몸이 개운하다.
이번 현장은 담배 피우기도 힘들어 내게 꼭 필요한 부분을 채워 준다.
정말 나를 안배한 신의 뜻이 아닌가 느껴진다.
몸에 좋고 일당 계속 잘 받으면 돈 필요한 나로서는 더할 나위 없다.
글 마치고 지겹지만은 않은 내일을 기다린다.

## 104. 2월 23일 금요일 흐림, 한때 맑음. 작업 70일 차

오늘 아침은 뭘 먹었는지 기억 못 할 정도로 부실하다.

기억나는 건 밥을 국에 말아 최대한 빨리 먹은 것뿐이다.

현장 도착이 6시가 넘었고 아침 조회는 50분경 시작하기 때문이다.

이놈의 현장은 항상 시간을 체크하면서 살아야 한다.

안정감 없는 현장에 마음이 멀어질 때 갑자기 김 영권 씨에게 전화가 왔다.

안 팀장이 새로이 팀을 짜는데 얼마 후인 3월이라 한다.

사실 이 내용은 1월 말 함께 기다리는 박 씨에게 이미 들어 알고 있었다.

그가 부를지는 모르지만 약속이 되어 있는 것은 사실이다.

안 팀장과의 일은 힘들지만 중간 관리자로 일하면 할 만할 것이다.

힘든 자재 정리가 아니라 몽골 친구들 데리고 별동대로 일한다면 말이다.

나는 일 안 한다고 욕한 박 씨처럼 되기를 원하고 있다.

현장 일은 보양이 끝난 버블시트를 제거하는 일이다.

눈이 많이 쌓여 있고 살짝 얼은 것도 있으니 치우면서 한데 모아야 한다.

그런데 어제 일한 천막과 다르게 물먹어 무게가 상당하다.

장화를 신었지만 젖어 들어오고 장갑은 힘줘 짜면 물이 흐를 정도이다.

날이 풀려 몸의 상태는 문제없지만 어제 무리한 나는 적당히 일하기로 했다.

계속 무리하면 쉽게 풀리지 않는 근육통이 오기 때문이다.

다행히 8시 40분 팀장이 휴식을 지시했고 모처럼 단체로 쉰다.

하지만 공교롭게도 현장 점검이 시작되어 휴게실에 계속 머물러야 했다.

다시 일한 게 9시 30분이니 무려 한 시간 가까이 쉰 것이다.

큰 현장은 점검 외 교육 등 생각지 않은 보상이 주어진다.

일도 그리 힘들지 않으니 어찌 보면 무리하기 싫은 나에게 적합한지도 모른다.

그리고 가끔 결근도 가능하니 몸 관리도 할 수 있고 말이다.

오후 일을 시작하면서 나는 욕을 하기 시작한다.

누구에게 대놓고는 아니지만 동갑내기 욕쟁이 이 씨를 닮아 간다.

그 욕이 누구를 공격하기 위함이 아니라 방어용이란 걸 이제야 알 것 같다. 북한의 김 정은처럼 '나를 건들면 핵무기 한 방 있다.'와 비슷한 대처이다.

현장에서 만만히 보이면 쓸데없는 잔소리가 많기 때문이다.

같은 입장에서 그냥 일하면 되는데 한국인은 굳이 서열을 정하려 한다.

내가 그래서 팀 내 질서를 위해 팀장을 밀어 주려는 것이다.

현장에서 "팀장님!" 하고 큰 소리로 부르는 정도만 해도 효과는 있다 본다.

다행히 권위가 살아난 팀장이 단체로 담배 피우는 휴식 시간을 주었다.

그것도 정식으로 반장에게 말하고 쉬는 것이다.

현장이 마무리되자 나는 반장에게 자재 정리를 권했다.

다행히 그는 내 아이디어를 따르는 편인데 그게 내게 유리한지는 모르겠다.

그 일이 힘든 건 아니지만 계속 서서 일해야 하기 때문이다.

햇살이 나자 따뜻한 순풍이 느껴지며 눈들이 녹기 시작한다.

하지만 잠시뿐 다시 찬바람이 불자 내 몸은 굳어진다.

장화를 신었음에도 발은 젖어 있고 혈액 순환이 안 된 발이 부어만 간다.

다행히 일이 끝나 가지만 계속되었다면 문제가 됐을 것이다. 그래서 자신이 할 일이 몸에 어떤 결과가 올지를 항상 예측해야 한다.

재수 없으면 찬바람에 망가진 내 어깨처럼 인대가 파열될 수도 있으니 말이다.

난 빨리 겨울이 가고 따뜻한 봄이 오기만 바랄 뿐이다.


일을 마치고 김 씨와 막걸리를 한잔하기로 했다.

그와의 친교도 중요하지만 현장에 대한 서로 간의 정보 교환도 필요하다.

내가 외골수인 것 같아도 꼭 필요한 누군가는 내 편으로 만들고 산다.

서 팀장 팀의 김 영권 씨나 안 팀장 팀의 박 씨가 그러하다.

이번 현장에는 김 씨이지만 그중 특히 이번이 신뢰가 높은 편이다.

동갑내기인 김 영권 씨는 사람은 좋으나 자기 위주이고 박 씨는 거짓말이 능한 장사꾼이나 김 씨는 나름 자신의 철학을 가지고 있다.

그리고 노가다하며 주식 공부에 투자도 하니 어느 정도 지식도 있는 편이다.

고급 커피나 내가 쓰는 글을 이해할 정도는 아니지만 말이다.

사무실에서 일당을 받은 김 씨가 불만을 말한다.

오늘이 이번 현장 8일 차인데 보험료를 제외하니 돈이 고작 몇만 원이란다.

사대 보험 드는 현장은 처음이라 잘 모르지만 적지 않은 손해이다. 내가 일을 했음에도 보험이 아직 없는 건 소속이 정식이 아니었기 때문이다.

먼젓번 광주 현장에서 노무자 명단에 없었던 게 생각난다.

난 미리 올라가 있던 남의 이름으로 일한 셈이고 또 그래서 정문의 안면 인식이 안 돼 현장 사무실만 이용했는지도 모른다.

아직 정확히는 모르지만 이 내용이 기초 수급 신청에 유리할 수도 있다.

자료가 전혀 안 잡힌다면 말이지만 또 그렇게 허술할까 하는 의구심도 든다.

그 내용이 현재의 나에게 그리 중요한 것은 아니지만 말이다.

나에게 중요한 건 3월 초 일당이 만 원 오른다는 점이다.

그 외에도 식당 카드와 일하는 시간 등 여러 가지 불만이 논의됐지만 무시한다.

내가 가만있어도 나서기 좋아하는 누군가는 일을 할 것이다.

내일은 토요일이라 3시에 일이 끝난단다.

남들은 고작 한 시간이라 무시하지만 글을 쓰려는 내게는 중요한 시간이다. 일찍 마무리하면 잠들 때까지 최소 4~5시간 일할 수 있기 때문이다.

또 그래서 오늘 김 씨와 다시 막걸리를 한잔한다.

안주는 술국에 막걸리는 두 병 그리고 다시 순댓국에 막걸리 한 병 추가이다.

둘이서 겨우 세 병을 마셨으나 한자리에서 4~5병 마시는 김 영권 씨와 달리 그는 약간 취한 듯 말이 많아졌다.

다행인 건 그가 긴장을 풀고 내게 속마음을 많이 드러낸 것이다.

확실한 아군을 얻은 나는 술값 36,000원을 빨리 계산했다.

## 105. 2월 24일 토요일. 작업 71일 차

차 안에서 한숨 자고 나니 벌써 현장이다.

다른 날보다 조금 일찍 출발한 덕에 20분 이상 절약되었다.

이러면 천천히 식사한 후의 시간이 6시 좀 넘으니 바쁠 게 하나도 없다.

문제는 쿠폰이 한 장이라 단체로 식사를 해야 한다는 것이다.

김 씨 말로는 앞으로 개인 쿠폰을 지급하니 담배 두 갑을 사고 남는 돈으로 간식을 사면 된다.

담배를 사는 이유는 뭐든 비싼 편의점에서 유일하게 같은 금액이기 때문이다.

아침 식사는 집에서 하고 현장에 와서 빵 하나 먹으면 된다.

점심은 커피를 곁들인 샌드위치나 떡 그리고 바나나가 좋을 것 같다.

그 대신 저녁은 집에서 고기나 생선으로 단백질을 보충하련다.

날이 풀린다 했는데 10층 높이의 현장은 찬바람이 분다.

영하가 아님에도 불구하고 얼음이 곳곳에 남아 있을 정도이니 추위와 바람에 여간 힘든 게 아니다.

일은 데크 위 연결 부분의 잔여 콘크리트를 제거하면 되지만 양이 상당하다.

하지만 앉아서 일하기에 추운 것을 제외하곤 무난했다.

시간이 지나자 동쪽 방향으로 해가 떠오르나 북쪽에서 부는 바람은 보다 차고 거세진다.

일기예보 믿고 내복도 없이 입은 얇은 청바지 속의 살에 냉통이 왔으나 다행히도 혹시나 해서 입은 모자 달린 작업복은 바람을 막아 준다.

이런 날은 차라리 자재를 적당히 옮기는 것이 추위에 좋다.


점심 먹고 3층 휴게실로 빨리 올라갔다.

11시 30분에 오전 리프트를 마감하기에 서두른 것이다.

하지만 5층인 줄 알았던 모임이 다시 1층 창고 앞으로 변경돼 뛰어 내려왔다.

따뜻한 휴게실에서 졸고 있었으니 팀장이 전화 안 했으면 큰일 날 뻔했다.

재미있는 건 직영반장이 요즘 좋은 표정으로 일관한다.

더하여 이번에 벌어진 눈사태에 모두들 열심히 일했다며 칭찬까지 한다.

역시 내 생각대로 지금까지 부정적으로 보고 있던 게 맞다.

놀라운 것은 내가 온 후 모든 게 하나씩 바뀌는 것이다.

좀 더 일찍 출근하고, 쿠폰도 주며, 일당도 오른다니 이 현장 일할 만

하다.

　오후는 PC작업을 위해 방해되는 자재를 옮겼다.
　모두 대충 청소하지만 김 씨와 나는 원래 하던 식으로 열심히 일한다. 보다 빨리할 수도 있지만 우리가 잡부라는 것을 명심하면서 적당히 말이다.
　하지만 김 씨의 버릇인 계속 지시하는 말투가 또 나왔다.
　그런 말투는 친한 동료는 물론 가족들도 싫어할 것이다.
　나는 "지금 똥개 훈련 시키냐?" 하고 소리쳤으나 진심으로 화낸 것은 아니다.
　그도 바로 자신의 실수를 알고 웃으며 미안해한다.
　어쨌든 그와 나의 콤비는 다른 동료들과 달리 많은 일을 순식간에 했다.
　남들은 고작 하기 쉬운 청소나 하고 있었고 말이다.

　일이 어느 정도 끝나자 팀장이 모두 모이게 한다.
　다음 일은 다른 동으로 가서 볼트를 2층으로 인력으로 옮겨야 한다.
　카트를 이용해 수평 이동한 후 계단을 이용하는데 층고가 높아 2층이 실제로는 4층 높이라 한 번만 옮겨도 숨이 차 온다.
　볼트 자루는 별도의 표시는 없으나 내가 하나에 25kg 정도라 말하자 갑자기 진리가 되어 모두들 따라 인정한다.
　자루의 무게는 드는 사람의 컨디션에 따라 다르게 느껴질 수 있음에도 말이다.
　혹시나 하는 건 내가 그들보다 고학력자라 그런지도 모른다.

눈치 빠른 김 씨는 내가 살았던 필리핀이나 국제 항공에 대해 물었다. 노가다꾼의 대부분은 해외여행 경험이 없기 때문이다.

분위기가 좋아지자 나는 동료들과 친해져 간다.

다는 아니지만 대부분 나를 의식하고 나도 나름 그들을 존중한다. 현장 여건이나 보수가 좋아지고 팀원 간의 조화까지 이루어지기 시작하는 것이다.

하나 더 얘기하면 나를 보는 반장의 눈빛과 팀장의 말투까지 달라졌다. 열심히 한 탓도 있지만 긍정적인 내 태도 역시 그들을 변화시켰을 것이다.

타 현장에서는 이질감으로 받아들여 나를 퇴출되게 한 이력이 말이다.

모든 행동이나 말이 항상 같은 결과는 아닌 것이다.

역학적으로 내 운세와 어울린다는 청룡의 해 탓인지도 모른다.

아무래도 좋으니 무탈하고 돈이나 좀 모았으면 좋겠다.

하지만 아직 고쳐야 할 게 남아 있다.

팀장이 운전을 마치면 "수고했습니다."라고 인사를 해야 한다. 지금까지 안 해 온 동료들은 내가 새로 왔기에 따를 의사가 전혀 없어 보인다.

누가 주체이냐 이런 문제가 아니라 당연한 인사인데 말이다.

이는 내가 일당 받으며 "감사합니다."라고 한 것과 상통하고 팀장이 퇴근하는 내게 "수고하셨습니다."라고 하는 것과도 같은 맥락이다.

시간이 좀 걸리겠지만 현장에서 유일한 내 편인 김 씨의 도움이 필요하다.

모든 게 힘든 이유는 짧은 내 경력 때문이다.

## 106. 2월 26일 월요일 맑음. 작업 72일 차

아침에 서둘러 나가는데 현관에 택배가 와 있다.
방에 들여다 놓고 와도 되지만 이미 출근 시간이 다 되어 애매하다.
요즘 늦게 오는 사람이 없어 제시간에 출발하기 때문이다.

오늘 일은 콘크리트 타설 전 데크를 정리하고 청소한다.
연결 부위는 일이 많이 남아 있을 줄 알았으나 이미 상당량이 정리되어 있다.
팀장 말로는 일요일인 어제 5명이 나와 일했다고 한다.
2시에 끝나 쉽게 돈을 벌기에 선임 멤버로만 할당을 채운 것으로 나중에 온 나와 김 씨 그리고 키 작은 이 씨는 제외되었다.
휴일 근무는 안 해도 그만이지만 내게 말없이 그런 게 좀 야속하다.

일은 시작되었고 난 습관대로 현장을 둘러본다.
오늘 타설 면적은 300평 정도로 다른 연결 부위는 아직 정리가 안 되어 있다.
이를 팀장에게 말하니 깐죽대기 좋아하는 동료 정 씨가 소리친다. 오늘 타설은 눈앞에 보이는 분리대까지라며 말이다.
하지만 그의 말대로라면 겨우 100평 정도이니 말도 안 되는 소리다.
어느 현장이나 잡일을 조금 안다고 잘난 척하는 사람은 있지만 난 건축을 전공한 건축 기사이고 경험도 상당하다.
비록 주 경력이 인테리어와 소규모 상업 건물이지만 말이다.
정 씨와 트러블을 의식한 팀장이 나보고 눈 치우는 일을 도와주라 한다.

　타설 보양 시설 안의 두 군데는 아직 눈이 많이 쌓여 있기 때문이다.

　다음 일은 어제 제거한 데크 바닥을 세밀히 청소한다.
　그럼 팀장이 진공청소기로 잔해를 빨아들여 최종 마무리 하는 것이다.
　하지만 용량이 작아 한 20분마다 청소기를 비우는데 팀장이 꼭 나를 부른다. 이게 친근감인지 아니면 나중에 온 사람이라 시키는 건지 모르겠다.
　팀장은 얼굴 표정이 전혀 안 변하고 목소리의 톤도 일정하다.
　그의 말에 의하면 상당히 현장 일을 오래한 것 같으나 시간이 갈수록 수동적 삶에 무감각해져 가는 그를 알 수 있다.
　내가 보기에는 그는 싫어하는 일을 하며 참고 살아온 것이다.
　난 그의 내력이나 가정 형편을 모르지만 그에게 희망을 주거나 행복하게 하는 사람이 주변에 없는 것 같다.
　그래서 돈 없이 항상 빌빌대는 내가 상대적으로 그보다 나은 것이다.
　물론 나는 삶을 어느 정도 달관했다고 스스로 인정하는 사람이지만 말이다.
　모든 건 마음속에 있다는 불교의 한 구절이 생각난다.

　점심이 되자 다시 김 씨의 불만이 쏟아져 나온다.
　11시에 현장을 나와 밥 먹기 시작한 게 11시 18분이기에 부지런히 먹으면 11시 45분 전에 TBM 모임에 참가할 수 있다.
　하지만 힘든 일을 하는 노가다 현장에서 서둘러 먹는 일은 매우 생소하다.

국에 밥 말아 입안에 집어넣으면 2~3분 안에 끝나지만 말이다.

내가 군대 초년병 시절 모자라는 식기를 닦기 위해 그런 적은 있다.

남기지 말라고 조금 주는 밥을 먹고 나서 추가로 다시 타고 싶었는데 말이다.

그런 이유로 내 몸무게가 두 달 만에 6~7kg 빠진 것이다.

지금이 그때와 비슷하나 저녁은 집에서 고칼로리 식사를 하니 오히려 살이 찐다.

식사가 부실하여 살이 찐다니 정말 아이러니하다.

다행히도 직영반장이 점심 모임에 대해서 새로운 발표를 한다.

식사 후 출입문 밖에서 12시에 모여 사진 찍고 TBM을 대신한다는 것이다.

시간 축내고 허울뿐인 이 모임이 싫은 건 그도 마찬가지였나 보다.

그는 상부 기관, 즉 삼성의 지시를 받고 일할 뿐이다.

모든 것이 좋아지는 듯했으나 개별 지급될 쿠폰은 아무 도움이 안 되었다.

담배를 살 수도 없고 현장 안은 식사가 허용되지 않았다.

그리고 외부에서 TBM을 하기에 식당에서 빵을 사 먹는 게 한계이다.

할 수 없이 포기하고 지금 먹는 식사를 즐기기로 했다.

어찌 보면 칼로리 걱정 안 해도 되는 건강식으로 현재 상황에 어울린다.

그리 험한 일을 하지 않은 이 현장에서는 말이다.

일의 마무리는 데크 청소로 내일 타설이 있음을 말한다.

또한 이 일은 그냥 걸어 다니면서 쓰레기나 반생이 조각을 줍기에 몸이 편하다.

그 외에는 소화기를 설치하거나 온풍기에 기름을 넣기도 한다.

수 시간 일해도 운동과 노동이 적당히 섞여 있어 피곤해도 몸이 아프진 않다.

덕분에 저녁 식사 후 바로 단잠이 들었다.

## 107. 2월 27일 화요일 맑음. 작업 73일 차

오늘도 일찍 출발하나 했는데 신입 한 사람이 탔다.

차에서 내리고 보니 광주에서 한동안 같이 청소 일을 한 박 반장이다.

일 잘 안 하고 잔소리가 많아 내가 언성을 높인 적도 있다.

하지만 과거는 묻고 지금은 내 우군이 될 수도 있다.

남들이 나를 고지식하다 말하지만 어찌 보면 상당히 계산적이고 정치적이다.

어려서 여러 번 읽은 삼국지의 유비를 은연중에 벤치마킹하는가 보다.

하지만 내 주위에는 제갈공명, 관우, 장비 등의 인물이 없다.

좀 더 오래 살면 앞으로는 모르지만 말이다.

오늘 일도 콘크리트 타설 전에 현장을 정리하는 것이다.

모든 골조가 PC공법이라 잡부가 할 일은 타설 전의 데크 정리와 후의 보양이다.

이 작업 외에도 간간이 별도의 지시가 있지만 비중이 그리 크지 않다. 정말 해체, 자재 정리, 세대청소 없는 단순한 잡부 일인 것이다.

만일 오래 한다면 내게는 절호의 기회가 될 수도 있는 그런 일이다.

하지만 이 현장은 앞으로 두 달이 한계로 알고 있다.

현장에 마음을 붙이려 하는데 정 씨가 또 잔소리한다.

하지만 이번에도 그의 실수가 있었고 나는 용서하지 않았다.

바로 대드니 그는 "마음대로 하세요."라고 하는데 난 이미 팀장 지시를 받은 것이다.

한국 사람의 잔소리는 사는 데 아무 도움도 안 되는 정말 꼰대 짓이다. 행복을 만드는 게 아니라 스스로 파괴하는 그들이, 아니 가족까지 불쌍하다.

별생각 다 하는 사이에 화는 계속 이어져 내게 호의적인 동료에게도 전달되었다.

나의 화에 그도 화를 내니 상당히 전염성이 있는 것이다.

내가 추구하는 행복한 노가다는 인천 바닷바람과 함께 사라져 간다.

누구 말대로 노가다는 말없이 돈이나 벌어야 하는 슬픈 직업이다.

그렇다. 난 사회의 밑바닥에서 연명을 위해 일하는 것이다.

하지만 꿀꿀한 마음을 버리며 맛있게 점심 식사를 한다.

식사 후 시간이 남아 모처럼 스마트폰을 체크하니 명찬의 메시지가 와 있다.

그가 어제저녁에 한 전화를 일찍 자느라 못 받은 것이다.

뒤늦은 답장을 하고 있는데 팀장이 전화해 빨리 오란다. 분명 반장이 말한 시간은 11시 50분이나 45분에 이미 모두 모인 것이다.
 서둘러 갔으나 반장은 먼젓번에도 늦은 적 있던 나를 한 번 쳐다본다.
 나는 시계를 보며 그가 약속한 시간을 생각하는 척했다.
 모임이 끝나자 김 씨는 40분에 모여 50분에 사진 찍는다고 설명한다.
 확실히 노가다 인생은 약속을 지킬 필요도 없는 삶이다.
 현장에서의 모든 일이 자신의 의지가 아닐 가능성이 크기 때문이다.
 사소한 일이지만 갑자기 삶이 힘들게 느껴진다.

 다행인 건 목소리를 올렸던 두 사람이 내게 말을 건다.
 방법을 바꾸었는지 나를 인정했는지 모르지만 나름 현명한 선택이다.
 자존심 강해 사과와 화해 없는 필리피노는 싸우면 무조건 한 사람은 떠난다. 하지만 나는 지난 일을 개의치 않는 한국인이라 다시 웃고 떠든다.
 돌아가는 차 안에서 사대 보험에 관해 듣기 전까지 말이다.
 지난 금요일 8일 차 되는 김 씨는 보험료로 122,000원을 공제 당했다.
 오늘은 내가 대상이고 나는 각오하고 있었다.
 근데 그의 말로는 이후 일당에서 매일 12,000원을 공제한다는 것이다.
 그러면 실 수령액이 121,000원이고 3월에 만 원 올라도 130,000원이다.
 고정 일이니 수입은 좋지만 상대적으로 일당이 박한 것이다.
 난 이 내용을 차 안에서 말하며 안 팀장이 부르면 갈 것이라 했다.
 하루 십만 원만 벌어도 좋겠다던 나의 의지는 절박한 자의 거짓이었다.
 어쩌면 자존심 지키려 남 들으라고 떠드는 것인지도 모른다.

돈 받으러 올라간 사무실의 분위기는 많이 바뀌었다.

모든 일을 책임지던 남 소장은 조만간 떠나고 북성 용역 사무소의 진짜 사장이 업무를 인계받기 때문이다.

사장은 들어가자마자 주던 일당 대신 일단 자리에 앉으라 한다. 한 사람씩 호명하면 줄을 서야 하고 이름을 보며 천천히 돈을 주는 것이다.

분위기가 많이 바뀌었으나 내가 관심 있는 건 8일 차에 줄어드는 금액뿐이다.

하지만 만 60세 이상은 수령액이 86,000원으로 생각보다 큰 금액이고 이는 앞으로의 일당 공제액이 7,000원을 넘지 않는다는 것을 의미한다.

그 정도면 나쁘지 않다.


처음은 어색했지만 갈수록 좋아지는 송도 삼성 현장이다.

앞으로 남은 두 달 정도의 현장 작업을 끝까지 마무리하고 싶어졌다.

더 불리한 조건이라도 일하겠지만 지금의 마음이 그렇다.


## 108. 2월 28일 수요일 흐림. 작업 74일 차

오늘 갑자기 세 사람이나 안 나왔다.

잔소리 많고 아는 척하는 정 씨와 그에 동조하는 두 사람이다.

먼젓번에도 말도 없이 안 나오더니 자기 마음대로이다.

특히 나와 사이 안 좋은 정 씨는 관리자인 직영반장의 지시에 따지기도 하는데 이는 건설 현장에서는 금지된 일이다.

용역 잡부는 상황에 따라 남을 지원할 수도 있기 때문이다.

나의 우려만큼 그들에 대한 결과도 밝혀졌다.

팀장 말로는 그들 3인이 사장에게 반발했고 그는 더 이상 차에 태우지 말라고 팀장에게 지시했다.

오늘은 발판용 철망을 위층으로 올려야 하는데 크레인이 바쁘다.

처음에는 여섯 명이 올려치기 했으나 서둘러 청소도 해야 하기에 나중에는 팀장과 둘이서만 올렸다.

직접 들고 나르는 옛날 방식인데 옆에서 보던 미장이 딱하다 할 정도였다.

하지만 함께 고생한 대가로 팀장과 많은 이야기를 나눈다.

그도 내가 자신을 민다는 것을 아는지 속마음을 털기도 하면서 말이다.

점심시간이 되자 팀장은 식사 쿠폰을 나눠 준다.

이제 한식과 퓨전 중 메뉴를 정할 수 있고 개별적으로 먹을 수도 있다.

집에서 아침을 먹고 나오는 나는 빵 하나를 사고 남은 돈으로 새참을 위해 커피나 과자 등 뭔가를 살 수 있었다.

굳이 내 돈 들여 새참을 먹는 질서를 만드는 건 내가 필요해서이다. 당뇨 약을 먹는 나는 식사 후 두 시간만 지나도 배가 고파 뭔가를 먹어야 하기 때문이다.

그리고 이곳의 식사는 강력한 육체노동을 위한 칼로리를 보충하지 못한다.

갈수록 이곳의 일의 강도가 강해지는 것도 사실이고 말이다.

다행인 건 일 마치고 사무실 계단을 오를 때 아직 힘이 남아 있다는 것이다.

어쩌면 지금의 노동 강도가 나에게 적당한지도 모른다.

사장이 적응을 했는지 사무실은 분위기가 좀 좋아졌다.

하지만 앞으로는 밖에서 차를 타기 전에 사무실에서 대기해야 한다.

그 뜻은 현장 고정 인부라도 통제를 받아야 한다는 것이고 다른 하나는 사무실 안의 대기 중인 자들에 많은 사람이 일 나간다는 것을 보여 주려는 듯 보인다.

전자는 문제 된 세 사람과 관련이 있고 후자는 오늘 데마찌 난 40명과 관련 있으나 난 운영 방식에는 관심 없다.

어쨌든 일당 받는 나는 사장에게 최대한 웃으며 고맙다고 표현한다.

또 그래서 긍정적인 마음으로 하루를 보내는 것이다.

오늘 일당은 128,000원으로 6,000원이 공제되었다.

다음 주에 만 원 오르면 수령액이 136,000원이니 내가 원한 금액은 나온다.

빨리 돈 모아 로스팅기 하나 장만하는 계획을 세운다.

집세도 못 내 고민하던 내가 일한다는 이유로 다시 행복해진 것이다.

마음이 기쁘니 내친김에 벼르고 있던 이발을 했다.

사소한 결정이지만 뭐든 원한 대로 되기에 좀 더 적극적으로 대처하는 것이다.

현장이든 사무실이든 단정한 용모는 항상 중요하다.

## 109. 2월 29일 목요일 흐림. 작업 75일 차

오늘 아침은 길에서 차를 타지 않고 사무실로 올라갔다.

그리고 말 많은 3인은 이강인 탁구 3인방처럼 사무실에서 정식 퇴출되었다.

하지만 현장에서 아직도 내게 지시하는 사람이 있다.

그럴 입장이나 위치도 아니고 경험에서 나오는 실력도 없으면서 말이다. 필요 없이 떠드는 말이 자신에게 얼마나 해가 되는지 모르는 우매한 자이다.

나와 가까웠던 김 씨가 멀어지는 것은 그놈의 잔소리 때문이다.

그는 중국인 아내에게 하던 짓이 습관이 되었는지도 모른다.

문화가 다르면 서로 배려해야 하듯이 현장도 마찬가지이다.

화나는 걸 참고 있는 것은 결코 서로에게 좋지 않다.

꿍한 마음으로 서로 얼굴 마주한다는 건 결국 사고로 갈 수 있기 때문이다.

난 그래서 대상 없이 허공에 대고 큰 소리로 혼자 욕을 하고 만다.

'나 기분 안 좋으니 까불지 마라.'와 '막갈 자신 있으면 덤벼라.'의 두 가지 뜻인데 좀 무식한 것 같지만 스트레스도 없고 매우 효과적이다.

2주가 채 안 되어 욕한 게 벌써 세 번째이니 잡부들이란 참 어려운 상대이다. 가진 것도 들은 것도 없으면서 남을 지배하려 하니 말이다.

어찌 보면 갑도 을도 아닌 병의 위치에서 서열 싸움 하는 모습이 불쌍하다.

얼마 전까지 이런 위치도 못 된 나는 아이러니하고 말이다.

내가 욕을 한 후의 결과는 확실히 나왔다.

그들은 휴식이나 담배 피우러 갈 때 나를 배제하는 것이다.

원래 나는 각개 전투 하듯 일했으니 새삼스럽지는 않고 의미도 없다. 하지만 돌아오는 차 안에서 내가 준 과자를 더 달라 할 정도이니 배척은 아니다.

그럼에도 막걸리 한잔하기로 한 박 반장이 눈치를 보며 피한다. 피곤할 수도 있으나 나와 친해서 이득이 없다고 생각했을 수도 있다.

그냥 끼리끼리 뭉쳐 있으면 적당히 넘어가는데 나는 반장들로부터 별도의 오더를 받기에 그리고 일을 하면 끝을 보기 때문이다.

이런 내 성격상 먼젓번 현장의 안 팀장은 나를 선호했고 따라서 몸도 망가졌지만 말이다.

## 110. 3월 1일 금요일 맑음, 바람. 작업 76일 차

막내는 철야 일을 했고 김 씨는 감기라 못 나왔다.

어제 7명도 적었는데 오늘은 겨우 5명이 일하러 가니 현장이 바쁠 것이다.

다음 주는 신입 4명이 추가되니 오늘만 잘 버티면 된다.

하지만 날씨는 춥고 바닷바람이 강하게 불어 얼굴이 시리고 손이 굳어 온다.

아침에 바빠 방한 장갑을 안 챙긴 걸 후회하는데 핫 팩을 나눠 준다.

별것 아닌 것 같지만 가끔 손을 녹여야 동상에 안 걸린다.

열심히 일하기 시작하면 땀이 나지만 말이다.

아침 식사는 내가 가져간 샌드위치로 대신했다.
햄과 버터 그리고 잼을 바른 빵은 칼로리 높고 커피와도 잘 어울렸다. 그리고 아침 사 먹을 돈으로 어제처럼 과자와 캐러멜 등을 산다.
남들은 집에 가져가지만 현장이나 차 안에서 같이 먹으면 즐거움이 배가된다.
캐러멜 같은 경우 가끔 리프트 걸에게 주기도 하면서 말이다.

일기에는 현장에서 일하는 여성에 대해 회의적인 부분이 있다.
그런데 이곳 삼성 현장의 여성들은 많이 다르다.
좌우를 살피고, 안 보이면 뛰어다니며, 마이크를 이용해 정확히 안내를 한다.
리프트 내 안내 여성 요원들도 민첩한 동작으로 문을 여닫고 승차한 인부들에게 미소까지 보여 주니 다른 현장과는 차별화된 느낌이 난다.
그리고 내가 준 캐러멜 몇 개에도 고마워하니 추운 마음을 다 녹인다.

춥다는 이유로 갑자기 혈압을 측정한단다.
모두는 아니고 일부만 대상으로 했는데 나를 선택한 기준을 모르겠다.
나이가 많아서, 또는 건강 검진 시 좀 높아서인지도 모른다.
어쨌든 처음 체크한 내 혈압은 178로 상당히 높게 나와 다시 재야만 했다.
혈압이 높은 이유는 손발이 차고 걸어왔기 때문이다.
하지만 5분을 쉰 후에도 혈압이 전혀 내려가지 않았는데 150 이하가 아니면 현장 출입이 거부된다.

원인을 살펴보니 옷을 너무 많이 입었고 무릎 보호대도 차고 있었다.

많은 옷은 혈압을 올리고 무릎 보호대도 혈류를 막아 동일한 작용을 한다.

모든 걸 제거하고 마음을 편히 하니 다행히 145가 나왔다.

이 치수는 높은 것 같지만 추운 곳에서 일하는 경우 이 정도는 보통이다.

그리고 더운 여름은 몸이 늘어져 반대 현상이 나온다.


혈압 잰다고 한 시간을 허비했다.

사실 허비는 회사에서 했고 나는 일 안 하고 2만 원 번 셈이다.

서둘러 6층으로 올라가니 김 반장이 청소를 지시한다.

그는 우리를 관리하는 직영반장 중 하나로 이달의 우수 사원이기도 하다.

열심히 일하는데 우리 팀장이 모르타르를 가져오라 지시한다.

아래층에 있는 모르타르는 한 포대에 25kg으로 들어서 계단을 오르기 쉽지 않다.

한 개는 그냥 옮겼으나 나머지 두 개는 포장이 벗겨져 마대를 이용했다.

하지만 마지막 하나가 완전히 터지며 나는 모르타르 가루로 범벅이 되었다.

그 모습을 본 팀장은 바로 좀 쉬면서 옷을 털라고 한다.

사실 이런 상황이 되면 대부분 불만을 표하는데 나는 개의치 않는다.

일할 때 더럽다고 피하고 힘들다고 요령 피우지도 않는다.

그래서 팀장이 내가 오기를 기다렸을 것이다.

인원이 적으니 일은 바쁜데 분위기는 좋아졌다.
모두가 열심히 일하니 잔소리할 틈도 대상도 없는 것이다.
잔소리하는 짓은 남을 열심히 일하게 하고 자신은 쉬려는 방법 중 하나이다.
각자 개별적으로 일하면 요령 피우는 사람을 볼 수 없다.
덕분에 나는 지금 안전 고리 메고 옥상 끝부분에서 철거 잔해를 치운다.
안전 고리는 벨트 이동 시를 고려해 꼭 두 개를 사용한다.
10층 높이라 처음에는 현기증이 났지만 좀 해 보니 별것 아니었다.

어느 정도 일을 마치자 김 반장이 마무리를 지시한다.
오늘은 공휴일이라 일이 2시에 끝나는 것이다.
두 시간 차이지만 피곤한 것도 없이 하루 일당을 벌어 간다.
사무실은 4시에 시작하기에 돈은 내일 받고 박 반장과 한잔하기로 했다.
IMF 시절 부도 맞았다는 그는 정말 일을 열심히 안 하는 주의이다. 이미 소문이 났는지 요즘 일도 잘 못 나가다 이곳까지 오게 된 걸로 보인다.
소주를 여러 잔 마신 그는 사업이 망한 이유가 노름 때문이라 한다.
요즘도 돈 벌면 한다는데 나로서는 이해 못 할 행동이다.
그가 일당을 우습게 보고 열심히 안 하는 이유를 알 것 같다.
현장 나오는 사람은 이렇게 많은 이유가 존재하고 그래서인지 일에 긍정적인 사람 보기는 쉽지 않다.

　난 새로운 인생을 위해 열심히 돈 모으는 사람을 만나 보고 싶다.

## 111. 3월 2일 토요일 맑음, 돌풍. 작업 77일 차

　오늘 일은 바닥 부분 미장으로 팀장과 단둘이서 한다.

　조회 후 리어카를 끌고 모르타르를 6개나 가져왔지만 손 녹이러 들어간 휴게실에는 동료 여러 명이 쉬고 있었다.

　분명 일 시작한 지 10분 이상이 지났음에도 아무 이유 없이 쉬는 것이다.

　팀장과 나는 개의치 않고 둘이서 열심히 일했다.

　내가 바닥을 쓸고 튀어나온 반생이를 자르면 팀장이 미장을 한다.

　일은 어렵지 않지만 얼어 있는 부분이 많아 속도가 나지 않고 물통도 얼어 모르타르를 갤 물이 충분치 않았다.

　하지만 둘이만 있으니 필요한 말만 하기에 마음이 가라앉는다.


　난 이곳 잡부들의 수준이 떨어져 보인다.

　어찌 보면 한국에 돈 벌러 온 외국인들이 상대적으로 고학력자인 것이다. 동남아인은 영어, 몽골인은 러시아어 그리고 중국인은 한국어 등 모두가 2개 국어를 말한다.

　그리고 신호수를 하는 여성들도 남자보다 학력이 높아 보인다.

　학력이 모든 걸 말하지는 않겠지만 지금은 판단 기준이다.

점심을 먹고 나서 모이니 박 씨가 혈압을 체크하란다.

내가 "어디서 들었나?" 하고 반문한 것은 그가 지시하듯 말했기 때문이다.

그가 그렇게 말하면 안 되는 이유는 어차피 점심 조회 시 반장이 전달할 내용이고 또 내가 직접 들어야 한다.

그는 자신보다 선임이었던 두 사람이 나갔다고 진급이라도 한 줄 안다.

일시키는 반장이 팀장 무시하고 그래도 얼굴 익은 박 씨에게 지시하니 문제이다.

난 우리 팀장이 관리에 적극적이지 않은 이유를 알 것 같다.

이번 현장은 반장 중심으로 운영되기에 팀장은 그저 출력 관리만 하면 된다.

그래서 지금 나하고 열심히 편하게 일하고 있다.

혈압은 130대로 추운 날씨를 고려하면 극히 정상이었다.

하지만 진짜로 심각한 문제는 따로 있었다.

아침 휴게실에서 본 박 반장이 오전 내내 잠을 잔 것이다.

어제 나하고 헤어진 후 다시 마신 모양이다.

다행히 TBM에서 지적만 받고 넘어갔지만 다른 현장 같으면 바로 퇴출이다.

다른 동료들도 있던 걸로 기억하는데 깨우지 않은 모양이다.

점심 먹고 들른 3층 휴게실에도 마찬가지로 동료들은 커피를 마시고 있었다.

오후 일 시작한 지 벌써 10분 이상 지났는데 말이다.

팀장은 "난 커피 안 주냐." 하고 웃고 넘어갔지만 분위기가 이상해진다.

팀장과 나는 미장에 쓸 물을 못 구해 휴게실 생수를 가지러 왔기 때문이다.
난 이제 그들이 팀장과 날 배척하는 이유를 잘 알 것 같다.

일 마치고 사무실 돌아오니 시간이 4시도 안 되었다.
토요일이라 일찍 끝나는 건 타 현장과 다른 삼성이 주는 혜택이다.
춥다고 만일의 사태를 예방하고자 하는 고령자 혈압 체크도 이와 유사하다. 그리고 만 원 오른 이틀 치 일당 286,000원도 나를 기분 좋게 한다.
사실 어제와 오늘 크게 힘든 일 없이 일찍 끝났는데 말이다.
이런 현장에서 열심히 일 안 하고 논다는 건 정말 인성에 문제가 있는 것이다. 내가 얼마 전 겪은 광주 현장이라면 지금의 동료들은 하루도 못 버틴다.
길에서 헤어지는 순간 팀장이 "내일 꼭 나오세요." 하고 큰 소리로 외친다. 내일 나오는 건 자신의 권한이고 그는 나에게 특혜를 준 것이다.
일요일은 감독도 없고 또한 2시에 끝나기 때문이다.
물론 나와 팀장은 열심히 일하겠지만 말이다.
내가 원하는 방향으로 가는 이 현장이 슬슬 재밌어진다.

## 제6장
## 노가다로 안정적인 일상을 보내다

## 112. 3월 3일 일요일 맑음. 작업 78일 차

전문 작가는 아니지만 글은 내게 생동감을 준다.
새벽 1시에 일어나 노가다 일기를 첫날부터 정리하니 말이다.
내용을 추가하고 싶었으나 이미 기억이 아물거리고 새로운 감흥도 없다.
초고만으로도 읽는 데 큰 무리가 없으나 출판을 고려하면 항상 욕심을 낸다.
그리고 남에게 보이는 책은 최소한의 형식이라도 갖춰야 하기 때문이다.
문학박사인 필규는 형식이 없으면 출판사에서 보지도 않을 것이라 말했다.
책이 꼭 성공해야 하는 내 고집을 꺾고 말이다.

잠이 좀 부족하지만 생각 외로 몸은 가벼웠다.
전기장판이 고장 나서 바닥에 깔던 작은 놈으로 대체했는데 그리 따뜻하지 않지만 잘 만하다.

벌써 몸이 추위에 적응했나 보다.

칼로리 소모는 많지만 그 대신 신진대사가 활발해진 것이다.

이런 경우 고단백 및 고칼로리로 보충해야 하는데 오늘은 아침이 안 나온다.

나 역시 샌드위치를 안 가져와 라면과 에너지바 하나로 때워야 했다. 그래서인지 몸이 가벼운 건 오전뿐이고 오후가 되니 힘이 하나도 없다.

노가다할 때는 무조건 평소의 두 배를 먹어야 현장 일을 견딜 수 있다는 게 나의 지론이다.

나처럼 요령 없이 열심히 일한다면 말이다.


다행히도 오늘은 관리반장이 없고 직영노무자들뿐이었다.

그 말은 알아서 하던 일 하면 되는 거지만 팀장은 나를 부려 먹는다.

물을 구하고 모르타르를 나르는 미장 데모도로 특별히 어려운 일은 아니지만 리어카를 끌고 자주 돌아다니게 한 것이다.

그럼 누가 봐도 열심히 일하는 모습이 되고 팀장은 쉴 수 있을 것이다.

그렇다고 힘들게만 한 건 아니고 가끔 나를 쉬게 하며 그도 할 만큼 일을 한다.

문제는 잘 먹지 못해 무너진 내 체력이 피로를 느낀 것뿐이다.

생각해 보니 고기 먹은 게 얼마 전 작은 늙은 닭 한 마리뿐이고 그조차 푸석하고 맛이 없어 제대로 먹지도 못했다.

항상 사던 돼지고기는 한번 사면 일주일 이상을 먹어야 하기에 부담이 간다.

그 대신 치즈와 햄을 먹지만 이상하게 살로 간다는 느낌이 없다. 지금 사는 고시텔에서 느끼는 가장 큰 불만은 요리를 마음대로 못 하는 것이다.

그러고 보니 지난주 일요일은 하루 종일 먹고 잠만 잤다.

배가 고파 점심을 양껏 먹었는데 오히려 몸이 무겁다.
피가 위장으로 몰리니 내 몸속에 그나마 남아 있던 힘이 사라진다.
하지만 아직 두 시간 남았으니 견디기로 하고 담배를 피는데 팀장이 내 옆에 앉았다. 분명 다른 사람이 없어서일 것이다.
오랜만에 대화한 팀장은 인력 사무소에 대해 여러 사실을 말한다.
지금의 이 사장은 사람 좋은 남 소장과 달리 돈밖에 모르는 사람이란다.
그는 수단과 방법을 안 가리고 자신의 이익만 추구한다 했다.
자본주의 사회에서는 당연한 일이고 그 결과 지금 운영하는 사무실이 7~8개는 된다는데 그 말이 사실이라면 월수입이 억대가 된다.
어쩌면 그의 온화한 모습은 돈의 여유 때문일 수도 있다.
가장 험악한 인생의 내면은 막 돈을 벌기 시작했을 때 나온다.
나처럼 돈을 벌어 놓고도 무관심한 사람이 아니라면 말이다.
돈 없이 자란 사람이 돈에 강한 건 필연인가 보다.

확실히 2시 퇴근은 생각 외의 큰 기쁨을 준다.
정말 중요한 원고 정리는 하나도 못 했음에도 잔돈에 약해지는 게 사람이다.
143,000원의 위력은 나의 자존심이 아니라 내 삶을 지배한다.
보다 현실적이 되어 가는 내가 현명해지는 건지, 아니면 꿈을 멀리하니 멍청해지는 건지 솔직히 나도 모르겠다.

하지만 당장의 생계가 위협받지 말아야 하는 건 사실이다.

집세 못 내고 먹을 것도 아끼기 시작하면 이는 인간의 삶이 아니다.

비록 내가 우선 목표로 벌려는 천만 원이 누군가의 자녀 한 달 교육비라도 말이다. 잘사는 필규의 친척 이야기인데 사실 나도 그 정도 돈은 쓰고 살았었다.

그러나 과거의 돈이 그리우면 더 이상 내가 아니다.

계속 일하다 보니 현장 일과 관련된 내용만 기록된다.

한동안 일을 안 했고 당장 내게 필요한 돈을 만들어 주니 다른 생각이 없나 보다.

그리고 열외는 일을 안 나가는 동안의 생각이라 방법이 없다.

앞으로는 일기의 마지막에 그날의 생각을 끼워 놓으련다.

그리고 돈도 좀 모았으니 일기를 출판하려는 일도 계획하고 말이다.

사실 어제 명찬에게 메시지를 보냈고 바로 전화가 왔다.

그는 내 소식이 궁금했겠지만 나는 거두절미하고 내 글에 대해 물어봤다.

원래 독서량이 많고 최근에 내 글을 읽었기 때문이다.

그는 그중 《필리핀 데카메론》과 《커피 헌터 다이어리》를 수작으로 꼽았다.

기준이야 대중성이고 영화배우인 그의 판단은 믿을 만하다.

그리고 이 일기와 비슷한 《커피 헌터 다이어리》는 아직 손보지도 않은 상태이기에 내게 희망을 주는 건 확실하다.

내 책이 팔리면 자동으로 커피도 팔리니 일석이조이고 말이다.

현장에서는 쌍욕을 하지만 집에서는 초보 작가의 마음으로 잠시 기뻐해 본다.

그렇게 꿈을 생각하며 가끔은 웃으며 사는 것이다.

## 113. 3월 4일 월요일 맑음. 작업 79일 차

오늘은 신입 4명이 교육받기로 예정된 날이다.

이들이 와야 3명이 동시에 빠진 후 생긴 인원 부족이 해결될 것이다.

사실 열심히 하면 지금 인원으로도 가능하지만 모든 일당쟁이는 눈치를 본다. 몸이 재산인 이들은 체력을 안배해야 계속 일할 수 있기 때문이다.

하지만 새로 온 사람은 생각 외로 둘뿐이다.

난 일하고 싶어 교육을 오래 기다렸는데 이 현장을 포기하는 사람도 있다. 아무 데서나 일할 수 있는 젊은 사람들은 자신이 현장을 선택한다.

점심시간 짧은 게 낮잠 좋아하는, 아니 습관이 된 사람들은 어려울 것이다.

지금까지 거의 낮잠을 안 잔 나는 전혀 부담 없지만 말이다.

신입 중 한 명이 막내 동료 홍동이와 대화를 하는데 목소리가 기억난다.

내가 아는 척을 하니 그는 바로 "화수 형님." 하면서 인사를 한다. 그는 군포 현장, 즉 태명건설에서 함께 일한 후배로 내 기억에 선명하다.

하얏트 호텔에 근무했으나 명퇴 후 차린 화상 영어 학원과 주식 투자 실패로 재기를 노리는 중이다.

그리고 지금까지 만난 사람 중 유일하게 대학 나온 게 확인된 사람이다.

난 그가 세종대학교 호텔관광경영학과를 졸업했다고 들었다.

새로 오는 사람마다 내가, 아니 동료들은 조금 놀란다.

현장에 잘 적응하지 못하고 가급적 아는 척을 안 하니 초짜인 줄 안 것이다.

많은 현장은 아니지만 그래도 건축 기사라 모든 걸 이해하는데 말이다.

일당 받는 노가다는 잘난 척해 봐야 사실 아무 소용없다.

조금 일찍 왔고 그리고 더 안다고 남에게 잔소리하는 사람은 정말 한심하다.

노가다가 인생 막장이고 슬픈 이유는 사람들 때문이다.

배낭여행을 할 때 "May I help you?"를 먼저 말한 후 남을 도운 기억이 난다.

당연하지만 한국에서는 불가능한 말이고 그래서 난 이곳이 싫다. 불쾌한 말을 듣지 않으려면 가급적 말을 삼가야 한다.

오늘 일도 미장 데모도인데 어찌 보면 팀장은 하는 일이 별로 없다.

아니 적절한 통제로 일을 끌고 가고 있다고 하면 정확할 것이다.

난 혼자 자재를 나르기에 열심히 일하는 것처럼 보이나 한 번에 조금씩이다. 다만 모르타르를 들어 리어카로 옮길 때 무겁게 느껴져 조금 걱정이다.

10년 전 커피 체리 50㎏을 못 들어 놀란 적 있는데 지금은 모르타르 한 포대 40㎏이 어렵다.

어려운 광주 현장에서는 어떻게 일을 했었는지 의심스럽다.

꼭 해야 한다는 의지는 몸을 망가뜨리기에 몸을 사린다.

그렇다. 들 수 없는 게 아니라 무리하지 말라고 몸이 자동으로 거부하는 것이다.

작업 지침에도 25㎏ 이상은 공동 작업을 하라고 나와 있었다.

하지만 한 포대를 못 드는 건 자존심이 허락하지 않는다.

먼 거리면 포기하겠지만 가까운 이동도 못 하면 남 보기에도 좋지 않다.

점심 먹고 오후가 되자 햇살이 따뜻하다.

추운 겨울이 지나 진정으로 봄을 느끼는데 내 마음의 봄도 왔으면 한다.

근데 내 봄은 무엇을 의미할까. 출판인가? 판매인가?

현재 여건으로는 두 가지 다 어려운 일이다.

전자는 글을 쓰는 게 문제가 아니라 적당한 출판사 찾기가 쉽지 않다.

자비 출판도 가능하지만 그들이 편집과 마케팅에 관심이나 가질까 걱정된다.

커피를 볶아 여러 곳에 샘플을 보내는 일도 마찬가지이다.

요즘 세상은 돈 없으면 사람도 아니듯이 유명하지 않으면 가치도 없다.

그렇다. 내 커피와 나는 무조건 이름이 알려져야 한다.

이 문제는 일단 1천만 원이 만들어진 후에나 생각해 보련다.

돈을 모으려면 체력을 안배해야 한다.

잘 먹고 잘 자야 하는데 전기장판은 고장 났고 음식은 형편없다. 내가 노가다하는 게 아니라면 좋은 조건인지도 모르나 난 고기가 필요하다.

시장에서 산 닭이 맛이 없다 하자 박 씨는 노계를 권한다.

이미 먹던 닭이지만 마지막 산 닭은 말라비틀어져 거의 먹을 게 없었다. 또 그래서 일반 닭을 샀으나 이번에는 푸석해 맛이 안 나고 말이다.

좋아하는 방법은 아니지만 이번에는 닭집 주인에게 실한 놈으로 달라고 할 것이다.

남을 믿고 항상 주는 대로 먹어 손해만 본 나는 변해야 한다.


몸은 힘들어도 이상하게 집에 가는 순간은 힘이 난다.

광주 현장에서 지친 몽골인들이 퇴근할 때 뛰어간다고 한국인들이 웃은 게 생각난다.

그들이 요령을 피운 게 아니라 실제로 퇴근은 이상한 효과가 있다. 사무실에 돌아와 이틀 치 일당을 한 번에 받으면 더욱 기운이 나고 말이다.

잔돈에 약해져 가는 나는 일단 고기 사러 시장부터 간다.

하지만 내가 단골인 노계 파는 집은 영업을 포기했는지 완전히 문을 닫았다.

할 수 없이 다른 집을 찾으니 할머니가 정성껏 닭을 다듬어 준다. 정성이라 표현한 것은 힘없는 할머니가 잘 안 드는 칼을 이용하기 때문이다.

닭은 생각 외로 크고 살도 많아 먹을 만했다.

난 이놈의 반과 채소와 밥을 함께 전기밥통에 넣고 죽을 끓인 후 먹었다.

영혼을 위한 닭죽이 아니라 내 체력을 보강하기 위함이다.

내일 효과가 있을지는 모르지만 말이다.

이제 모인 돈이 백만 원이 넘어간다.

집세와 전화 요금 등을 지출하고 생활비 쓰고도 많이 남은 것이다.

몸은 힘들지만 일기의 목표인 작업 일 100일은 3월이면 끝나고 최소 3~4백만 원은 저축할 수 있어 자비 출판도 가능하다.

하지만 출판을 안 하고 4월이 넘어가면, 아니 5월까지 하면 저금이 1천만 원이 된다.

두 가지 중 어떤 선택을 할지는 좀 더 두고 보련다.

지금은 현장 일이 바빠 차분히 생각할 시간이 없기 때문이다.

이번 주 일요일은 무조건 쉬면서 원고를 정리하고 앞날을 계획해야 겠다.

## 114. 3월 5일 화요일 흐림. 작업 80일 차

차에 올라타면 직영반장에게 제출할 이름을 적는다.

사인을 받아야 돈이 나오기 때문인데 우리 팀장은 각자 직접 적게 한다.

사람이 자주 바뀌기도 하지만 그는 이름을 기억하지 않는다.

현장에서 만난 사람은 별로 중요하지 않다는 알고리즘이 발동했나 보다.

나 역시 마찬가지였으나 생존을 위해 변했으니 대조적이다.

이번에 확인한 새로 온 후배의 이름은 박 ○희이다.

처음 온 그에게 현장을 설명하자 한 번에 잘 알아들어 묘한 기분이 든다.

서로 간에 정상적인 대화가 성립되니 다른 욕심도 생겼다.

혹시나 해서 내 책의 일부를 읽어 볼 수 있냐 물었는데 그는 흔쾌히 허락한다.

요즘 책을 너무 안 읽어 서점에 갈 계획도 세웠다고 자신의 스마트폰에 메모한 일정을 보여 주면서 말이다.

난 오늘 내 책을 검토해 줄 또 한 명의 조력자를 찾은 것이다.


일은 어제와 같이 미장이지만 인원은 신입으로 두 명이 추가되었다.

그중 한 명은 내 아들 상호와 동갑인데 안전기사 자격을 가지고 있었다.

그와 미장 작업을 위한 단도리, 즉 준비 작업을 하고 모르타르를 나르기도 한다.

내가 실수한 것은 그가 대학을 다녔을 거라 착각한 것이다.

요즘은 누구나 대학을 다니고 또 내가 그가 보유한 안전기사에 대해 잘 모르기 때문이다.

그는 내 친구가 시장으로 있는 강릉에서 종합 고등학교를 나왔다 한다.

산과 호수 그리고 바다가 있는 정겨운 강릉에서 말이다.

물론 추억도 있지만 지금은 커피 거리가 있어 보다 흥미 있는 도시이다.

가능할지 모르지만 능력이 된다면 강릉에서 커피를 팔고 싶다.

처음 원했던 제주도는 중국인이 너무 많다 하여 살기에 거리감이 생기는 중이다.

중국인을 상대하려면 차라리 중국에서 직접 팔아야 한다.

팀장이 갑자기 야간 일을 할 수 있냐고 묻는다.

2~3시간 더 일하고 반품을 받으니 가성비는 훌륭하지만 체력이 문제이다.

지난 일요일에 일한 이후로 몸이 계속 무겁기 때문이다.

하지만 돈 욕심에 고맙기까지 한 걸 보면 내가 잔돈에 약해진 건 사실이다.

사람은 현실에 적응하는데 그리 긍정적으로 보이지는 않는다.

난 돈이 필요해 현장에서 일하고 미래를 위해 시간을 내 원고를 정리하지만 가끔은 내 인생의 마무리가 아닐까 하는 의심이 들기 때문이다.

그렇다고 천로역경같이 살아온 인생을 후회하지는 않지만 말이다.

잡생각이 머리를 어지럽히는 도중 야간 일은 취소되었다.

오후는 신입과 모르타르를 나르며 시간을 때운다.

작은 카트로 한 번에 두 포대씩 서로 교대하며 총 8개를 날랐다. 사실 이 정도는 혼자서 할 수 있으나 허리에 무리가 온다.

신입과 교대로 나르고 쉬는 사람은 경사면을 오를 때 도와주었다.

그 모습을 본 직영반장 중 한 명이 답답한지 왜 3개씩 나르지 않냐 물었는데 아무도 대답하지 않았다. 그럴 필요도 없고 말이다.

리어카를 이용하면 한 번에 4개씩도 나를 수 있지만 모두 가져가 버렸다.

그리고 난 팀장의 판단을 믿고 지시에 따르는 잡부일 뿐이다.

비슷한 일이 또 있는데 홍등이란 젊은 동료가 미장에 대해 언급한 것이다.
자신들은 미장할 면의 바닥을 까고 물청소까지 했다고 하면서 나중에 문제가 생길 것이란 말도 추가한다.
난 물을 이용하는 건 시멘트 가루를 뿌려 접착력을 높이려는 것이고 우리는 잡부이니 팀장을 돕기만 하면 된다 말하였다.
제대로 하려면 일당 25만 원 하는 미장공을 불러야지 왜 잡부를 쓰냐면서 말이다.
미장이 큰 역할을 하는 필리핀에서 리조트를 지어 본 나의 견해이다.
난 그가 어떤 의미로 그 말을 했는지는 모르나 팀장에 부정적인 건 확실하다.
솔직히 팀장이 미장일을 배우듯 하고 있으니 말이다.

오늘 다행인 것은 어제와 다르게 시멘트를 가볍게 든 것이다.
닭 반 마리 먹은 효과인지 아니면 피로가 풀린 것인지 팔의 근력은 좋아졌다.
하지만 계속 걸으니 결국 발이 붓고 아파 온다.
시원치 않은 작업화 때문이라면 깔창으로 해결되지만 일에 지친 내 심장이 원인이라면 문제는 심각하다.
잘 먹고, 잘 자고, 잘 싸면 건강은 문제없다고 한 안 팀장 말이 다시 생각난다.
무식한 표현이지만 난 그의 충고대로 일찍 자기로 했다.

그리고 내 활력과 정기적으로 복용하는 당뇨 약과의 상관관계도 확인하련다.

당뇨 약은 분명 순발력을 높여 주나 지구력을 위해서는 새로운 음식 보충이 필요하다.

일 끝나 돈 받으러 사무실에 가니 낯익은 동료가 보인다.

나보다 한 살 아래지만 배가 많이 나와 일이 가능할까 의심하던 자이다.

하지만 그는 수시로 일을 나갔고 오늘도 돈 받으려 기다린다.

나보다 한 살 젊어서인가, 아니면 날씨가 풀려 일이 많은지 그의 표정이 좋다.

비록 노가다지만 일을 나가는 게 자부심이 되는 사무실 안이다. 그 모습이 필리핀 출장 마사지 숍에서 지명받은 아가씨와 비슷하다.

그리고 나 역시 그러니 환경이 사람을 지배하는 건 맞다.

비가 안 오고 땀도 안 나니 빨래도 줄어든다.

당장 할 일 없는 나는 며칠 전 사 놓은 포도를 먹고 일찍 잠을 청한다.

## 115. 3월 5일 수요일 맑음. 작업 81일 차

2시에 일어나니 피곤이 쌓여서인지 몸살기가 있다.

빵을 먹고 일기를 쓴 후 알람을 4시로 맞춰 놓고 다시 잠을 청했다.

일어나자마자 먹는 고칼로리 음식은 오후까지의 지구력 싸움에 도움이 된다.
어제같이 컨디션이 안 좋은 날도 잘 먹어야 견디는 것이다.
그래도 몸이 축나는 건 마찬가지지만 말이다.

박 후배와 아침 식사를 함께 하면서 이야기를 나눈다.
고혈압과 치매 등 건강에 대한 주제는 내가 아는 척을 했고 그는 동의한다.
대화 상대의 지식이 어느 정도 있으니 마음 놓고 이야기한다.
박 후배는 영어에 대해 말하며 어려운 스펠링을 내게 물었다. 화상 영어 학원을 하다 망한 미련이 아직도 그를 떠나지 않은 것이다.
간단히 대답한 나는 영어권인 발리가 살기 좋다고 했다.
영어를 하는 한국인이 작은 자본으로 재기할 최적의 장소이기 때문이다.
그도 관심이 있는지 한국인이 많이 사는 것 같다고 한다.
하지만 나는 발리에 사는 한국 교민의 수에 대해서는 관심이 없다. 교민 상대의 사업은 언제나 불안하고 기득권자들에게 끌려다녀 피해만 본다.
물론 관광객이 많으면 내 커피를 파는 데 도움이 되겠지만 말이다.

현장 경력이 7년 된다는 이 후배는 아는 사람을 많이 만난다.
자연스러운 현상이지만 노가다를 너무 반기는 모습이 나에게는 낯설어 보였다.
그리고 현장 일을 계속할 거냐는 나의 질문에도 긍정을 한다.

대학 나와 영어도 잘하는 그가 노가다에 안주하려는 모습이 안쓰럽다.
물론 나름대로의 계획이 있겠지만 이는 정답이 아니다.
이제 나를 대하는 태도도 당장 현장 내의 입지 때문인 것으로 보인다.
어쩌면 서비스업을 하던 자의 습관적 태도일지도 모른다.
나 혼자만의 상상이 그와의 인연을 긍정적으로 만들었고 부담을 준 것 같다.
관심 없어도 일단 긍정을 하는 대답에 아직은 대처가 서툰 나이다.

오늘 일도 미장일인데 팀장과 함께 2인으로 축소되었다.
어제 모르타르를 많이 날라 놓았기에 둘이서도 충분하지만 바쁘게 움직인다.
내가 바닥 쓸고, 정리한 후 모르타르를 비비고 나르면 팀장이 마무리한다.
마지막으로 청소까지 하니 대부분의 일을 내가 하나 힘들지는 않다.
왜냐면 내가 바빠 못 한 일을 팀장이 대신하기 때문이다.
우리 둘은 호흡이 잘 맞았고 팀장은 나의 휴식을 챙겨 주었다. 특히 잔소리가 전혀 없어 내 마음의 동요도 없다.
그와 함께라면 1차 목표인 1천만 원을 넘어 3천만 원에 도전하고 싶다.
한 달에 3백만 원을 저금한다 해도 연말까지 일해야 하지만 말이다.
한국에서는 그리 큰돈이 아니나 작은 커피숍은 할 수 있고 발리에서 작은 식당도 할 수 있는 자본이다.
작은 자본에 만족하다니 돈 궁한 자의 마음은 참으로 쉽게 변한다.
아마 박 후배의 처음도 이렇게 시작하지 않았나 싶다.

오늘은 업무 연장이 있어 오후는 몸을 사리며 일한다.

다행히 갑작스러운 철거 일이 있어 팀장 혼자 일하고 동반자인 나는 거의 서 있기만 했다.

하지만 5층의 노출된 면은 바닷바람이 심하게 불어 몸을 차갑게 식힌다.

처음은 견딜 만했지만 갈수록 폐부까지 냉하게 만들어 기침이 다 나온다. 추운 날씨에 걸리는 노인들의 폐렴은 이런 경로로 시작되나 보다.

다행히 한 시간 정도 지난 후 공사가 중지되었다.

연장 업무는 6층의 자재와 쓰레기를 내리는 일이다.

크레인을 가동하기에 큰 철제 통 안에 차곡차곡 담기만 하면 된다.

이 작업이 반복되자 우리는 야적장으로 가 통 안의 물건을 내려야 했다.

야적장이 좁지는 않지만 물건이 막 쌓여 있어 정리하기 매우 불편했다.

내가 총괄반장이라면 담당에게 한마디 했을 것이다.

6시 30분에 일을 마쳤으니 두 시간 남짓 일하고 반나절 일당을 번 셈이다.

힘들고 추웠지만 돈을 생각하면 마음이 풀어진다.

이렇게 일주일에 한 번만 일해도 사대 보험에서 제외되는 돈을 충당할 수 있다.

이미 일당이 1만 원 오른 걸 감안하면 전에 하던 자재 정리보다 나은 조건이다.

점심시간 짧은 것만 제외하면 나에겐 천국이다.

연장 일보다 어려운 건 퇴근이었다.

버스 타는 곳까지 걸어서 20분에 기다리는 시간 30분이 소요되고 전철역까지 다시 20분 정도를 간다.

다행히 전철은 부평시장까지 한 번에 갔으나 집까지 20분을 또 걸었다.

샤워 후 8시 30분에 저녁 먹으니 바로 잠이 쏟아진다.

하지만 나는 박 후배에게 내 일기 부분과 더불어 소설 《필리핀 데카메론》을 메일로 보냈다.

어쩌면 누구나 좋아했던 후자의 출판이 다른 것보다 먼저일지도 모른다.

요즘 아무도 책을 안 읽으니 당장은 힘들겠지만 말이다.

후배가 읽은 후 그의 대답을 듣고 명찬이와 책의 출판 순서를 상의하련다.

돈이 생기기 시작하니 꿈도 따라 현실이 되어 간다.


## 116. 3월 7일 목요일 맑음. 작업 82일 차

신입 두 명과 땜빵 한 명이 포함되어 모두 11명이 타고 간다.

모처럼 정원을 채웠으나 앞으로는 이 숫자를 계속 유지한다고 한다.

얼마 남지 않은 줄 알았던 현장이 이어지는 모습이다.

내 적성에 맞는 이 현장이 나의 계획을 도울 수도 있다.

지금처럼 "팀장님." 하고 부르며 함께 일해 온갖 혜택 받으면서 말이다.

팀장이 있는데도 마음대로 설쳐 대는 비주류와 멀리한 건 최상의 선택이었다.
어쨌든 팀장은 권한이 있고 나는 그것을 노린 것이다.

오늘 일은 콘크리트 타설 할 바닥을 청소하는 일부터 했다.
혹시나 해서 미장용 믹서기는 준비시켰으나 팀장에게 다른 오더가 떨어졌다.
본 건물이 아닌 옆 건물의 바닥 일부를 해체하는 작업이다.
역시 PC공법인 이 건물도 내가 속한 월드공영이 골조를 시공하고 있다.
특이한 것은 기둥 없이 벽체로만 구성되어 있고 FRP를 벽에 바른다.
방수를 위한 것으로 보이나 정확히는 모르겠다.
어쨌든 나는 작업 선 등을 연결한 후 해체가 끝난 부위를 청소한다.
할 일 없이 서 있는 이 작업은 편하나 대신 추위를 느낀다.
분명 기온은 영상이고 위아래로 내복을 입었음에도 몸에 냉기가 들어온다.
바다 습기를 품은 바람은 강력한 에어컨에서 나오는 냉풍과 같다. 이 상태로 점심시간까지 일이 계속되었다.

점심 식사 후의 미팅에서 연장 근무 희망자를 뽑는다.
아무도 나서지 않자 팀장은 나를 쳐다보고 결국 어제 일했던 네 명이 모두 손들었다.
몸은 힘들지만 수입이 좋아 누구나 원할 줄 알았는데 의외의 결과이다.
나처럼 별도의 일이 있거나 몸이 피곤하면 이해되지만 돈 벌러 현장에 나온 사람들이 가성비 좋은 연장 일을 마다한다.

두 시간 더 일하고 하루 13시간 소요되는 일당의 50%를 받는데 말이다.

일이 해체나 자재 정리처럼 힘든 것도 아니다.

재미있는 건 팀장은 돈 벌려는 나를 챙겨 주는 듯하다.

물론 나도 팀장의 권위를 세워 주고 심지어 어제는 그의 담배도 챙겨 주었다.

서로가 말은 안 하지만 두 사람 사이에는 공조가 형성되었다.

건설 현장 베테랑인 그는 어떻게 해야 지속적으로 돈을 버는지 알고 있고 나는 무임승차한 셈이 되는 것이다.

다행히 내가 최악의 현장에서 일을 해 봤기에 그를 이해할 수 있었다.

오후도 그는 찬바람 맞으며 대기하는 나를 위해 이것저것 심부름을 시켜 담배도 피우게 하고 휴식도 취하게 한다.

덕분에 나는 두꺼운 출퇴근용 코트로 갈아입고 일할 수 있었다.

팀장이 나를 챙겨 주자 동료들도 변한 모습을 보인다.

나를 무시하고 왕따시키던 그들이 팀장의 권한이 강해지고 새로운 사람들이 계속 오자 나에게 친절해진 것이다.

그들이란 나보다 먼저 온 사람들을 말하는데 겨우 3주 만에 세 명만 남았다.

먼저 왔기에 직영반장들의 눈에 익어 직접 지시를 받기에 이게 권한이 된 것이다.

심지어 그들에게 조력할 사람을 선택할 권한도 주는데 이건 팀장을 무시한 월권이지만 반장 중심제인 직영용역은 대부분 이러하다.

하지만 휴일의 일이나 모두 모여 일하는 경우에는 팀장이 지시한다.

어쩌면 귀찮은 일을 그들에게 적당히 떠넘긴 팀장의 고단수인지도 모른다.

돌아오는 차 안에서 박 후배와 영어 단어에 대해 말한다.

목재를 호칭하는 2BY에 대해 설명하자 그는 이제야 이해한다며 맞장구치고 주제가 해외가 되자 그는 자신의 경력도 말하기 시작했다.

하얏트 호텔에 근무했기에 어느 나라든 호텔을 무료로 이용했다는 내용이다.

하지만 이런 내용은 외국 한 번 안 다녀 본 사람들이 들으면 괴리감을 느낀다.

팀 동료들도 그랬는지 이후 나를 대하는 태도가 다시 변했다.

그들이 사무실 밖에서 연장 근무 일당 1~2천 원 부족한 걸 따지다가 내가 물으니 대답도 안 한 것인데 나는 가난해지는 이유를 알 수 있었다.

못 배운 자들은 지식 있는 사람을 이용하면 좋은데 배척하기 바쁘니 발전이 없어 늘 가난할 수밖에 없다.

예를 들어 유튜브 보고 주식 투자 하는 김 씨는 박 후배의 조언이 필요하다.

15년간 연구, 아니 투자한 그는 이제 조금 깨달았다고 했다.

어려운 사람들이 서로 돕지 않는 건 참 아이러니하다.

피해의식이 있든지 실제로 사기당했는지도 모르지만 말이다.

## 117. 3월 8일 금요일 맑음. 작업 83일 차

새벽 1시에 잠에서 깨었으나 다시 3시까지 잤다.

전기장판 탓인지 추위를 느꼈고 피로가 충분히 풀리지 않았기 때문이다.

그리고 글 쓴다고 의자에 앉으면 엉덩이 살이 빠진 걸 느끼니 심각하다. 허리와 다리에 힘이 없고 고관절 부위는 계단을 오를 때 통증이 더 심해졌다.

먹는 게 문제인가, 아니면 잠이 부족한가. 그것도 아니면 약이 문제인가.

난 이미 혈액 속의 당분을 소변으로 배출하는 약을 제외시켰다.

하지만 기존의 당뇨 약은 그대로이니 당이 계속 떨어져 간다.

당뇨 환자에게는 희소식이나 이대로는 현장 일을 할 수 없어 문제이다.

고민 끝에 고단백에 고칼로리인 소고기 육포를 쿠팡에서 사기로 했고 더불어 고급 슬라이스햄도 2㎏이나 주문했다.

우유도 마시고 싶지만 치즈로 대신하고 좋아하는 버터는 아직 남아 있다.

새로운 음식이 내게 일할 수 있는 힘을 주었으면 한다.


음식에 민감한 건 현장의 다이어트용 식사 때문이다.

오늘 아침은 된장국에 채소 반찬 그리고 별로 먹지도 못할 약간의 불고기뿐이다.

누가 식단을 짰는지 모르지만 칼로리가 한 끼에 500 정도밖에 안 된다.

건설 노동자가 하루 4,000칼로리 이상 필요하다는 걸 무시한 처사이다.

물론 밥을 많이 먹으면 되겠지만 나는 당뇨병 환자이다.

짜증 난 나는 편의점에서 우동과 삼각김밥 그리고 떡과 어묵을 샀지만 이 역시도 먹고 난 후 두 시간도 안 되어 배가 고프다.

다행히 점심 식단은 가끔 먹을 만하지만 내 마음은 항상 불안하다.

그래서 생각한 게 샌드위치 도시락이고 주머니에 넣고 다닐 육포인 것이다.

샌드위치는 빵에 충분한 버터와 햄 그리고 치즈와 잼이 들어 있어 칼로리가 충분하다.

욕심 같아서는 이를 천연 오렌지주스와 함께 먹고 싶다.

계속 먹는 타령 하는 이유는 요즘 날씨가 춥게 느껴지기 때문이다.

모두들 춥다 할 정도로 인천 바닷가의 서풍이 매섭기는 하지만 속이 든든하고 많이 움직이면 얼마든지 견딜 수 있다.

바람은 오늘의 주된 일인 보양에서도 문제가 되었다.

어제 타설한 옥상을 버블시트와 부직포로 덮어야 하는데 바람이 분다.

그나마 오전은 간신히 반 이상 마무리했으나 오후가 되자 보다 강한 바람에 모든 게 날리기 시작했다.

나는 팀장에게 더 이상의 작업은 무리니 이미 깐 것을 보완하자 했다.

그는 동의를 했으나 작업 김 반장은 무조건 깔기를 지시한다.

나는 버블시트를 제외한 채 부직포만 깔자고 한 번 더 제의했고 팀장을 통해 전달되었으나 반장은 이 역시 무시했다.

그는 지금의 날씨가 콘크리트 양생에 전혀 문제없다는 사실을 묵과

한다.

이는 지시받은 대로 일하는 자의 숙명이고 이제 나는 건축 기사가 아닌 잡부라는 현 위치로 돌아간다.

하지만 결국 내가 권고한 대로 작업은 취소되었고 안전에만 치중하게 되었다.

내 말을 들은 팀장과 무시한 김 반장의 속마음이 어떤지 궁금하다.

소득도 없는 바람과의 싸움으로 하루 일을 마쳤다.

아는 내용을 입 다물고 있어야 하는 사람이 이 사회에 얼마나 많을까 생각하며 그래도 잡부 일당은 기꺼이 받는다.

오늘은 8일 차이나 60세 이상이라 삼대 보험료만 제외되어 86,000원을 받았다.

그런데 사장은 94,000원을 주었고 나는 바로 되돌려주었다.

하지만 정직의 보람도 없이 그는 옆의 총무에게 깐죽대지 말라고 핀잔을 준다.

돈이 돌아온 건 아무 의미 없고 자신이 실수한 것만 쪽팔린 것이다.

아니면 속으로만 생각했을지도 모르지만 말이다.

오늘 재미있는 일은 새로 온 사람이 팀장에 대해 말한 것이다.

그는 지금의 팀장과 강릉에서 일한 경험이 있는데 정말 사람 좋고 동료를 잘 챙겨 준다고 한 것이다.

그의 말에 의하면 지금의 내가 팀장 복 속에서 일하는 것이다.

사실 점심시간이 다가오자 그는 내게 미장 장비를 정리하라 시켰는데 이는 자유 시간을 주는 것과 비슷하다.

또한 가급적 쉬운 일을 주고 가끔 내가 무거워하면 다른 이에게 시키기도 한다.

특이한 것은 대부분의 팀장은 자신보다 많이 배운 사람을 싫어하는데 그는 전혀 내색 없이 자기식으로 사람을 평가한다.

어쩌면 내 학력을 모를 수 있고 아니면 연장 근무 가면서 담배 두 개비 챙겨 준 게 고마웠는지도 모른다.

생각보다 사람은 사소한 것에 감동하고 나도 마찬가지이다.

친절이나 배려를 자신의 위치 때문이라 착각하는 사람을 제외하고 말이다.

지갑 안에 돈이 많아 세어 보니 85만 원이 넘는다.

3주간 일해 집세와 전화 요금 70여 만 원을 내고 통장에 80만 원 그리고 현금 85만 원이면 이미 쓴 담뱃값 등을 포함해 300만 원 정도를 번 것이다.

이대로 가면 작업 100일째 되는 날에는 출판 의뢰를 할 수 있다.

첫 번째는 《필리핀 데카메론》으로 내 글 중 가장 재미있다 평가받은 소설이다. 비록 자비 출판이지만 내용에 자신 있으니 판매도 가능하리라 본다.

다음은 지금 쓰는 글이나 검토에 최소한 두 달은 걸릴 것이다.

계속 일하며 책 나오기를 기다리는 일도 재미있을 것 같다.

## 118. 3월 9일 토요일 맑음. 작업 84일 차

오늘은 즐거운 토요일이다.

오래전 한국을 떠났던 나는 아직도 토요일 밤의 열기를 그리워한다.

그 당시 학교와 일반 회사원은 오전 근무였기에 거리는 놀러 나온 사람들로 붐볐었다. 지금은 주 5일 근무로 '불타는 금요일'이라 하나 내겐 생소하다.

어쨌든 매일같이 열심히 일하고 하루 이틀을 놀고 쉬는 것은 틀림없다.

참으로 먹고살려고 일만 하는 동물은 인간이 유일하다.

TV 다큐인 〈동물의 왕국〉을 보면 대부분의 동물은 거의 일을 하지 않는다.

육식 동물은 사냥이 성공하면 잠만 자고 초식 동물은 이동을 제외하면 하루 종일 서서 먹기만 한다.

인간만이 장시간 일하고 업무 스트레스에 시달리며 심지어 사무직이 아닌 노가다는 매 순간 생존이 달린 것처럼 온 힘을 다한다.

참으로 각박한 인생이나 이 기구한 삶을 벗어날 수 없다.

고등학교 시절 전교 1, 2등을 다투던 두 동창이 생각난다.

서울대를 나와 하나는 변호사, 다른 이는 치과의사이다.

내가 만난 치과의사는 작지 않은 건물을 소유했고 진료도 편한 예약제이다.

하지만 이 나이 먹도록 아직도 열심히(?) 일을 하며 살아간다.

필규가 말한 변호사 동창은 삶에 대해 보다 색다른 결론을 내렸다.

인간의 삶이란 고난의 연속이기에 더 이상 자녀를 갖지 않기로 한 것이다.

　이미 나이 먹은 그들이 아니라 세 딸에 대한 것이지만 그녀들은 기꺼이 동참한다고 한다.

　솔직히 난 그 동창이 아들 하나 있었어도 그런 사고가 가족 내에서 동시에 가능할까 의심된다.

　공부 잘한 두 동창은 나름 인생을 완성시켰지만 태도는 부정적 또는 만성적이다.

　돈 한 푼 없는 나는 아직도 삶에 긍정적이고 인생에 대한 호기심이 가득하지만 말이다.

　아직도 진행형인 내 인생에 축복을 내리고 싶다.


　삶을 돌아보며 현장에 도착하니 새로 온 동료가 기침을 한다.

　함께 들리는 천명음은 차가운 바닷바람 때문이라 나는 벤토린을 주었다.

　정확한 병 진단을 위해 병원에 가야 하지만 일단 호흡은 좋아졌다.

　의사에게 처방받아 동남아 배낭여행 때 가지고 다녔던 상비약으로 버틴 지 이미 1년이 넘었고 지금은 거의 소모된 작은 약일뿐이다.

　하지만 그는 그냥 준다는 게 이해가 되지 않는가 보다.

　이놈의 노가다 현장은 작은 지식이라도 생색내고 이용해 먹는 게 대부분이다.

　잘 알지도 못하는 남에게 잔소리와 반말로 지시하면서 말이다.

　나는 이런 노가다 판에서 작은 혁명을 이루고 있다.

　친절하고 배려하며 말씨를 곱게 쓴 것으로 효과는 먼저 현장에서도 나타났다.

그 당시 함께 일했던 몽골 친구들이 지금도 나를 만나면 반갑게 인사한다. 어떤 목적도 없이 그저 나 자신을 위해 스스로 친절했을 뿐인데 말이다.
그런데 아직도 그들에게 뭔가를 주고 싶어 하는 나는 미친놈인가?

오늘은 어제 한 보양을 모두 제거해야 한다.
날씨가 좋아 굳이 보양이 필요 없다고 어제 내가 예측한 내용이다.
오히려 강한 바람에 보양물이 날아가면 위험할 수도 있다.
오늘 출근한 안전기사 자격이 있는 어린 동료 유 규상에게 물어보니 초속 15m가 넘으면 무조건 작업 중지란다.
그는 내 아들과 동갑인데 다가오는 5월 결혼을 앞두고 있다.
친근감에 예비 신부를 물어보니 프리랜서로 인테리어 설계 일을 한단다.
혹시나 해서 커피에 대해 말했으나 그는 로스팅까지 할 줄 알지만 커피를 좋아하지 않는다고 대답한다.
나처럼 커피를 좋아해 연구하는 사람도 있지만 장사와 개인 기호는 별개이다.
그의 솔직한 대답에 좀 더 많은 이야기를 하려다 부담될까 멈추었다.
내가 먼저 말하면 오지랖이고 본인이 묻기까지는 아직 시간이 더 필요하다. 같이 계속 일하면 기회가 있을 것이고 아니면 인연이 없는 것이다.

팀장에게 저녁 같이 먹자고 했으나 바쁘다 한다.
거절인가 확인하려고 다음 주를 예약하니 시간 되면 자신이 연락한단다.

거절치고는 표현이 상당히 세련됐는데 역시 단순 노가다는 아니다.
이제 나에 대한 안배를 넘어 그에게 새로운 흥미가 가는 순간이다.

하지만 그는 함께 일할 때 팀을 지휘하는 건 꺼려한다.

그 대신 박 씨가 나섰는데 말투가 부탁하는 어조에 고맙다는 말도 한다.

보다 현명한 그는 내가 추구하는 방향을 이해한 모양이다.

그러나 나와 멀어진 김 씨는 새로 온 사람들과 사소한 시비가 있었다.

아무것도 아닌 일이지만 그놈의 야단치는 듯 하는 버릇없는 말투에 열심히 일하던 상대는 결국 화를 내고 만다.

그들은 어제 일을 너무 열심히 잘한, 내가 칭찬했던 새로 온 동료들이다.

이제 너무도 가벼운 그의 처신이 오히려 안쓰럽게 느껴진다.


고시텔에 오니 주문한 육포가 도착해 있었다.

호주산으로 300g에 17,000원이니 싼 건 아니지만 고깃집보다는 저렴하다.

그리고 가지고 다니며 먹을 수 있어 비상식으로도 가능하다.

주식이 될지는 일단 먹어 보고 판단하겠지만 맛은 좋았다.

추가로 시장에서 돼지고기도 2kg이나 샀다.

채소나 감자보다 싼 돼지고기는 김치 넣고 졸이면 훌륭한 음식이 된다.

하지만 가장 좋아하는 요리 방식은 잘게 썰어 다진 마늘과 양파 넣고 바짝 볶는 것으로 일종의 필리핀 음식이다.

여기에 청양고추를 좀 넣으면 그냥 밥하고 먹어도 최상의 맛이 나온다.

나의 최애 음식이 고시텔의 약한 인덕션에 의해 요리가 거부되는 게 안쓰럽다.

　물론 할 수는 있지만 두 시간 이상 걸리고 맛도 약하기 때문에 굳이 할 이유가 없다.

　고기는 익히는 데 시간이 걸려 주로 버터와 빵을 먹었다.
　요기는 됐으나 이상하게 단 게 당기고 특히 달콤하고 향긋한 과일이 생각난다.
　바로 시장에서 비싼 청포도와 바나나를 사 와 마음껏 사치를 즐긴다.
　비싸다는 표현은 청포도가 얼마 전까지는 12,000원 정도 했기 때문인데 지금은 5,000원에 판다.
　가격이 싸진 건 한물갔기 때문이나 사실 농익어 맛은 더 좋다.
　사람도 나이가 들수록 매력이 뿜어져 나오는데 왜 천대받는지 모르겠다. 물론 사회적 지위가 있거나 돈이 많으면 대접이 다르나 진실은 아니다.
　노인네의 가치는 모든 것을 이해하고 배려하는 마음과 가급적 남의 말을 경청하고 조언해 줄 수 있는 지혜에서 나온다.
　이 글을 쓰며 나도 잘 못하는 일을 떠벌리니 웃음이 나온다.
　하지만 이렇게 스스로 조심하니 나쁘지는 않다.


## 119. 3월 10일 일요일 맑음. 열외 35

　계속 일을 해 오랜만에 열외를 쓴다.

달력을 보니 3주 연속 일을 했고 일요일 근무와 연장 근무가 각기 한 번씩 추가되었으니 지금까지 일한 것 중 최고의 기록이다.

물론 사대 보험이 있어 벌이 면에서는 광주보다 떨어지지만 말이다. 어쨌든 나의 행보는 다시 안정 궤도에 올랐고 앞으로의 계획도 다시 세웠다.

일단 급한 지출을 마친 후 기초 수급으로 돌아가려 했던 걸 포기하고 장기전으로 변화시킨 것이다.

이 현장이 얼마나 갈지는 모르지만 앞으로 최소 두세 달은 가능하다.

그다음은 역시 같은 잡부 일로 배정받으면 올해는 풀로 일하는 게 가능하다.

목표는 3천만 원이지만 2천만 모아도 일단은 성공이다.

그리고 중요한 건 아픈 어깨에도 불구하고 일하는 데 지장이 없다는 것이다.

더하여 체력 안배도 가능하니 잡부 일은 최상의 선택이었다.

하지만 갑자기 출판을 결심한 것도 새삼스럽다.

그것도 《필리핀 데카메론》을 필두로 지금 쓰는 일기와 《커피 헌터 다이어리》까지 출판한다.

한마디로 노가다로 돈 벌어 기존의 글을 출판하고 그다음 지금 쓰는 글로 승부를 보려는 것인데 처음을 제외하고 순서가 맞는지는 모르겠다.

이 결정은 서 명찬이 준 힌트로 《필리핀 데카메론》이 너무 재미있다는 그의 지인인 영화감독의 평가가 영향을 줬다.

다만 지금까지 내가 꺼려 했던 자비 출판이라 마케팅에 성의가 없을까 걱정되지만 일단 서점에 진열되면 그 효과는 아무도 모른다.

이제 나는 크리스천도 아니면서 신의 가호를 기다리는 처지가 되었다. 더불어 올해가 나와 궁합이 맞는 청룡의 해인 것도 기대하니 아이러니하다.

안전을 기원한다고 차 안에 십자가와 부처를 비롯하여 온갖 부적을 다 지닌 필리핀 택시기사처럼 말이다.

하지만 내 눈에 띈 건 택시기사의 아이가 포함된 가족사진이었다.

가족의 선한 영향력은 은밀한 수호천사가 될지도 모른다.

오늘 오랜만에 필리핀 가족과 장시간 영상 통화를 했다.

아들 유진은 살이 좀 쪘지만 여전히 영특하고 꽤나 유창한 영어를 구사한다.

그리고 그가 보여 준 그림은 독특한 색감으로 나의 시선을 끌었다.

학교 선생도 유진이 재능이 있다 했다는데 서울대 출신에 학교 선생이었던 친할머니가 거의 화가 수준이다.

내가 어려서 본 어머니의 스케치북은 믿거나 말거나 다빈치를 연상케 했다.

하지만 아직 어린 유진의 다른 재능은 아무도 모른다.

중요한 건 내가 빨리 함께 살아야 아들의 재능을 살릴 수 있다는 것이다.

젊은 아내인 크리스도 여전히 밝고 아름답다.

혼자서 생계를 유지하는 그녀는 마닐라에서 일하는데 아마 마사지사일 것이다.

내가 가르쳤고 나를 위하던 마사지가 지금은 그녀와 아들을 먹여 살린다.
 물론 건전성이 논란이 될 수도 있으나 나는 개의치 않는다.
 영화 〈몽골〉에 나오는 테무진의 아내가 그러했다.
 감옥에 갇힌 칭기즈칸을 구하려 수년간 남의 첩이 되어 자식까지 만들었으나 테무진은 그녀를 여전히 사랑하고 자식도 받아들인다.
 내가 가장 좋아하는 영화이기에 내 삶도 닮아 가나 보다.

 오늘은 일기를 15일까지 정리해 명찬이와 박 후배에게 보냈다.
 두 사람의 평을 알기 위함이지만 그들에 의해 내 뜻이 바뀌지는 않는다.
 다만 글이 수필 형태라 너무 무겁고 콘셉트가 노가다란 주제를 너무 벗어나 읽는 사람이 부담 있을까 우려하는 것뿐이다.
 필규에게 안 보낸 이유는 그가 전문가지만 또한 문학 비평가이기 때문이다.
 최선을 다하는 나는 지금 격려가 필요한 늙은 검투사이다.
 나락에서 다시 올라와 세계를 정복하는 칭기즈칸의 꿈을 꾸면서 말이다.
 한때 그를 이유 없는 학살자라 평한 내가 그를 닮아 간다.
 이제야 인간의 본성인 적자생존에 충실해져 가지만 이미 늙은 나는 희망이 없고 내가 원하는 건 그저 작은 실행일 뿐이다.

 오랜만에 열외를 쓰니 사고의 자유로움을 느낀다.
 다음 주 일요일도 필리핀 가족과 영상 통화 하고 다시 열외를 쓰려 한다.

그리고 부디 나의 글 《필리핀 데카메론》이 막힌 내 앞길을 열어 주기를 희망한다.

출판 문의는 자비 출판 비용 250만 원 정도가 모이는 주말에 시도할 것이다.

먼저 돌아오는 집세 45만 원부터 내고 말이다.

당장 출판비 전액을 지불하는 건 아니지만 여윳돈이 없으면 마음이 불안해서 아무 일도 못 한다.


## 120. 3월 11일 월요일 맑음. 작업 85일 차

아직은 쌀쌀하지만 해가 뜬 후는 따사롭다.
그리고 어제 필리핀 가족과 장시간 통화한 나는 마음속까지 훈훈하다.
아침부터 미소 짓는 내가 바보처럼 보일지도 모르지만 개의치 않는다.
모든 것이 순조로운 나의 꿈을 막을 자는 아무도 없다.
이는 교만이 아니라 지금까지 무척이나 애써 온 나에 대한 자위이다.
최선을 다했기에 안 돼도 실망하지 않으려는 것이다.
떠오르는 태양은 이런 나에게 용기를 더해 준다.

오늘 일은 오랜만에 다시 하는 미장이다.
연장을 챙기고 모르타르를 리어카로 나르면 일이 시작되는데 팀장은 기공, 나는 데모도로 한국말로는 조공이다.
일은 하던 대로 무난했고 전혀 힘들지도 않아 계속하고 싶을 정도이다.

현장은 7층으로 마무리되나 현재 6층도 다 안 되었기에 한 달 이상 걸린다.

옥상 공사까지 끝나려면 최소한 4월 말까지 걸릴 것이다.

하지만 내가 필요한 돈 천만 원을 위해서는 공사가 지속되어야 한다.

그 말은 본 공사가 아니더라도 부속 건물을 지원할 수도 있다는 말이다.

어떤 건물을 어떻게 지원하는지는 모르나 인원은 감축될 것이고 나는 그 팀에 잔류하려는 것이다.

지금 내가 팀장에게 목을 매는 이유가 그러하다.

오후가 되자 날이 확연히 풀려 추운지 전혀 모르겠다.

그럼에도 땀이 안 나는 건 일이 쉽기 때문인데 자재 정리 같으면 벌써 땀에 젖은 내복을 갈아입었을 것이다.

또 그만큼 몸도 축나 팔다리는 한없이 가늘어지고 말이다.

이번에 쿠팡에서 대량 구입한 육포는 그런 면에서 탁월한 선택이었다.

가격은 비싸지만 몸무게가 늘기 시작하니 적당한 운동을 하면 근육도 붙을 것이다.

노가다하면서 운동을 한다는 게 이상하지만 정말 필요하다.

헬스 트레이너였다는 후배 동료 이 ○학도 다시 운동을 시작한다고 한다.

노가다를 한 후 더 힘든 운동을 한다니 매우 아이러니하다.

하지만 그의 말에 의하면 노동과 운동은 별개이고 나도 그렇게 생각한다.

한마디로 운동은 근육의 축적이고 노동은 소모를 하는 것이다.

일 마치고 돌아오는 차 안에서 명찬의 메시지를 발견한다.

어젯밤 보낸 이메일과 연락을 이제야 본 것이다.

직접 통화하니 그는 내가 보낸 일기를 한 번에 읽었다며 매우 고무적이다. 친구가 출판하려는 글이기에 그럴 수도 있지만 명찬은 전혀 아니란다.

그는 스마트폰을 이용했기에 재미없으면 절대 끝까지 안 본다고 역설한다.

어쨌든 그의 관심과 진실된 대답은 내게 큰 힘이 된다.

나는 출판 스케줄을 의논, 아니 내가 정한 내용을 물어봤다.

《필리핀 데카메론》, 내가 지금 쓰는 일기 그리고 《커피 헌터 다이어리》 순이다.

이미 정하고 말하는 내 계획에 명찬은 어떤 평도 하지 않는다.

다만 "너 참 대단해." 하는 정도로 나의 사기를 북돋을 뿐이니 산전수전 다 겪은 그의 관록을 볼 수 있는 순간이다.

명찬은 당장의 결정이 중요한 게 아니란 걸 알고 난 그래서 그 친구가 좋다.

내 계획은 잘될 수도 안될 수도 있다.

잘되면 커피를 팔 수 있어 금상첨화이고 안되면 내가 쓴 글의 출판이다.

자비 출판이니 인세가 높아 어느 정도만 팔리면 자금은 회수된다. 운이 좋아 반응이 좋으면 정식 출판으로 계약하여 스테디셀러도 가능하고 말이다.

어느 쪽이든 출판은 손해 볼 일 없으나 문제는 자금이다.

세 권 모두 출판하려면 최소 천만 원은 드는데 내가 석 달 이상 일해야 하고 생활비는 별도로 모아야 한다.

만일 두 달 만에 이 현장이 끝나면 책 한 권 출판한 후 다음 현장을 기다려야 하는데 역시 적지 않은 돈이 필요하다.

어쩌면 출판 때문에 올해 초처럼 다시 경제적 어려움에 빠질지도 모른다.

커피를 새로 구입한 후 집세도 못 내 고생한 것처럼 말이다.

팀장은 일이 지속될 것처럼 말하지만 난 아무도 믿지 않는다.

그가 못 미더운 건 아니지만 기대가 허물어지면 실망 정도가 아니라 정말 낭패이기 때문이다.

하지만 항상 그래 왔듯이 나는 여유 없는 모험을 즐긴다.

일종의 도박이라 할까? 내 인생의 모든 걸 겨우 노가다 수입으로 도전한다.

미쳐도 이런 광기는 없겠지만 나는 웃으며 실행한다.

최선을 다해 왔고 앞으로도 그럴 것이기에 '안 되면 말고'이다.

이렇게 써 놓고 웃고 있으니 참 대단한 마음이다.

## 121. 3월 12일 화요일 비. 작업 86일 차

오늘은 참치샌드위치로 맛없는 현장 아침을 대신한다.

일부러 요리해야 하고 재료비도 적지 않지만 먹는 즐거움을 버리긴 싫다.

파리바게뜨에서 산 우유식빵은 촉촉함을 유지했지만 세 쪽은 넉넉하지 않았다.

조금 모자란 건 편의점에서 산 찰떡파이로 대신했다.

식사를 하면서 내가 좋아하는 아델 노래를 듣는다.

차 안에서도 자주 듣지만 노가다 식당에서의 감미로움은 또 다른 사치이다.

고음이 아닌 그녀의 목소리가 좋은 건 보다 인간적이기 때문이다. 태생적인 재능으로 매번 새롭게 바꿔 나가는 그녀의 삶만큼이나 말이다.

이는 끝없는 어려움을 겪었던 소향과 너무 비교된다.

그녀 역시 천부적이나 자기 발전을 위한 후천적 노력을 간과할 수 없다.

사회적 결과는 다르지만 두 사람 중 누가 진실로 행복할지는 아무도 모른다.

난 지금 두 사람의 입장 사이에서 나이만 먹는 중이다.


오늘 일은 다시 미장 땜빵이나 두 사람이 추가되었다.

먼저 나를 돕던 유 규상과 팀장을 따르는 부평 출신의 다른 젊은이이다.

일도 오전에는 레미탈을 날랐으나 오후는 내가 직접 미장을 해야 했다.

데모도가 갑자기 기공이 된 것이지만 일당이 오른 건 아니다.

사실 땜빵 정도의 미장은 손이 빠른 내가 잘할 수 있는 일 중 하나이다.

하지만 난 가급적 티 안 내려고 천천히 일을 마무리했다.

내 보직인 잡부란 직업에 충실해야 하고 팀장의 자존심을 건드릴 필요도 없다.

  천만 원을 벌어야 하는 나는 팀장이 어떤 권한이 있는 줄 모르지만 모든 가능성을 배제하지 않는다.

  그의 말에 의하면 이 현장이 내년까지 연장될 수도 있다고 한다.

  내가 장기간 일하기를 원한 것은 일이 힘들지 않기 때문이다.

  일반 직장처럼 출퇴근하고 필요하면 휴일도 가능하며 그리고도 체력이 남아 매일 글도 쓸 수 있다.

  한마디로 이제 여유 있고 안정적인 노가다 인생이 된 것이다.


  약해지는 체력을 위해 먹은 육포는 도움이 되었다.

  아직 회복된 것은 아니지만 더 이상 나빠지지 않고 원기가 살아난다.

  글을 안 쓰면 정말 운동도 할 수 있는 정도니 성공한 셈이다.

  가격이 좀 비싸지만 장기적으로 가려면 그 정도 돈은 투자라 볼 수 있다.

  난 오늘 쿠팡에 슬라이스치즈와 피클 그리고 마요네즈를 주문했다.

  이제 본격적으로 내 스타일대로 살기 시작할 것이다.


  젊은 동료 유 규상은 5월에 결혼한다고 한다.

  재미있는 건 그는 이 직업을 계속할 거라는데 신혼여행은 동유럽이다.

  해외여행 한 번 안 가 본 사람이 많은 노가다 업계에서는 매우 이례적인 일이다.

  나는 그의 건전한 사고가 좋아 많은 이야기를 나눈다.

  물론 거의 여행에 대한 이야기이고 간간이 커피도 운을 띄운다.

  그는 경험은 부족할지 모르지만 정보에 밝은 젊은이답게 모르는 게 없다. 그가 대학을 안 가고 독학으로 안전기사 자격을 딴 것은 이유가 있을 것이다.

이는 아들 상호가 4년제 대학 필요 없다고 한 것과 유사하다.

확실히 세상은 변했고 젊은이들의 사고는 보다 현실적이 된 것이다.

대학을 나와야 사람 구실 한다는 이상한 논리에서 스스로 벗어난 이들에게 축복을 내리고 싶다.

우리나라가 진정으로 선진국이 된 결과물이기 때문이다.

동료 하나가 식사 카드를 분실해 팀장이 스트레스를 받는다.

분실 카드를 누군가 쓰면 잃어버린 사람이 모두 지불해야 함에도 소홀하다.

그냥 돈이라 생각하면 되는데 모양이 카드이니 실수한 것이다.

이 외에도 팀장은 인원을 체크하고 작업을 보고하며 출퇴근용 차를 운전한다.

별도의 수입이 있는지는 모르나 일도 하는 팀장으로선 모든 게 쉽지 않다.

그래서인지 나를 대하는 태도 역시 일률적이지 않고 불안하다.

그와의 공존을 위해 최선을 다하지만 그는 나에 대한 경계를 멈추지 않는다.

좀 더 시간이 필요할 수도 있지만 많은 현장 경험이 독이 된 것 같다.

믿는 만큼 손해를 봤다 표현하면 맞을 것이다.

그런 감정은 두 젊은이와 함께 일하는 내게서도 나타났다.

둘이 친해진 후 갑자기 일은 안 하고 떠들기 바빠 내가 마무리해야 했다.

별로 힘든 것도 아니지만 조금은 짜증이 났다.

하지만 나는 내가 아직 진정한 잡부가 아니란 생각이 들었다.

그들이 그러거나 말거나 무사히 일이 끝났으면 된 것이다.

나는 그들에게 먹을 것을 주며 다시 미소를 보낸다.

진짜 문제는 집에 돌아온 후이다.

하나 남은 캐러멜을 씹자 부러진 이빨이 묻어 나온 것이다.

처음에는 제조상 문제였나 했지만 생각지도 않은 그놈은 내 이빨이 틀림없다.

그것도 잇몸에 문제가 있던 그놈이 아니고 말짱하던 다른 놈이다.

부러진 이빨을 보니 20년도 넘은 시점에 치료한 흔적이 있다.

내 왼쪽 상부의 치아는 빠진 놈과 흔들리는 놈 그리고 부러진 놈까지 있다.

임플란트를 생각하지만 아직 때가 아니고 내년이면 공짜로 두 개 할 수 있으니 기다릴 것이다.

그 안에 수입이 생긴다면 바로 하겠지만 말이다.


## 122. 3월 13일 맑음 수요일. 작업 87일 차

일기를 쓰고 정리하는 시간이 많아져 잠이 부족하다.

그만큼 일이 편한 것도 아니기에 아침 출근 시간에는 피곤이 몰려온다. 그런 와중에 도시락을 가끔 준비하고 재료를 위해 쿠팡을 이용한다.

이번에는 슬라이스치즈와 피클 그리고 대용량 마요네즈이다.

우유식빵 한쪽에 잼을 약간 바르고 햄과 치즈를 넣은 후 사이에 마요네즈에 버무린 참치와 양상추에 피클을 더한다.

이런 샌드위치를 네 쪽 먹으면 아침 한 끼가 되나 풍족하지는 않다.

그래서 여섯 쪽을 만들어 시장기를 느끼면 아무 때고 먹는다.

먹는 것을 신경 쓰니 견딜 만하고 뱃살도 조금 생겼다.

남들은 빼려고 안달하지만 난 늘어나는 배의 피하지방에 안도를 느낀다.

너무 살이 빠져 늘어난 피부가 보기 싫기 때문이다.

잠을 충분히 자면 탄력이 생기겠지만 일기에 매일 2~3시간을 할애하는 나는 근육량 감소를 걱정하는 처지이다.

요즘 이해한 것은 잘 먹어도 충분히 자야 살로 간다는 것이다.

오늘도 2시에 일어나 일기를 쓰는 나는 내 커피가 없었으면 벌써 모든 걸 포기했다.

사향이 포함된 커피 탓인지, 그저 카페인 효과인지 모르지만 습관적으로 마셔 온 시벳커피는 무엇이든 가능하게 했다.

정말 믿거나 말거나인데 이 사향 효과를 마케팅으로 이용하지는 않는다.

의학적으로 입증하기 어렵고 말 많은 사람들이 떠들어 대는 것도 싫기 때문이다.

내 커피를 팔다 보면 장기 복용한 사람들은 이해할 것이다.

예를 들어 '사향커피를 마셨더니 집중력이 향상되었다.' 등이다.

오늘은 이 씨가 안 나왔다.

특별한 관계는 아니고 나에게 예의를 갖추는 사람 중 하나이기 때문이다.

젊은 두 친구와 박 후배 그리고 그는 내가 편히 대할 수 있다.

다른 이들도 나쁜 관계는 아니지만 굳이 말을 섞지 않는다.

기껏 대화 주제가 노가다이기에 머리 아픈 나는 더 이상 들을 이유가 없다.

어쩌면 항상 친절한 것 같은 내가 상당히 이기적이기도 하다.

금전적 여유가 없어서가 아니라 남은 삶이 얼마 남지 않은 늙은이의 사는 방식이다.

난 쓸데없는 농담으로 보내는 시간이 아까운 것이다.

하지만 나는 지금 노가다하면서 시간과 육체를 소모하고 있다.

오늘 일은 어제 타설한 콘크리트 보양이다.

바람이 잦아들어 일은 어렵지 않으나 지시가 잘못되어 시작이 어렵다.

충분하지 않은 인원을 대신하려고 내 몸은 빠르게 움직인다.

마음먹으면 일반인보다 2~3배 많은 일을 할 수도 있게 내 몸은 특화되어 있다.

부지런히 움직이니 아직 추운 날씨에도 땀이 나기 시작한다.

하지만 이런 상태가 계속되면 피로를 느끼기에 일당쟁이는 삼가야 한다.

노가다 잡부는 일을 잘하는 게 능사가 아니라 계속 일할 수 있어야 한다.

몸과 체력은 당장 현금화시킬 수 있는 자산인 것이다.

이번에 열심히 한 이유는 총 관리자인 황 반장이 보고 있기 때문이다.

일당 노가다는 가끔 쇼맨십이 필요하다.

인원이 충원되자 여유가 생긴 팀장이 연장을 가져오라 시킨다.
일하다 창고로 가는 건 여러 가지 혜택이 있다.
화장실을 갈 수 있고 간식도 챙기지만 휴게실에 들러 담배도 한 대 필 수 있다.
그런데 묘한 일이 발생했으니 내가 버린 꽁초가 깡통으로 된 재떨이 안에서 필터를 아래로 하여 똑바로 선 것이다.
그것도 가느다란 슬림형 담배가 말이다.
이 같은 현상을 어떤 계시로 본다면 이상하지만 난 상상을 즐기고 있다.
아침에 떠오르는 태양을 보며 희망을 느끼듯이 말이다.

일은 계속되어 반이 끝났으나 나머지는 피니셔 작업 중이다.
피니셔는 회전 날로 콘크리트를 압착하여 면을 고르게 하는 기계이다.
우리 팀은 바로 아래 6층으로 내려와 바닥 청소를 한다.
타설 시 흐른 콘크리트 물이 굳은 걸 긁어내고 모아서 버려야 하는 것이다.
이 작업은 무리 없이 할 만했으나 젊은 두 친구는 일이 어설프다. 이런 경우 남 탓하지 말고 내가 열심히 하면 된다.
열심히 하는 모습이 자주 보여서인지 직영반장들이 내게 존칭을 쓴다.
물론 나이도 있어서이지만 아직까지 나에게 함부로 말하는 사람은 없었다.
내가 호흡을 맞춰야 할 우리 팀장을 제외하면 말이다.

팀장이 일할 때 반말하는 건 내가 묵인한 상태이다.

일할 때는 반말이 효율적이고 굳이 존칭이 필요하지도 않기 때문이다.

물론 일이 끝나면 서로 존칭을 쓰는 건 당연하다.

나는 이 점을 유념하면서 가급적 팀장의 위상을 올려 주려고 애를 써 왔다.

그리고 그 결과가 나와 아무도 팀장을 함부로 하지 않는다.

하지만 반대로 팀장은 나를 함부로 대하기 시작한다.

내가 돈이 절실하다는 걸 안 후 약점이라도 잡은 것처럼 말이다.

희망에 대한 노력의 절실함과 당장 먹고살려는 간절함은 다른 것이다.

팀장은 나를 어떻게 봤는지 모르지만 후자로 착각하고 있다.

가급적 나에 대한 말을 아낀 결과이지만 그는 너무도 옛날 방식이다.

마치 진짜 데모도 하나 데리고 다니며 가오 잡으려는 모습이기 때문이다.

이런 현상에 대해 나는 특단의 조치를 내리기로 했다.

현장 일 한 지 6개월이 넘어가니 어떻게 처신해야 할지 아는 것이다.


나는 돌아오는 차 안에서 박 씨에게 전화를 했다.

광주에서 욕하며 함께 일했고 이후 형님이라 부르는 사이지만 그리 중요한 건 아니다.

팩트는 그와 난 안 팀장의 복귀를 기다리고 있기 때문이다.

난 그를 만나기로 했고 운전하는 팀장이 신경 써서 듣는 모습도 포착되었다.

사실 일 나가는 건 사무실 소관이지 팀장은 아무런 권한이 없다.

단지 내가 나이가 많아 약점이 있고 팀장은 자신이 권한이 있다고 생각하는 것이다.

아니 그런 척하는 것인지도 모른다.

어쨌거나 박 씨는 일을 나가기 시작했고 그럼 나도 가능하다는 소리다. 다가올 4월과 5월은 일 년 중 일이 가장 많은 달이기도 하고 말이다.

나는 이 전화 한 통으로 나에 대한 팀장의 태도가 달라질 것으로 판단한다.

아니면 그와 가급적 말을 아끼는 것이 다른 방법이다.

"현장에서 좋은 팀장이란 없다."란 말이 실감 나는 순간이다.

## 123. 3월 14일 목요일 맑음. 작업 88일 차

오늘 박 후배와 유 규상이 안 나왔다.

어쩌면 우리 팀에서 경제적으로 가장 여유 있는 사람들이다.

돈에 아쉽지 않으니 자기 볼일 다 보고 컨디션 조절하면서 다닌다.

일당이 15만 원이 넘으면 한 주에 5일 일해도 수입이 300만 원이 되니 커피가 팔린다는 전제하에 내가 원했던 방식이다.

하지만 이 현장은 차비를 제하면 실입금액이 136,000원으로 열심히 다녀야 월 300만 원을 넘길 수 있다.

그들이 안 나와 아쉬운 건 지적 대화를 할 수 없다는 점이다.

배움의 많고 적음을 떠나 현장에서 영어나 해외여행에 대한 이야기를 할 수 있는 사람은 거의 없다.

하지만 박 후배는 과거 직업 때문인지 가식적 인사 정도만 하고 그나마 젊은 유 규상이 나와의 대화에 동참한다.

난 그와 대화하면서 아들에게서 못 느낀 요즘 젊은이의 생각을 배운다.

다른 이들은 각자의 입장이 있어서인지 주제는 거의 현장에 관한 내용이다.

잡부로 현장에 모였기에 더 이상은 말하고 싶지 않은가 보다.

노가다로 만나 그리 친하지도 않고 얼마나 같이 일할지도 모르기 때문이겠지만 미래가 불확실하다는 점도 있다.

예를 들면 얼마 전 한 동료가 자신의 노후 대책과 국민연금에 대해 말한 적 있는데 나를 제외한 누구도 귀담아듣지 않았다.

내년에 국민연금을 받기 시작하면 귀농하겠다는 이상적인 생각을 말이다.

난 그들을 보며 책으로 낼 이번 일기가 팔릴지 걱정이다.

아무리 봐도 개잡부 노가다로는 해피 엔딩이 어려울 것 같기 때문이다.

물론 재미로 타인의 삶을 볼 사람도 있을 것이고 노가다란 직업에 관한 흥미나 필요가 있을 수도 있지만 말이다.

하지만 내가 추구하는 건 직업을 잃은 사람들이 건강만 하다면 일할 수 있고 수입도 적지 않아 노후를 위해 도움이 된다는 내용이다.

일을 시작하는 아침부터 쓸데없는 생각을 했다.

오늘 일은 콘크리트 연결부를 정리 및 청소하는 일이다.

일단 철근 사이의 큰 놈은 손으로 줍고 나머지는 진공청소기로 빨아내야 한다.

큰 놈이 호스에 걸리면 분해해서 빼내야 하기에 시간이 많이 걸린다.

그런데 청소기 이놈을 또 내가 날라야 했다.

본체는 그리 무겁지 않으나 안에 청소 물이 그대로 들어 있어 중량이 상당하다.

그리고 현장에서 철거물을 버릴 수 없고 마지막 층은 리프트가 없어 옥상까지 나르는 일은 쉽지 않다.

문제는 같이 일해야 하는 박 반장이 도와주지 않은 것이다.

얼마 전 휴게실에서 자다 걸린 그는 말로 일하고 남에게 핀잔만 준다.

내가 초보였으면 당했겠지만 이 현장에서는 그보다 고참이고 반장의 별도 지시를 받는다.

하지만 화를 내지 않고 기꺼이 감수하는 것은 그의 얼굴이 검기 때문이다. 술 좋아하는 그의 간이 맛이 갔는지 쉬 피로를 느끼고 힘도 없다.

노가다에서 망가지는 이유 중 하나는 과도한 음주이다.


오후도 오전과 마찬가지로 팀은 분리되어 일을 한다.

직영반장들이 용역을 데리고 직접 운영하는 건데 왜 그러는지 모르겠다.

우리끼리 있으면 일을 잘 안 한다고 보는 모양이다.

어쨌든 나는 박 반장과 함께 다시 팀이 되었고 바닥 청소에 앵앵이(송풍기)를 이용하기로 했다.

문제는 점심시간에 리프트를 이용할 수 없어 직접 메고 10층 이상 되는 높이의 계단을 걸어서 올라가야 한다.

원래는 사용자가 기구를 옮겨야 하나 박 반장은 또 쳐다보지도 않고 가 버린다.

결국 내가 오전처럼 옮기니 왜 힘든 일은 나만 하나 하는 생각이 든다. 하지만 덕분에 나의 하체는 좀 더 강해졌고 등산하듯 즐기며 천천히 올라갔다.

뭐든 생각하기 나름이다.

난 박 반장에게 모처럼 한마디 했다.

현장 일 나오는 사람은 각자 차이가 있으니 서로 도와야 한다고 말이다.

알아들었는지 그는 앵앵이를 가동시키나 잠깐 하고 만다.

나는 개의치 않고 내가 할 일만 하기로 했다.

경험과 능력이 다른 자들이 손발 맞춰 일하기는 쉽지 않다.

그런데 사실 난 어깨가 항상 걱정이다.

광주 현장에서 다친 오른쪽 어깨가 도무지 낫지를 않는다.

조심하지 않으면 과거처럼 한동안 일을 못 할 수도 있다.

누구나 조금씩 결함은 있으나 현장에서는 절대 말하지 않는 게 상책이다.

하루하루 버는 노가다 잡부는 소모품이기 때문이다.

## 124. 3월 15일 금요일 안개 뒤 맑음. 작업 89일 차

한동안 친하던 막내 성주에게 문제가 생겼다.

어제 스마트폰에 붙은 스티커를 뗀 게 문제가 크게 된 것이다.

그냥 조사받고 끝날 줄 알았지만 대장인 황 반장은 그를 퇴출시켰다.

문제는 퇴출 이유가 스마트폰이 아니라 일에 성의가 없다는 것이다.

그뿐 아니라 홍등이도 퇴출되었는데 비슷한 이유이다.

일은 아직 많이 남았는데 인원이 많아서인지, 아니면 분위기를 바꾸려는지 모르지만 현장은 무거운 정적이 흐른다.

난 이상한 이유로 두 번 퇴출된 경험이 있다.

둘 다 오해에서 비롯되었지만 그리 절실하지 않은 모습을 보인 게 문제였다.

일당 노가다는 보이지 않는 눈을 조심해야 하지만 태도도 중요하다. 지시받으면 절대 부정하지 않고 열심히 하는 척이라도 해야 하는 것이다.

물론 이의를 달 수도 있으나 그런 경우는 결과가 확실해야 한다.

하지만 진짜 걱정스러운 일이 발생했으니 2차 건강 검진이다.

어떤 기준인지는 모르지만 내가 대상이 되었고 문제가 있으면 퇴출되기 때문이다.

혹시나 한 나는 갑자기 숨이 막혀 오기 시작한다.

팀장이 내게 함부로 반말을 하거나 일이 힘든 건 사실 중요한 게 아니다.

검진소를 갔으나 내 진단 서류를 찾을 수 없었다.

마침 전화기 배터리가 다 되어 물어볼 수도 없고 말이다.

밖에서 헤매고 있는데 황 반장이 지나가다 지금 뭐 하냐며 핀잔을 준다.

요즘 민감한 그는 일 잘 안 하는 사람만 눈에 들어온다.

자초지종을 설명하니 그는 안에서 물어보라 했고 나는 갓 입대한 군인처럼 씩씩하게 대답하고 바로 행동에 옮겼다.

다행히 문진표는 찾았으나 나를 대하는 간호사들의 눈초리가 이상하다.

2차 건강 검진을 한다는 건 퇴출이 목적인 듯하다.

그리고 혈압 측정 결과 170이 나왔고 관리자는 당연시하는 모습이다.

하지만 혈압에 자신 있던 나는 이유를 바로 찾았다.

하체로 가는 혈관을 누른 무릎 보호대를 제거하고 호흡을 조절한다.

그 결과 혈압은 127이 나왔고 구제된 나는 총책임자인 원장의 진료를 받는다.

진짜 진단은 혈액 검사의 결과를 보는 지금부터이다.

원장은 검사 결과를 하나씩 따져 물었는데 다행히 계속 병원을 다녔기에 적절히 대답할 수 있었고 결과는 일하는 데 적합한 것으로 판단되었다.

그리고 검진은 2차까지라 더 이상 없을 것이라 한다.


검진에서 돌아오니 모든 게 새삼스러워졌다.

팀장이 반말하든 반장이 잔소리를 하든 모든 게 참을 만한 것이다.

그런 마음을 이해했는지 팀장도 나를 다시 배려하기 시작한다.

두 사람이나 퇴출되고 나니 그도 내 필요를 느꼈나 보다.

서로 도와야 하는 우리 사이에 2차 동맹이 형성된 것이다.

그런 미묘한 둘 사이에 나이 어린 유 규상이 함께한다.

건설회사 경력이 있고 5월에 결혼하는 그는 현장 경험을 위해 나온 것이다.

그 말이 진실이든 아니든 그의 행동은 일관적이다.

배운 자는 나름대로 자기 자리를 찾아가지만 더 배운 나는 뭔지 모르겠다.
 순전히 나이 탓인지, 아니면 길 잃은 내가 문제인지 말이다.
 어쨌든 그는 열심히 그리고 유쾌하게 일을 한다.

 그가 한 말 중 재미있는 건 인부들이 담배를 피우는 이유이다.
 평소보다 더 피는 이유는 단지 자유로운 시간 때문이란다.
 담배 피우는 시간만큼은 아무도 간섭하지 않아 가장 떳떳한 시간인 건 맞다.
 그가 제대로 경험 쌓는 것을 느낄 수 있는 대화였다.
 이렇게 현장은 계획이 있는 자와 없는 자의 차이를 확연히 느끼게 한다.

 오늘 하루는 긴장감으로 시작했으나 무난히 마무리되었다.
 어쩌면 사람에게는 적당한 긴장감이 활력이 될 수도 있다.
 현장 노가다뿐 아니라 모든 상황에 적용이 가능해 보이는 이유는 사람의 안일한 태생은 바뀌지 않기 때문이다.
 오히려 일할 기회가 많은 젊은 현장 잡부가 스트레스가 없을지도 모른다.
 이 현장 아니면 갈 곳이 없냐는 사고에는 수많은 인력 사무소도 포함되고 심지어 그들은 지역을 옮겨 다녀도 일하는 데 전혀 지장 없다.
 경력과 이력을 전혀 묻지 않고 나이와 혈압만 따지니 말이다.

 새로 온 이 씨는 이런 장점을 잘 아는 듯 개기고 있다.
 운전석과 조수석 사이에 가방을 올려놓고 나의 제지에도 고집을 부린다.

결국 팀장까지 나서서 한마디 들었으나 사무실에서도 마찬가지로 남의 눈치는 전혀 안 보는 모양새이다.

돈 받으려고 기다리는 동안 그만이 다리를 벌리고 뻗어 앉았다. 늙어 취약한 나는 그 기세를 이해하기 힘들었으나 그리 나쁘지는 않았다.

서로가 이용하는 입장에서 너무 일방적인 저자세도 보기 좋지 않기 때문이다. 특히 호명할 때 존칭 없이 이름만 부르는 총무의 행위는 역겨운 정도이다.

그런 이 씨가 나한테 공손한 걸 보니 자신만의 판단이 서 있는 사람이다.

## 125. 3월 16일 토요일 맑음. 작업 90일 차

나를 형님으로 부르는 이 ○학이 다시 일을 나왔다.

공교롭게도 그는 이틀 전 일을 시작한 이 씨와 오래전에 아는 사이였다.

서로의 친한 정도는 모르나 자신의 관록처럼 큰 소리로 반가움을 표한다.

하지만 이 씨는 차 안에서 박 반장과 약간의 논쟁이 있었다.

난 음악을 듣고 있었으나 술이 덜 깬 박 반장이 계속 떠들었나 보다.

그에게 가까이 가 보니 아직도 술 냄새가 많이 난다.

술 마시고 일 나온 사람은 삶이 절실해 쉴 수도 없는 것이다.

간이 안 좋아 얼굴이 검어지기 시작했으니 그는 술을 끊어야 한다.

그에 대해 팀장에게 말하니 대답이 "어쩌라고."라고 한다.
"알고는 있어라." 하며 응수했지만 모두들 동료의 음주에 대해 관대하다.
사소한 실수도 큰 부상을 넘어 사망으로 갈 수도 있는 현장에서 말이다.
어쩌면 그는 은근히 산재 처리를 바랄 수도 있다.
그리고 사망 사고가 나면 업주가 책임지니 한국에서 건설업하기 정말 힘들다.
광주 현장에서 아침에 음주 측정을 했던 이유를 알 것 같다.
다행히 그는 그리 위험하지 않은 일에 배속되었다.

확실히 내 위치는 상승되어 팀장이 존칭을 쓴다.
일할 때 가끔 반말을 쓰지만 군대처럼 능률을 위한 지시일 뿐이다.
오늘 일은 월요일 타설하는 데크 청소로 시작했지만 팀장과 나는 미장 땜빵 일로 다시 차출되었다.
나는 레미탈 3포대를 먼저 나르는데 중량이 120㎏이라 천천히 움직이면 몸에 큰 무리는 없다.
하지만 크레인으로 이동하는 PC이동과 겹쳐 속도를 높여야 했다.
낮은 언덕 세 곳을 이동해 빨리 건물 안으로 들어갔으나 이번엔 리프트가 기다려 다시 오르막을 달려야 했다.
리어카가 무사히 리프트 안으로 들어가니 모처럼 숨이 차기 시작한다.
가끔은 힘든 미장 데모도(보조) 일이다.

근데 팀장은 미장일을 모르는 듯하다.

그가 미장에 대해 설명하는데 너무 초보적이고 내가 한 말도 인용한다.

예를 들어 벽은 되게 하고 바닥을 질게 한다는데 이는 사실과 다르다. 레미탈에 물을 많이 타면 바닥에 바르기는 좋지만 강도가 저하된다.

그냥 보통으로 해서 눌러 주면 시멘트 물이 올라와 마감이 깨끗해지는 것이다.

난 모든 내용을 알고 있지만 그냥 입 다물고 도와주기만 한다.

팀장의 자존심을 상하게 하고 싶지 않고 아주 못하는 것도 아니기 때문이다.

그리고 역시 잡부라는 내 본분을 지킨다.


황 반장이 일요일 근무로 5명이 필요한데 4명밖에 없다.

오후 2시에 끝나고 관리자도 없어 일이 편함에도 신청자가 없는 것이다.

난 돈 필요해서 노가다하는 사람의 마음을 이해할 수 없다.

연장 근무나 휴일 근무는 매일 나와 열심히 하는 사람의 몫이기 때문이다.

적당히 일하고 쉬는 사람은 정말 목적 없어 보인다.


퇴근길에 이 ○학과 다시 막걸리를 한잔했다.

내가 동료들과 술 마시는 이유는 속마음을 알기 위함이다.

현장에서는 말할 시간도 없지만 말할 이유도 없기 때문이다.

그는 소주 나는 막걸리를 각기 한 병씩 마셨지만 대화는 충분했다.

많은 대화는 아니지만 그의 수준과 스타일 그리고 살아온 인생을 들는다. 말하는 것보다 듣는 게 도움이 되기에 경청하나 귀가 문제이다.

검사 당시 안 좋았던 청력이 갈수록 약해지는 걸 느낀다.

내과 정기검진인 다음 주 화요일 이비인후과 병원에 가 보려 한다.


## 126. 3월 17일 일요일 오전 비. 작업 91일 차

모처럼 일요일에 일을 한다.

휴일은 2시에 끝나지만 오늘은 점심시간 없이 1시에 끝난다.

휴일 아침은 현장 식당이 문을 안 열어 컵라면으로 때우지만 난 집에서 싸 온 샌드위치 4개와 바나나 2개가 있다.

음식에 여유가 있는 것은 혹시나 필요한 동료에게 주려는 것이다.

하지만 공짜로 주는 것도 말이 나오니 조심해야 한다.

내가 주는 간식을 고맙게 먹었던 몽골 친구들이 갑자기 생각난다. 그들은 고마움을 넘어 나에게 답례를 하기도 했으니 지극히 정상적이었다.

생각해 보니 난 한국인 동료에게 뭔가를 받아 본 적이 없다.

광주 현장 식당에서 주는 공짜 사탕을 나눠 주던 김 씨를 제외하면 말이다.

난 아무도 모르게 혼자 샌드위치를 먹었다.


다른 이들은 별로 안 먹고도 잘 버티는데 난 음식이 필요하다.

식사한 지 세 시간이 지나면 배가 고픈 이유를 모르겠다.

안 먹어도 일은 할 수 있으나 현기증이 나고 온몸에 힘이 빠지는데 당뇨병 때문인지 아니면 또 다른 문제인지 모른다.
 조금씩 먹던 평소 습관 때문일 수도 있지만 남과 다르다는 건 쉽지 않다.
 하루 세끼 착실히 먹으며 사는 일반인과 비교하면 말이다.

 오늘은 어린 친구 이 현우와 함께 형틀 팀을 지원한다.
 현장 일이 아니라 현장 창고를 6층에서 7층으로 옮기는 잡다한 일이다. 건설회사는 이런 일에 인건비 비싼 목수 대신 잡부를 이용한다.
 현우는 반장과 함께 7층에 나는 6층에서 다른 직영과 짐을 '스카이'에 옮긴다.
 계단을 이용하지 않아 좋았지만 이상하게 찬 바닷바람이 분다.
 어제 더웠기에 내복도 없이 봄옷으로 바꿔 입은 나는 온몸으로 추위를 느꼈다.
 그 추위는 점심 없는 배고픔과 함께 증폭되기 시작한다.
 한 시간 일찍 가느니 점심 먹고 일하는 게 훨씬 나을 것 같다.
 어쩌면 회사는 1인당 6,000원 정도인 점심 값을 아끼려 했는지도 모른다.
 내 상상의 비약인지 모르지만 어쨌든 바나나로 배를 채웠다.
 하지만 현우는 안 좋아한다며 그런 바나나마저 거부한다.
 그래서 대신 준 야채크래커도 가방에 넣고 나중에 먹는다 하면서 말이다.
 번 돈을 모두 어머니에게 준다는 27살 현우는 착한 청년이다.

 약속대로 1시 퇴근이나 시계를 안 본 나는 5분 일찍 나섰다.

모두 정문 앞에 모여 있기에 나갈 시간이 된 줄 안 것인데 실수였다.

이를 본 팀장이 소리치며 왜 맨날 그러냐며 다그치는데 난 딱 한 번 1분 먼저 간 경우가 있을 뿐이다.

그는 더하여 사무실에서 데리고 가지 말라는 걸 자신이 고집해 나올 수 있었다고 하는데 이는 겁을 주려는 거짓말이다.

광주 현장에서 서 팀장이 써먹은 노가다 판의 고전이다.

문제가 있으면 직영반장이 퇴출을 명하고 그러면 방법이 없다.

한마디로 그는 내 꼬투리를 잡아 팀장인 자신의 권위를 높이려는 것이다.

뻔히 보이는 더러운 수법이지만 나는 대꾸를 할 수 없었다.

당장 필요한 생활비를 만들어야 하고 출판비도 벌어야 하기 때문이다.

모처럼 노가다하는 내 신세가 처량해진다.

그냥 열심히만 해서는 참으로 살기 힘든 세상이 한국이다.


이런 내 기분을 아는지 김 씨가 한잔하자고 한다.

한동안 소원했던 그이기에 승낙했으나 사실 이 ○학과 점심 약속이 있었다.

어제 내가 술을 샀기에 그는 오늘 자신이 사고 싶다는 것이다.

만남은 같은 장소고 시간이 많아 이 씨와 먼저 한잔한다.

술을 마신다고 표현했지만 순댓국 먹고 막걸리 한 병을 나눠 마시는 정도이다.

그와는 내 커피에 관한 이야기를 가볍게 하는 정도로 끝났다.

물론 이 씨는 팀장이 한 행동을 못마땅해하지만 내가 바로 제지하고 말았다.

커피 헌터의 노가다 다이어리

어쨌든 돈이 필요한 나는 계속 일을 할 것이기 때문이다.

나는 노가다 일을 하면서 아우슈비츠의 유대인을 생각한다.
살기 위해서라면 모든 일을 다 하고 몸도 그에 적응하는 경우를 말이다.
영화를 보면 운이 좋은 경우 젊은 여자는 몸을 제공하고 건강한 남자는 강제 노동으로 살아가는데 돈 없는 세상살이가 이와 비슷하다.
지금의 나도 생존을 위해 모든 걸 포기하니 그들과 입장이 동격인가?
사람이 인간 이하의 대접을 받으며 살아남으려는 이유를 잘 모르겠다.
어쩌면 한국에서의 삶이란 고통의 연속인지도 모른다.

김 씨와 헤어지니 식당 밖에는 이 ○학이 기다리고 있었다.
컬러풀한 트레이닝복을 입은 그가 우스웠지만 나는 일단 칭찬을 하고 본다.
어떤 의미든 그의 이상한 작업복보다는 훨씬 낫기 때문이다.
그가 일할 때의 복장은 특이하게도 중국 남방 해적과 비슷한 모습이었다.
계획적인 동료는 평범한 옷을 입고 여유 있는 자는 그나마 브랜드로 치장하기에 작업복 하나로도 생활을 평가할 수 있다.
나는 청바지에 후드티를 입고 위에 작업용 조끼를 두르는 타입이다.
특이한 점은 가슴 부위에 다이소에서 산 시계를 부착하고 있는데 모두 재미있어하고 매우 실용적이기도 하다.
내 시계로 시간을 보려는 사람들은 나에게 고개를 숙여야 하고 말이다.
사실은 일하다 시곗줄이 끊어져 가슴에 걸은 것이다.

이 ○학 씨가 왜 오늘 술 마시자 했는지는 의문이다.

자기주장이 강한 그를 이미 평가한 나는 가급적 일반적인 대화로 진행한다.

혹시나 했더니 역시나라고 그는 자신이 대기업 출신이라 어필한다. 한때 건축 설계도 했고 투시도를 공부하기도 했다면서 말이다.

아무리 들어도 명확한 내용은 하나도 없지만 나는 그의 한계를 받아줬다.

이는 유튜브의 댓글에서 커피숍에서 알바한 사람과 내가 커피에 대해 서로 다른 이야기 하는 것과 비슷하다.

수준 차이가 너무 나면 입을 다물어야 하는데 이 또한 쉽지 않은 일이다.

대부분은 침묵이 부정이 아니라 인정이라 생각하기 때문이다.

자기 말이 먹힌다 생각한 그는 이젠 내가 술 마시는 버릇까지 거론한다.

평범하지 않으면 그걸 고치려는 한국 사람은 참으로 많다.

'왜 그들은 남이 다르다는 걸 인정할 수 없을까?' 하는 연민이 생긴다.

하지만 계속 술을 하자고 해서 서둘러 계산하고 자리를 떴다.

둘이서 소주 세 병이면 나한테는 이미 용량 초과이다.

집에 돌아와 쉬고 있는데 필규에게 전화가 왔다.

아까 식당에서도 받았지만 술자리 예의상 나중에 통화하자고 한 것이다.

내가 메시지를 보낸 건 출판에 관한 그의 조언이 필요한 어제였다.

출판하려는 세 가지 책의 순서가 괜찮은지 확인하려는 것이다.

그는 이미 정한 내 마음을 알고 있는 듯 《필리핀 데카메론》, 노가다 하며 쓴 일기, 그리고 《커피 헌터 다이어리》 순으로 정확히 순서를 나열해 나를 기쁘게 한다.

하지만 내가 요즘 고민하는 해피 엔딩은 상당히 부정적으로 견해를 말한다.

해피 엔딩의 고전과 비극으로 끝나는 현대물의 차이를 거론하면서 말이다.

그리고 요즘 잘나간다는 위대한 작가를 거론하니 책을 출판해 커피나 팔려고 했던 나를 당혹스럽게 한다.

무엇보다 힘든 건 난 인위적으로 글을 이끌어 가지 못한다는 것이다.

난 그냥 느낌대로 일기나 쓰는 아마추어 작가이기 때문이다.

필규는 다른 문제에도 도움이 되었다.

요즘 좋지 않은 청력을 위해 병원을 가려 하니 고등학교 동창을 소개한다.

더하여 잘나가는 이비인후과 병원 총원장인 그에게 노가다나 하는 내 이야기를 했다 하니 놀라운 사실이다.

난 얼굴도 기억 안 나는 동창이지만 진료를 예약할 것이다.

생각이 많으면 인생이 괴롭지만 가끔 통화하는 친구와의 대화는 사막의 오아시스처럼 새로운 힘을 준다.

## 제7장
## 갈수록 편해지는 나의 위치

**127. 3월 18일 월요일 흐림. 작업 92일 차**

어제의 해프닝에도 불구하고 나는 출근을 한다.

소주를 두 병이나 마셨음에도 새벽 두 시에 일어나 일기를 쓴 후이다.

돈을 벌려는 목적보다는 길들여진 생활 습관이 먼저 같다.

술이 뭉친 근육에 도움이 되었는지 온몸에 새로운 힘이 들어가나 숙취로 인한 은근한 피로가 전신에 걸쳐 있다.

술 마시고 일하는 사람들은 이 기분에 몸 망가지는 줄 모른다.

고통을 삭여 주는 술은 여자, 도박과 더불어 노가다하는 사람의 인생 종착역이다.

하지만 현명한 자들은 비록 노가다를 할망정 이를 철저히 통제하니다 자기 하기 나름이다.

현장에서 맛없는 아침을 꾸역꾸역 먹었다.

생각 없이 국에 밥 말아 입안에 넣으면 몸이 필요한지 들어가기는 한다.

생각하는 지능보다 기억하는 본능이 우선하는 알고리즘이다.

그렇다. 몸으로 일하는 현장은 지능보다는 경험에 의한 알고리즘이 우선한다.

어떻게 하나 방법을 생각하면 잔소리가 날아오는 이유이다.

현장 일에 능숙한 자들은 생각하기 전 손이 먼저 움직이기 때문이다.

알고리즘은 또 다른 형태로도 존재한다.

수천 명이 일하는 이 현장 자체도 거대한 알고리즘으로 운영된다.

하지만 보안을 위한 카메라 단속이나, 안전을 위한 교육, 그리고 흡연 장소의 제한처럼 대부분 보여 주기 식이다.

신규 근로자는 새로운 알고리즘에 혼동이 되면서도 여왕벌 산하의 꿀벌처럼 이내 적응하며 살아가는 게 신기하다.

신이 부여한 생존 본능은 모든 것 위에 존재하는가 보다.

팀장은 어제 내가 실수한 이야기를 다시 했지만 말이 다르다.

같은 말이라도 억양에 따라 반응하는 나의 마음도 다르고 말이다.

그와의 동맹이 다시 결속된 건 사무실에서 퇴출되었던 정 씨가 다시 왔기 때문으로 보인다.

두 사람의 관계는 잘 모르지만 정 씨가 이 현장 고참이라 팀장이 나오기 전 목소리를 높였던 것도 틀림없어 보인다.

그가 안 나오자 이유를 설명하며 좋아했던 팀장의 모습이 기억나기 때문이다.

어쨌든 팀장은 자신의 동맹인 내가 다시 필요해진 것이다.

오늘 일은 넘친 콘크리트 철거로 팀장과 둘이 일한다.

분위기는 좋고 나에 대한 말투도 확실히 달라졌다.

물론 지시할 때 반말을 하지만 군대 다녀온 나는 그 정도는 허용한다.

일하다 내가 힘든 일에 차출되었을 때도 강력히 항의하여 다시 부를 정도이다.

철거를 지켜보는 나는 거의 하는 일이 없이 하루를 보낸다.

심심해 일부러 열심히 주변 청소를 했을 정도이다.

이 현장 룰에 의하면 위험한 일은 두 사람이 한 조가 되어야 하기 때문이다.


오후에 지시받은 일은 또 다른 장소에서의 철거였다.

지금까지 주로 일한 앞 건물, 즉 물류 중심이 아닌 뒤에 있는 보다 커다란 생산을 위한 본 건물의 엘리베이터 코어이다.

우리는 전선과 브레이커 등 장비를 들고 갔으나 철거 대상을 찾을 수 없었다.

한동안 담당을 기다렸으나 철거가 아닌 이미 해체된 구조물을 치우는 일이다.

벌써 시간이 어느 정도 흘렀지만 다시 리어카를 가져오기까지 계속 흘러간다.

나야 아픈 발을 이끌며 걸어 다녔지만 팀장은 계속 서 있으니 권력이 있는 자는 체력을 안배할 수 있다.

하지만 그는 자신의 세력 안에 있는 추종자인 나도 챙겨 준다.

철거물을 야적장에 옮긴 후 남은 시간을 단순한 자재 정리 등으로 때운 것이다.

일찍 돌아가 봐야 또 다른 지시가 나올 수도 있기 때문이다.

팀장과 관계가 좋아지자 나는 병원 갈 일을 그와 상의한다.

그냥 통보만 하고 결근하는 남들과 달리 우리가 한 팀인 것을 주지시킨 것이다.

기분 좋아진 그는 수요일과 토요일을 거론했으나 목요일로 결정되었다.

결국 상의가 아니라 통보가 되었지만 그 정도로 충분하다.

그런데 퇴근길에 또 한 명의 식사 카드가 분실된 걸 알았다.

한 달도 안 되어 이번이 세 번째인데 신고만 하면 되기에 사실 큰일은 아니다.

하지만 문제를 권력 보강하는 데 쓰듯이 팀장은 이를 심각하게 거론한다.

아마 나에 대한 제재도 비슷한 맥락이 아닌가 싶다.

생각 외로 팀장은 노가다 부대장이라는 작은 권력을 지향하는 사람이었다. 사람의 본능이란 이런 걸까, 아니면 그의 생존 전략일까 궁금하다.

내가 보기에 그 권력은 남을 지배하는 게 아니라 자신의 일을 좀 더 편하게, 오래 지속하는 것을 목적으로 한다.

난 지금 작은 권력을 행하려는 자의 편에 서 있는 것이다.


일을 마치자 좋았던 컨디션이 무너진다.

아무래도 어제 마신 소주 두 병의 효과인지 피곤하고 졸음이 온다.

그리고 고시텔에 돌아왔으나 갑자기 물이 안 나온다.

라면 하나는 먹었으나 샤워도 못 하고 일기도 다 못 쓴 채 잠이 들었다.

새벽에 일어나 보니 단수가 아니라 샤워 꼭지에 문제가 있었다. 손보려 했지만 시간이 없어 그냥 출근한다.

단순한 해프닝이지만 뜨거운 물 샤워는 육체의 컨디션에 영향을 준다.
그래서 피로를 풀기 위해 가능한 한 긴 시간을 잔 것이다.



## 128. 3월 19일 화요일 비. 작업 93일 차

현장에서 옷을 갈아입는데 날씨가 요상하다.
어제처럼 가볍게 입으려 하다 출근용 외투를 걸쳐 입는다.
이 현장은 안전벨트를 필수로 하기에 한번 입은 옷을 변경하기 어렵다.
그리고 더우면 땀이 나는 정도지만 추우면 일단 힘들고 몸살이 올 수도 있기에 숙고해야 한다.

오늘 일은 5층 바닥에 조금 솟아오른 철근을 제거해야 한다.
1㎝ 정도지만 마무리에 영향을 주기 때문인데 그 숫자가 300개를 넘어간다.
전체 공정은 까고, 자른 후 미장 마감으로 끝난다.
아무리 빨리해도 4~5일은 걸리기에 나는 병원 갈 일정을 수정하기로 했다.
아직 약이 남아 있고 이비인후과는 당장 필요하지 않기 때문이다.
내 눈에 쉬워 보이는 일이어서 흥미를 보였는지도 모른다.

브레이커를 운영하는 팀장은 기공이고 나는 조공이다.
일본말로 데모도인 난 부지런히 전기선을 옮겨 주고 청소도 바로 했다.

누가 보면 정말 열심히 한다 생각할 정도였고 실제로도 보고 있다. 5층은 흡연실이 있어 많은 사람이 모여들기 때문이다.

이 현장은 3층에 화장실(소변)과 휴게실 그리고 4, 5층에 흡연실이 있다.

다른 현장처럼 아무 데서나 싸고 담배 피우는 것이 아니라 지정된 장소만 허용된다.

처음 오는 사람은 좀 불편하지만 그래서 깨끗하고 안전하다.

일은 예상대로 오전이 지났음에도 한 층의 30%밖에 처리하지 못했다.

오후가 되자 나보고 그라인더를 맡으란다.

오랜만에 접하지만 철근 자르는 정도는 내게 아무것도 아니다.

사실 난 용접을 배운 적 있고 대부분의 전동 기계도 다룰 줄 안다.

하지만 지금은 잡부라는 본연의 의무에 충실할 뿐이다.

어쨌든 보호안경은 내 안경으로 대체되었고 방진 마스크만 추가해 출동한다.

현장에서 대기한 것은 여성 안전 요원을 기다렸기 때문이다.

그라인더는 불꽃을 내기에 소방 안전 요원과 같이 일해야 하고 소화기와 불꽃 방지막도 설치해야 한다.

튀는 불꽃은 고열이라 유리창을 때리면 표면이 녹아 흠집이 날 수도 있다.

소화기는 7층에서 옮겨 왔는데 불꽃 방지막은 창고로 내려가 찾아야 한다.

오래전 석면포가 기억나는 나는 다른 형태로 된 방지막을 간신히 찾앉다.

시간이 지나 방염 장비가 내가 모를 정도로 개선된 것이다.

리프트 운용은 1시부터라 팀장은 담배 피우고 쉬면서 천천히 오라 했으나 시간이 많이 남아 그냥 걸어 올라간다.

층수는 5층에 불과하나 층고가 높아 3층만 해도 계단이 120개가 있고 그 이상은 한 층에 33개로 기억된다.

아주 정확하지는 않지만 말이다.

어쨌든 5층까지 오르면 다리가 후들거리고 짐이라도 있으면 진짜 고역이다.

이상한 건 처음 온 날보다 갈수록 계단이 높아 보인다.

심리적인 영향인가? 아니면 현장 일이 편해 내 체력이 약해졌는지도 모른다.

그러고 보니 숨도 조금 차기 시작했다는 느낌이 온다.

다리, 아니 고관절에 통증이 올 뿐 숨 한 번 차지 않았던 내 몸이 말이다.

애연가 팀장과 함께 다니느라 담배를 많이 피워서인지도 모르고 그것도 아니면 정말 휴식이 필요할 수도 있다.

새벽에 일어나 글 쓰면서 담배 피우면 정말 건강에는 최악이다.

본격적으로 일을 시작하니 이번에는 그라인더가 문제였다.

충전식으로 300~400개, 아니 2개씩이니 700개의 철근을 자르기는 무리였다.

이런 작업은 전기선으로 연결된 힘 좋은 그라인더가 필요하다.

게다가 커터 날이 너무 얇아 철근을 비스듬히 자르기에는 적합하지 않았다.

아무리 제품이 유명한 3M이 좋아도 이런 경우는 싸구려 막톱날이 보다 효과적이다.

좀 더 두꺼워 자르기 외에도 철근을 갈 수 있는 값도 싼 막 톱날 말이다.

하지만 난 여성 안전 요원에게 불평할 뿐이다.


일을 하자마자 배터리가 다 되었다.

작업은 바로 중지되었고 난 충전기를 교체하고 추가로 날을 받아야 했다.

12시에 시작한 일이 2시가 다 되어도 진도가 나가지 않는다.

간신히 준비해 재작업을 했으나 날을 대는 각도가 좁아 진행이 여의치 않다.

게다가 새로 교체한 배터리마저 별로 힘을 못 쓰고 말이다.

이런 식으로 일을 한다면 철근을 자르는 데만 일주일은 걸릴 것이다.

그런데 일을 하다 보니 바닥을 완전히 까 철근을 제거한 모습을 보게 되었다.

철근의 깊이는 불과 5㎝ 정도로 망치를 이용하면 그리 어려운 일이 아니다.

난 팀장에게 보고했으나 그는 철근을 제거할 수 없다고 한다.

반생이로 묶여 있는 철근은 구조상 어떤 영향도 없으나 난 입을 다물고 만다.

어떤 게 내게 유리할지 모르고 일단은 팀장을 따라야 한다.

그가 자신이 원한 대로 일을 끌고 가더라도 말이다.

오늘 나의 일은 그렇게 흐지부지되었다.
철거 잔해를 청소하는 데 준비한 쓰레받기가 빛을 봤을 뿐이다. 대부분은 삽을 이용하기 때문이다.
일은 퇴근하는 리프트 안에서 황 반장을 만나면서 벌어졌다.
그는 완전히 제거된 철근을 보았기에 작업 가능성을 타진하지만 팀장은 대답이 없다. 내가 끼어들기 전까지 말이다.
나는 두 대의 브레이커를 가동하고 한 명을 추가해 청소하면 가능하다 했다.
추가 브레이커는 내가 운용하겠다고 하면서 말이다.
내 말을 들은 황 반장은 생각하는 듯했지만 당장의 결론은 없었다.
그는 아직 나에 대해서 잘 모르기 때문이다.
하지만 난 상황을 봤고 또 황 반장과 바로 전화하는 안전 요원을 생각했다.
월드건영에서 3년 근무한 그녀가 모든 내용을 설명할 것이다.
아니면 말고 말이다.


## 129. 3월 20일 수요일 맑음. 작업 94일 차

시간이 되어도 사람이 6명밖에 나오지 않았다.
팀장이 사무실에서 1명을 데려와 7명이 되었지만 인원이 너무 부족하다.

사람들이 다른 곳을 선택하는 건 문제가 있기 때문이다.

시간이 촉박한 현장 운영이나 일당을 초라하게 만드는 사대 보험, 그리고 팀장의 무성의한 태도도 문제가 될 수 있다.

한 가지만 해도 불만이 많은데 여러 가지가 겹치니 그들이 포기한다.

나이 먹은 나만, 아니 꼭 일을 해야 하는 숙명적인 자만 계속 나오는데 주식하는 김 씨, 빚 있는 이 ○국 그리고 박 씨가 그러하다.


새로 온 사람은 오래전 검단 현장에서 본 운전하던 자이다.

긴 머리에 조금 젊은 그는 바람기가 있어 보인다.

성실하지 않고 내키지 않으면 포기하는 신세대 스타일이다.

일이 시작되어 옥상에 청소기를 가져가는데 어린 현우가 혼자 끙끙대도 쳐다보지도 않아 내가 한마디 했다.

오늘 일은 7층 철근 깐 데크의 바닥 청소이기 때문이다.

이제 27살인 현우는 시키는 대로 일하는 성격으로 사회성이 있어 보인다.

고용주가 좋아하겠지만 그에 의하면 안 그러면 잘리기 때문이란다.

중소기업 다니는 아들 상호가 눈에 다크서클을 보이면서도 열심히 일한 이유를 알 것 같다.

높은 임금에 복지가 발달한 대기업과 달리 사람을 종으로 부리는 기업이 많은 게 요즘 시대이다.

보령 박 사장이 한 말 "돈이면 다 돼."라는 말이 그냥 유치한 내용이 아니었다.

오늘의 내 일은 청소기를 돌리는 것이다.

새로 구입한 3대의 모터 달린 진공청소기는 크기만큼 효과가 탁월했다.

그래서인지 김 ○완 반장은 내게 끊임없이 청소를 요구한다.

남들은 한가히 걸어 다니며 철근 사이의 쓰레기를 줍고 있지만 난 쉴 틈도 없었다.

나를 괴롭히려는 것처럼 일이 끝나려 하니 다시 지시한다.

지난 이틀 동안 편히 일하다 오늘 제대로 걸린 것이다.

사실 난 어제 생긴 문제가 어떻게 해결될까 궁금해하고 있었다. 철근 제거가 그라인더 작업이 될지, 아니면 브레이커로 전부 파낼지 말이다.

하지만 난 어떤 의견도 더 이상 제시하지 않기로 했다.

일이 끝날 때쯤 연장 근무가 시작되었다.

데크에 널려 있는 보양물을 수거, 정리하라는 것인데 그 양이 적지 않다.

우리 7명 외 직영까지 일하나 연장 시간은 1시간이다.

이렇게 마무리 시간을 모르고 체력을 모두 소진하면 문제가 될 수도 있다. 집에 가려고 준비한 내 몸은 춥고, 배고프며, 티눈 생긴 발가락은 아파 온다.

하지만 난 등산할 때처럼 30%를 남겨 놓은 비상 체력을 발동한다.

뭐든 마음에서 오기에 나의 심장은 다시 뛰기 시작했다.

문제는 바람이고 나는 내 스타일대로 부직포를 갤 수 있는 시범을 보였다.

하지만 황 반장은 여전히 자기 스타일을 고집하니 나는 자재만 나른다.

모든 일은 각자의 경험에 따른 저마다의 방식이 있다.

그런데 팀장은 황 반장의 방식을 따르나 아무도 그와 일하지 않는다.
바람 부는데 혼자 버블시트를 개려 하니 불가능한 노릇이다.
그렇다. 말 함부로 하고 능력도 없는 팀장을 아무도 좋아하지 않는 것이다.
측은한 마음이 든 나는 그를 도와주나 한 번뿐이다.
난 주력이 된 동료들과 함께 일하고 필요한 경우는 자재도 나른다.

일을 마치자 5시가 되었고 주차장은 서로 나가려 해 혼잡하다.
30분이 지나도 전혀 움직임이 없으나 출구가 보이지 않아 이유를 알 수 없다.
팀장은 주차장을 가로질러 새치기를 하고 다른 차도 끼어들려 한다.
그 차를 공교롭게 앞자리에 탄 나보고 막으라 하는데 전혀 내키지 않는다.
팀장은 자신이 먼저 왔기에 권한이 있다지만 우리 차도 새치기는 분명하다. 불법을 합리화하는 걸 보면 이자는 틀림없이 암울한 과거가 있을 것이다.
내게 눈치가 보였는지 이번에는 다른 차에게 양보하기도 한다.
어차피 나가기 시작하면 고작 1분도 차이 나지 않는데 잔머리를 쓰는 것이다.
그는 전형적인 전라도의 시골스러움을 보인다.
예를 중시하고 남을 배려하는 내가 좋아하는 전라도 양반 스타일은 아니다.
참고로 이 현장의 고정 동료들은 대부분 전라도 사람이다.

차 안에서 생각지 않은 박 후배의 메시지를 받았다.

현재 일 안 나오는 그가 내가 보낸 글에 대한 소감을 보내온 것이다.

그의 말에 의하면 노가다하며 쓴 일기는 동질감에 재미있으나 《필리핀 데카메론》은 내용이 너무 야해 읽지 않았다는 것이다.

그가 나와 통화를 원하는 다른 뜻이 있다 생각했으나 무시하고 만다. 내 글을 다 읽지도 않았다면 이는 모욕이고 또 할 말도 없기 때문이다.

집에 돌아와 통화한 명찬이는 이 내용에 반론을 제기한다.

그는 《필리핀 데카메론》이 하나도 야하지 않고 재미있으니 걱정 말라는 것이다.

난 그와 여러 이야기를 하다 다음 주에 평양냉면을 함께 먹기로 했다.

명찬은 생각보다 박식하고 판단도 명쾌해 나에게 도움이 된다.

고등학교 때는 잘 모르던 그에 대한 관점이 새롭다 느끼면서 다음 주를 기다리기로 했다.


## 130. 3월 21일 목요일 맑음. 작업 95일 차

오늘은 9명이 나왔지만 1명의 신입이 포함되어 10명이 되었다.

신입은 덕산 병원 현장에서 직영반장으로 일하던 사람이다.

나와 동갑인 그는 덕산 병원이 자금난으로 공사가 중지되자 돈이 필요한지 노가다 일당 받으러 다닌다.

남을 부리던 사람이 새로운 현장에서는 대우도 못 받는 신입일 뿐이다.

그가 경험이 많아 일을 잘할지는 모르지만 말이다.

아침 식사로 모처럼 동태찜이 나와 맛있게 먹었다.

그냥 보통 수준임에도 항상 식사가 부실하였기에 상대적으로 맛있다 표현된다.

삼성엔지니어링은 최고라는 삼성물산과는 차이 난다. 하지만 그래도 삼성이다.

난 한국 1위의 회사가 노동자를 상대로 음식 장사 하는 짓을 이해 못 한다.

재료나 맛의 수준이 무료 급식소와 차이가 없기 때문이다.

그나마 점심은 먹을 만하지만 이 역시 아침과 비교해서일 뿐이다.

보안을 위한다는 스마트폰 스티커도 이해가 안 된다.

마음만 먹으면 촬영 방법은 있고 스마트폰 두 개를 가져와도 가능하다.

갑자기 삼성을 지적하는 이유는 어제 한 연장 때문이다.

퇴근하는 자들이 몰린 게이트는 길게 줄을 서 시장통을 연상케 하였고 주차장에서 차가 빠져나가는 데 1시간 이상이 걸린 것이다.

수준 낮은 식사와 더불어 밥 먹자마자 일하는 상황도 불만이었는데 갈수록 내가 생각한 삼성의 수준이 아니었다.

내가 새로이 느끼는 삼성은 국민 기업이 아니라 일반인 위에 군림하는 거대 집단일 뿐이다.

난 그들이 일반 국민을 어떻게 생각할까 하는 의문이 일었다.

오늘 일은 하던 데크 청소로 시작되었다.

어제 하루 종일 청소기를 돌린 대가로 허리는 아프지만 다시 돌려야 한다.

그 이유가 조금 후 감리가 오기 때문이라니 황당하다.

난 생각보다 더러워진 데크를 보고 열심히 일했지만 일은 바로 중지되었다.

다 하지 못했지만 이미 감리가 다녀갔기에 필요 없다고 한다.

물론 바닥에 약간의 콘크리트 조각이 남아도 타설에는 문제가 없지만 보여 주기 식 일이 이곳에서도 일어난다.

노가다 잡부인 나는 시키는 대로 일하지만 건축 기사의 양심으로는 절대 아니다.

데크 연결 부위에 남아 있는 빠지지 않은 슬러지 잔해는 강도에 영향을 주기 때문이다.

넘어가면 그만인 형식적 행위는 사회 전반적으로 널려 있다.

말 나온 김에 한 마디 더 하면 난 먼지투성이로 식사를 한다.

손을 씻거나, 세수도 못 하니 거지보다 나을 게 없다.

물론 식사 전 씻을 수는 있지만 세면대는 수가 부족하고 시간도 없어 대부분 그대로 식사한다.

화장실에 가면 큰 볼일 보려고 길게 줄 서 있는 진풍경은 참으로 이해 못 한다.

그것도 어쩌다가 아닌 매일 벌어지는 일이니 더욱 불만이다.

난 선진국 대한민국 삼성 현장에서 찰리 채플린 영화에 나오는 산업혁명 당시의 노동자의 상황을 느끼고 있다.

기계 부품보다 못한 불쌍한 노동자들 말이다.

처참한 마음과 다르게 바람 안 부는 날씨는 너무 좋다.

난 몸이 풀려 등에 땀이 나도록 열심히 일하지만 대부분의 동료는 몸을 사린다.

일을 열심히 잘하거나 그냥 서 있거나 일당은 똑같이 받기 때문이다.

한참 자본주의의 모순을 말하였는데 공산주의의 병폐가 보여 웃음이 나온다.

난 아직도 지금 대한민국 사회의 정체성을 모르겠다.

열심히 일한 대가는 보상이 아닌 피곤뿐이다.

사소한 차이지만 최선을 다하면 내 능력은 남보다 두 배의 경제성을 지닌다. 전공한 건축 기술이나 지금까지 살아온 경험을 제외하고 말이다.

그리고 똑같은 돈임에도 동남아적 사고를 지닌 나는 상대적으로 크게 느껴진다.

그 거금을 가지고 시장에 가 한동안 먹고 싶었던 딸기를 샀다.

맛이 좀 갔는지 7~8천 원 하던 딸기를 단돈 5천 원에 샀다.

상한 몇 개를 골라내니 진한 딸기 향과 달콤함에 오랜만에 봄기운을 느낀다.

과일은 역시 좀 익어야 맛있다 자위하면서 말이다.

하지만 그놈의 오래된 딸기 때문인지 자다 일어나 화장실을 가야 했다.


131. 3월 22일 금요일 오후 비. 작업 96일 차

어제는 불만스러웠지만 새날의 아침은 새 마음이다.

다만 일의 시작이 다시 청소이나 이번에는 김 씨와 함께이다.

작년 말 광주에서 함께 세대청소를 했으나 잠시 소원했던 그와 말이다.

얼마 전 막걸리 한잔하면서 다시 좋아졌으니 술이란 게 잘만 마시면 몸과 마음에 큰 도움이 된다.

오늘 일은 작업반장 한 명 따라다니며 시키는 대로 하면 된다.

현장 경험은 많으나 준비성이나 호환성은 약한 반장은 가끔 시행착오를 한다.

내가 좀 더 나은 방법을 제시해도 절대 고집을 꺾지 않으면서 말이다.

난 그의 방법에 적응하면서 일하는 법을 터득해야 했다.

기분이 상하지 않게 적당히 아부도 하면서 말이다.

사실 그의 실수는 나 같은 잡부에게 휴식 시간이 되니 나쁠 건 없다.

첫 번째 일을 끝내니 산더미처럼 쌓여 있는 쓰레기를 차에 싣는다.

난 1톤 포터에 올라 마대 자루를 정리하는데 반장 마음에 들지 않는 눈치이다.

그는 내가 경험 없는 걸 알고 차에 올라 자신이 정리한다.

하지만 잡부가 일을 못하는 건 큰 문제가 안 된다.

말 그대로 잡부라 열심히 하는 것으로 모든 게 용서가 되는 것이다.

마음에 안 들면 다른 사람을 선택할 것이고 그건 나의 희망 사항이기도 하다.

개인적 고용보다 여러 동료들과 함께 일하는 게 마음이 편하기 때문이다.

하지만 난 현장 밖에 있는 쓰레기처리장으로 동원되었다.

마대 자루에는 분리되지 않은 쓰레기가 대부분이다.

이를 김 씨가 펼치면 내가 목재와 철 그리고 콘크리트 잔해를 분리하고 나머지는 순수한 쓰레기가 된다.

적지 않은 양이나 반장이 다음 일이 있다고 해 속도를 냈다.

김 씨와 나는 손발을 맞춰 일해 본 적이 있어 마음먹으면 놀라운 효과가 난다.

그 모습이 마음에 들었는지 반장은 담배도 피며 쉬었다 하자고 한다.

당연한 수순이나 흡연장에서 어이없는 경우를 당했다.

삼성엔지니어링 제복의 한 남자가 자신들의 공간이니 담배 피우지 말라고 한다.

내용은 잘 모르겠으나 말투와 표정은 귀족이 농노를 보는 모습이다.

반장은 바로 자리를 떴으나 난 끝까지 피고 일어났다.

내가 비록 노가다하고 있지만 그가 건설회사 간부면 건설업계의 까마득한 후배일 것이다.

난 맞담배 피우며 담소했던 태영건설의 간부가 생각났다.


흡연장의 에피소드는 찝찝한 경험이나 마음에 담지는 않는다.

하지만 내가 인테리어 협력 업체로 일을 했을 때 항상 고자세였던 과거 삼성물산 실무자들이 생각났다.

룸살롱에서 술 먹고 마담이 수금하러 하청업체에 전화한 경우가 있었다.

삼성인으로서의 자부심이 아니라 최고의 회사를 다닌다는 자만으로 가득했던 그들은 사적으로 큰돈을 요구하기도 했었다.

삼성 비서실 투고로 모두 해고되었지만 지금도 그런 일이 가능하지 않을까 우려된다.

아무리 훌륭한 회사에도 양아치는 존재하기 마련이다.


일을 마치고 김 씨와 막걸리를 또 한잔했다.

술은 절제가 가능한 자와 마셔야 대화가 즐겁고 뒤탈이 없다.

재미있는 건 김 씨가 생각 외로 사회 문제에 대해 관심이 있는 것이다.

노가다하는 대부분의 사람은 현장과 일에 대한 이야기가 전부이기 때문이다.

그는 아이 한 명당 1억을 지원하면 인구가 늘지를 거론한다.

가벼운 주제는 아니나 진지한 그를 위해 나는 아는 만큼 대답했다.

먼저 대한민국의 적정 인구는 과거 2천만 명이었으나 지금은 변했다는 전제를 깔고 조건 없이 돈을 주면 인구가 늘어난다고 했다.

예를 들면 임신이 확인되면 2천만 원, 출산하면 3천만 원을 주고, 돌잔치 하면 5천만 원을 주는 식이다.

그는 내 방식에 동의를 했지만 아이 돌봄이 소홀하지 않을까 걱정한다.

난 어차피 국가에서 지원하면 된다며 종지부를 찍었고 그는 고개를 갸웃한다.

남이 들으면 이상하지만 난 상상력을 자극하는 이런 대화가 좋다.


짧은 점심시간에 대한 내용은 김 씨에게 들어 오해를 풀었다.

5시에 퇴근하면 주차장을 나가는 차가 너무 막히기에 월드공영이 1시간 일찍 퇴근하길 바랐고 삼성이 허락한 것이라 한다.

아직 소원한 내용이 많이 남았지만 그래도 오해 하나가 풀려 다행이다.

또 내 말을 들은 것처럼 이상하게 현장 식당 음식 수준이 좋아지기 시작했다.

정말 선입견은 마음 여린 사람의 판단력을 흐리게 한다.

모든 일을 판단하는 데는 시간이 필요하다.


## 132. 3월 23일 토요일 맑음. 작업 97일 차

오랜만에 박 후배가 출근했고 어제 안 나온 유 규상도 나왔다.

그들은 현장 동료 중 유이하게 나와 대화가 가능하다.

여기서 대화라는 건 서로 간의 지적 능력을 교환하는 것을 의미한다.

물론 노가다답게 가끔 농담을 하고 일에 대한 불평도 하지만 지속되지 않는다.

상호 간의 관계가 단절되지 않도록 의무적으로 하는 정도이기 때문이다.

오늘 일은 어제 한 보양을 해체하고 정리해야 한다.

부지런히 일하는데 박 씨가 내가 하는 방식으로 부직포를 개고 있었다.

바람이 불어도 가능하고 혼자서도 할 수 있기에 효율적이다.

하지만 대부분의 노가다는 자신만의 고집이 있어 이는 이례적이라 볼 수 있다.

남의 방식을 따라 하면 그의 능력을 인정한다는 말도 된다.

그렇게 동료들과의 좋은 관계는 내가 일을 지속하는 데 매우 중요하다.

출판이 성공 못 하고 커피도 안 팔리면 해외에서 노후를 보내야 하는데 이를 위해 필요한 최소 자본 3천만 원은 1년간 일해야 모을 수 있기 때문이다.

  노가다 정년인 만 65세까지는 1년 반 남았으니 더 모을 수도 있고 말이다.

  다행히도 이 현장은 지속 가능성이 70~80%이다.

  물론 지금까지 써 온 내 글을 경시하는 건 아니다.

  하지만 3권의 책 출판 비용인 천만 원을 지불하고도 돈이 남아야 한다.

  난 책으로 50%의 성공을, 커피만으로는 20% 미만의 성공을 계산하고 있다.

  둘 다 안 되면 발리에서 작은 식당을 먼저 열고 돈 벌어 커피숍을 운영하는 것으로 내 인생을 마무리할 수 있다.

  식당이 거론된 것은 내게 특화된 일품요리의 몇 가지 비법이 있기 때문이다.

  발리를 선택한 이유는 재료는 저렴한데 외국인이 부담 없이 먹을 만한 음식이 없고 무엇보다 내 필리핀 영어가 통해서이다.

  돈이 된다면 필리핀 아내 크리스와 아들 유진을 불러와 같이 살고 싶다.

  그래서인지 난 아직도 추우면 발리의 쿠타 비치를 거니는 상상을 하곤 한다.

  강해져 가는 나의 하체는 서핑을 가능하게 할지도 모르고 말이다.

  따뜻한 발리에서 요식업을 하면서 시벳커피를 팔고 매일 서핑을 한다면 최고의 노후 대책이 아닌가 한다.

  또 이런 꿈을 위해 오늘도 열심히 일하지만 말이다.

한 현장에서 오래 일하려면 대인관계가 좋아야 한다.

동료들뿐 아니라 직영반장들과도 친해야 하는데 사회성이 결여된 나의 태생적 한계는 이 상황에 무난하지 않다.

얼마 전 황 반장에게 말한 작업 개선안 같은 경우도 이에 해당된다.

다른 동료들은 절대 해서는 안 된다고 이구동성이나 의외로 그는 내 의견을 받아들였다. 나 말고 다른 이들을 작업에 투입했지만 말이다.

하지만 한국인력이란 곳에서 온 이 새로운 작업자가 문제가 되었다.

오늘 손가락을 다쳤다는데 경미함에도 불구하고 상부에 보고가 된 것이다. 물론 다쳤다면 병원에 가야 하지만 안전 담당 말로는 대일밴드면 충분하단다.

직접 보지 않았지만 어쨌든 한국인력은 퇴출 대상이다.

그래서인지 다음 주 신규 교육 4명은 내가 다니는 북성인력 차지가 되었다.

나하고는 상관없는 일이지만 장기 근무에 도움은 될 것이다.


우리 팀의 문제는 팀장과 박 씨와의 견제이다.

중요한 출력은 팀장이 하지만 일은 박 씨가 지시를 받는 묘한 상황이고 고참 두 사람이 그를 따르니 자연스레 실세가 되어 간다.

신입이 따르는 나는 주로 팀장 편이지만 두 사람 사이에서 적절한 조화를 이뤄 가면서 내 입지를 다진다.

예를 들면 담배 안 피우는 박 씨가 계단으로 올라가면 나머지 동료는 담배 피우는 팀장을 따라 흡연장으로 가게 하는 정도로 큰 괴리감은 없다.

어쨌든 가장 중요한 출력이 우선이고 현장 일이야 일방적인 지시 없이 서로 상의하도록 이끌면 당분간은 문제없을 것이다.

또 그래서인지 오후 작업은 팀장이 나를 챙겨 편한 하루를 보내기도 했다.

하스리(철거) 작업 하는 옆에서 서 있기만 한 것이다.

햇살은 따뜻하고 바람 또한 없어 잠이 올 정도였다.

노가다도 이 정도면 정말 할 만하다.

## 135. 3월 24일 일요일 맑음. 열외 36

일을 계속하다 모처럼 쉬고 그래서 열외를 쓴다.

날씨는 완전한 봄이라 창문을 열고 생활할 수 있는 정도가 되었다.

난 노가다하며 쓴 이 일기를 계속 지속시킬지 중지할지 결정해야 한다.

많지는 않지만 커피가 있고 판매 루트도 확보했으며 다른 책의 출판 계획도 있다.

그리고 체력이 고갈된 내 몸은 이제 휴식을 원하고 있다.

하지만 모든 게 계획대로 되지 않으니 예비비가 필요하고 또 노가다로 돈 벌 수 있는 기회는 이번 현장이 마지막일 수도 있다.

내년이면 내 나이가 노가다 정년인 만 65세가 되기 때문이다.

글을 정리하면서 간간이 쉬지만 몸이 부어 온다.

뭉쳤던 근육이 풀려 피로가 엄습하여 잠이 오면서 말이다.

새벽부터 정리한 글은 저녁 무렵에나 끝을 보인다.

글이 끝난 게 아니라 체력과 정신력이 고갈되어 깊은 잠에 빠진 것이다.
하지만 노가다 습관이 몸에 배어 새벽 3시면 어쨌든 일어난다.
처음 깬 시간은 1시지만 컨디션 조절을 위해 다시 잤기 때문이다.
필리핀 아내 크리스가 카톡 보낸 것도 모르고 말이다.
그녀도 오후 1시에 일어났다 하니 떨어져 사는 부부가 살기 위한 힘든 싸움을 함께 하고 있다.
언젠가 끝나겠지 하면서도 계속 틀어지는 계획은 불안감도 준다.
그렇다. 안정적인 자금은 최소 3천만 원은 되어야 한다.
알고 있으면서도 당장 힘든 몸은 이 상황에서 빠져나갈 궁리만 한다.
수많은 이가 돈을 위해 현장에서 일하지만 노가다 잡부는 직업이 아니다. 나의 경우 위기를 벗어나게 해 줬지만 다른 수단이 없기 때문이다.
나이 먹은 노가다는 어쩌면 사회의 비극인지도 모른다.

비극이 해피 엔딩으로 끝나려면 책이 팔려야 한다.
시벳커피가 안 팔리듯 아무도 책을 읽지 않은 현 상황에서 말이다.
한국 커피는 커피믹스와 커피 체인점이 그리고 세계의 문화는 스마트폰이 점령했다.
고급 커피와 출판, 두 가지 악재를 빈곤 탈출의 도구로 삼는 나는 아무도 이해 못 하는 미친 짓을 하고 있는 것이다.
차라리 약간의 자본으로 아침 전문 식당을 차리는 게 현명할 지도 모른다.
발리에서 간단한 식사와 커피를 파는 나를 상상해 본다.
내 천상의 커피가 아침 식사의 보조 역할을 한다면 대박이 날 것이다.

한 잔에 10만 원이나 하던 세계 최고가의 커피를 빵과 함께 아침 식사로 주면 말이다.

어이없지만 가장 현실적일지도 모른다.

하지만 출판을 향한 내 꿈도 포기하지 않는다.

책을 3권이나 출판하려면 3~4개월을 일해야 하고 이는 계속된 노가다 삶을 의미한다. 아직 힘 있으니 못 할 것도 없고 말이다.

그래 계속하자. 어차피 내년이면 끝나는 노가다 인생이다.

1년을 채워 자금 만들고 그다음은 실업 수당 챙기면 어느 정도 안정이 된다.

나의 천로역정은 아직 끝나지 않았지만 이제 저 멀리 끝이 보인다.

그리고 운명이 허락 안 한다면 내가 스스로 끝낼 것이다.

어떤 책을 먼저 출판할지는 다시 생각하기로 했다.

《필리핀 데카메론》이 재미는 있지만 사회적 공감대가 없기 때문이다.

그에 반해 노가다하며 쓴 일기는 다큐이고 많은 이들이 마주한 현실이란 이점이 있다.

순서를 정한 필규와 내가 남보다 이상적이기에 분명 다시 생각해야 한다. 그리고 모레 만나는 현실에 강한 명찬이와 이 문제를 상의하련다.

내가 좋아하는 평양냉면 먹으면서 말이다.

## 134. 3월 25일 월요일 흐림, 비. 작업 98일 차

　난 오늘이 작업 100일째 되는 날인 줄 알았다.
　하지만 광주 현장에서 비가 오는 바람에 5분 일하고 돌아온 날이 있고 페이지를 잘못 기입한 날도 있어 수정했다.
　그리고 책의 페이지를 고려해 108일까지 연장하려 했으나 마음이 변했다.
　일기는 계속 쓰고 1부에 이어 2부도 생각하는 중이다.
　나의 짧은 경력으로 함부로 노가다를 논하고 싶지 않아서이다.
　이 일이 힘들고 더러우며, 또한 위험하기도 하지만 누군가에겐 떳떳한 직업이다.
　기술이 있는 자들은 보다 나은 임금을 받고 가족을 영위한다.
　나 같은 임시직 노가다는 아웃사이더가 틀림없지만 말이다.

　삼성에 대한 비판도 경험 적은 나의 편견일 뿐이다.
　아침 식사는 계속 좋아져 집에서 준비한 샌드위치를 먹을 필요를 못 느낀다.
　내가 지금까지 경험 못 한 자율적인 휴식도 대단한 것이다.
　눈에 거슬린 낙하물방지망도 필요한 곳에는 설치되어 있었고 말이다.
　건물 내 화장실이 부족했으나 사실 삼성만 이런 화장실을 운용하고 다른 현장은 그냥 아무 데서나 용변을 본다.

　이야기는 끝나 가지만 나는 일을 계속할 것이다.
　일하며 원고를 정리하면 다음 주는 출판사에 보낼 수 있고 돈도 충분하다.

  하지만 어떤 글을 먼저 출판할지는 아직 못 정했다.

  먼저 지금까지 정리한 원고를 명찬에게 보내고 상의하련다.

  휴일을 보낸 무거운 몸이지만 일은 시작되었다.

  충분하지 않은 휴식은 몸을 이완시켜 한동안은 일에 적응해야 한다.

  처음 한 일은 하스리(철거)한 콘크리트 잔해를 치우는 쉬운 일이나 바로 메쉬 발판을 위층으로 옮기는 단순하면서 어려운 일이 시작되었다.

  한 번에 두 장이니 중량이 15㎏ 정도지만 두 시간 가까이 하면 땀이 난다. 원고 정리로 약해진 하체를 보강시켜 주는 고마운 일이지만 말이다.

  하지만 오후는 끔찍하게도 트렌치 청소를 했는데 먼지가 장난이 아니다.

  빗자루도 안 들어가 장갑 낀 손으로 쓸고 담고 해 마대 자루로 5~6개가 나왔다.

  아직 반도 못 했으나 임시로 메쉬 철망으로 덮어야 했다.

  내일 다시 일하지만 그동안의 안전을 위해서이다.

  돌아오는 차 안에서 팀장이 내일 안 나올 사람을 묻는다.

  이례적인 질문은 내일 비가 온다는 이유로 8명만 필요하기 때문이다.

  오늘 10명 중 한 명만 의사를 표시해 9명이 되었고 팀장은 나를 지목한다.

  난 수요일에 병원 가기에 나올 것이다 했으나 내일 병원 가란다.

  사실 내일로 약속을 변경할 수도 있으나 난 예약을 거론하면서 부정했다. 날 너무 쉽게 생각, 아니 어필인지도 모르지만 과도한 것은 사양

한다.
 그리고 가장 중요한 출근을 함부로 통제하는 버릇은 잘못 길들이면 안 된다.
 모두들 같은 생각인지 아무도 대답이 없다.


 등산 다녀온 것 같은 힘든 하루를 보내고 돌아왔다.
 오랜만에 밥을 푸니 고시텔 총무 아줌마가 부대찌개를 한 그릇 줘 맛있게 먹었다.
 난 그녀가 총무인지 사장인지 모르나 나에게 호의적이다.
 20대 초반의 키 큰 아들이 있는 그녀는 50대로 보인다.
 이번 호의는 먼젓번 내가 준 시벳커피에 대한 보답이었으면 좋겠다.
 사실 그녀는 그 고급 커피를 아무나 마시는 공용 커피에 포함시켜 버렸다.
 나중에 알려 줬지만 줄 내가 굳이 말하지 않았기 때문이다.


 피곤했는지 식사 후 바로 잠이 들었다.
 한동안 자고 나니 허리가 아프고 오른쪽 손목이 시큰거린다.
 허리는 짐을 많이 옮겨서인데 손목은 한참을 생각해도 이유를 모르겠다.
 내일 쉴까 생각했으나 잠시 움직여 보니 일할 수 있을 것 같다. 사실 고관절, 발목, 어깨 등 이미 망가진 몸으로 일을 하는 기구한 내 팔자다.
 일기가 끝나고 원고 정리도 마치면 한동안 충분한 숙면을 취하려 한다.
 건강 회복을 위한 최고의 처방은 잠이 틀림없다.
 가끔 근육 강화를 위한 스트레칭과 덤벨도 필요하지만 말이다.

## 135. 3월 26일 화요일 비. 작업 99일 차

아침에 떠오르는 태양은 나에게 영감과 힘을 준다.
그리고 붉은 석양이 미래를 약속한다고 느낀 건 오래전부터이다.
아쉽게도 어제 오후부터 비가 내렸고 아침까지 계속되었다.
차디찬 비바람 부는 날씨는 사람의 마음을 상하게 하는지 안 좋은 일이 일어났으니 유 규상과 나이 먹은 이 씨가 주먹질 싸움을 한 것이다.
이유는 사소한 내용으로 출력 명단에 적는 이름 순서로 알고 있다. 아무 의미도 없으나 누군가 시비를 걸면 함부로 말하게 되고 언성이 높아진다.
결국 나이 차이에 의한 반말이 화근이 된 것이다.
난 음악을 듣고 있었고 남의 대화에 관심을 주지 않아 내막은 잘 모른다. 중요한 건 두 사람 다 퇴출되어 현장은 물론 사무실에도 나갈 수 없다.
건설 경기 불황으로 일자리가 줄어드는 요즘 나처럼 돈이 필요한 사람이라면 치명적인 결과이다.

원인을 분석하던 나는 두 사람의 마음을 추론해 본다.
먼저 결혼을 앞둔 규상이는 건설회사 직원이었으나 지금은 노가다를 하고 있고 재취업을 고려하나 쉽지 않은 모양이다.
그는 미래를 자신하지만 결혼식에서 주례가 남편의 학력과 직업을 소개한다는 것을 간과하고 있었다.
보통 사람에게 노가다하는 젊은이는 기특한 게 아니라 그냥 실업자이다.

그의 사생활을 잘 모르는 나의 상상이지만 가능성은 상당히 높다.

이 씨에 대해선 노후 대책이 세워져 있다고 본인에게 들었다.

한데 타인의 말을 빌리면 그는 상당한 채무가 있을 가능성도 존재한다.

내용이 사실인지, 아니면 다른 문제가 있는지 최근 그의 표정이 밝지 않았다.

어쨌든 두 사람은 개인적으로 상당히 민감한 상태인 것이다.

노가다 경험이 많은 팀장은 항상 포커페이스이다.

한 달 반 넘게 같이 일했지만 사적인 대화는 한 번도 없었다.

경험이 더 많을지도 모르는 동갑내기 조 씨는 바보처럼 허허거리며 일을 한다.

내가 팀장에게 이유 없이 예를 다하면서 일을 하는 것과 상통할 것이다.

진짜 노가다 고수들은 절대 자신을 드러내지 않는다.

현장에 나온 노가다는 그냥 시키는 대로 일만 하면 되는 것이다.

목적은 돈이기에 최대한 몸을 아껴 가며 오래 일하는 것이 최고의 경지이다.

돈이 궁하지 않아 자기 내키는 대로 일 나오는 사람도 있지만 말이다.

난 이런 사람들을 진짜 노가다로 인정하지 않는다.

해프닝이 날씨 때문인지 나 역시 무사하지 못했다.

일은 철거 잔해 정리로 쉬웠지만 세찬 비바람이 주는 추위에 떨어야 했다.

분명 기온은 정상이지만 나는 저체온증에 온몸이 굳어 간다.

점심을 먹은 뒤에도 계속되더니 비가 그치고 햇볕이 나자 사라졌다.

일도 바뀌어 옥상 데크 청소로 천천히 걸어 다니며 이물질을 줍는 일이다.

바람은 멈추었고 철판에 반사된 햇볕에 따사로움을 느낀다.

인간의 삶이란 자연의 사소한 변화에 의해서도 희비가 엇갈린다.

다행인 건 시작은 참담했지만 뒤가 좋았다는 것이다.

내가 처음 목표했던 '노가다 100일 동안의 일기'가 거의 끝나는 날에 말이다.

난 지금까지의 일기를 정리하여 책으로 내려 한다.

원제가 '일반 공의 100일'이듯 그 정도 시간이면 충분할 줄 알았다. 하지만 오늘처럼 내가 현장에서 겪지 못한 일이 더 많을 것이다.

일기는 습관이라 계속되고 돈도 필요한 만큼 모으겠지만 지금 쓰는 일기가 2부까지 출판될지는 나도 모른다.

내가 출판을 원하는 3가지 책 중 어떤 게 먼저인지도 못 정했고 말이다.

내일은 현실에 민감한 명찬이를 만나니 그와 상의할 것이다.


## 136. 3월 27일 수요일. 열외 37

모처럼 친구 명찬이를 만나 장충동에서 평양냉면을 먹는다.

유명한 집이라 사람들이 줄을 서 있으나 생각보다 맛있지는 않다. 면이 조금 거칠고 중요한 육수도 싱거운 편이다.

난 평양냉면을 좋아하여 직접 육수를 만들어 먹은 적도 있는데 제대로 맛을 내면 소고기 1kg으로 육수 4인분밖에 안 나온다.

냉면 판매가 14,000원은 한국에서는 재료비도 안 되기에 이해할 수 있다.

진짜 이해가 안 되는 건 밍밍한 이 맛을 젊은이들이 즐기는 것이다. 맛있는 진한 커피를 부정하고 싱거운 아이스아메리카노를 마시는 것처럼 말이다.

진정으로 맛을 즐기는 건지 유명하니 찾는 건지 모르겠다.


냉면을 먹은 후 커피를 마시려 동대문 방향으로 걸어갔다.

스타벅스가 있었으나 내키지 않아 골목 안에서 러시안 케이크를 먹었다.

근데 커피는 스타벅스 원두를 쓰기에 오렌지주스를 마셨다.

케이크는 오랜만에 먹어 보는 완벽한 고급품으로 내 입맛을 충족시켰다.

내가 굳이 러시안 케이크를 먹은 이유는 오래전 대학로에서 시벳커피 시음회를 할 때 아이를 동반한 러시아인 할머니를 만났기 때문이다.

그리고 잠시 후 상당히 미인인 아이 엄마가 나타나 내 커피를 극찬했었다.

난 그녀와 잠시 대화를 했고 러시아인이 커피를 상당히 좋아하는 것도 알게 되었다.

내 기억 속의 그녀는 유럽에 속하는 모스크바 근처 출신일 것이다.

명찬이를 만난 건 친구와의 만남을 넘어 대화를 위함이다.

내가 봄꽃을 보고 싶다 말하자 그는 동대문 근처의 공원으로 데려간다. 확실히 서울은 생각보다 일찍 목련이 피어 내 눈을 즐겁게 했다.

난 꽃 하나에 마음이 열렸으나 명찬은 내 일기가 너무 처절해 슬프다고 한다. 내 과거를 잘 아는 친구의 평가는 주관적이지만 솔직해서 좋다.

천로역경을 실행하는 나를 제외하고 누가 이런 삶을 행복하다 할 수 있을까.

모든 가치는 상대적이고 절대적인 어떤 기준도 없다.

난 분명 노가다 삶의 해피 엔딩을 실현 중이지만 일기 내용은 문학박사 필규가 원하는 비극적 결말이 공존하니 웃음이 다 나온다.

글의 평가보다 더 중요한 출판의 순서는 노가다하며 쓴 일기를 우선으로 정했다.

아무래도 막 끝낸 글이 현실감 있어 사람들이 보다 이해하기 쉬울 것이다.

나 같은 늙은이가 생존하는 현재의 사회상을 보여 주기도 하고 말이다.

내가 좋아하고 재미있기도 한 《필리핀 데카메론》은 글 쓴 지 10년이 다 되어 이제 고전이 되었기에 언제 출판해도 차이는 없다.

명찬이는 글의 제목을 '노가다 다이어리'로 권했고 나는 일단 허락했다.

나의 글은 대부분이 이야기 또는 일기 등으로 표현되니 자연스러운 제목이다.

하지만 책의 제목은 정말 마지막에 선택해야 한다.

우리는 대화하면서 대학로 입구의 커피숍을 향했다.

내가 마실 만한 커피숍 중 하나로 우리는 아이스아메리카노를 조금 진하게 시켰다.

'조금 진하게'라는 말은 내 소설 《천상의 커피》에도 등장하는 표현 중 하나이나 주인장 역시 소설의 등장인물처럼 기꺼이 요구를 들어준다.

커피는 고급이라 마실 만하지만 최상급은 아니었고 난 갑자기 내가 연구를 끝낸 발효 커피가 생각났다.

코피루왁이 아닌 발효만으로도 커피 맛을 끌어올릴 수 있고 상업적 이용이 가능할 정도로 연구를 끝냈지만 지금은 포기한 상태이다.

달달한 커피믹스 마시고 식사 후 구수한 숭늉을 먹는 나라에서는 감히 원초적인 커피 맛을 거론할 수 없기 때문이다.

재미있는 건 그래도 유명한 커피숍은 고가임에도 손님이 있고 밍밍한 냉면집 역시 줄 서서 기다리니 이런 아이러니가 없다.

진정 그들의 입맛이 살아 있는 건지 그저 매스미디어의 영향인지 난 모르겠다.

명찬과 대화를 하면서 자연스레 나의 계획도 정해졌다.

책 3권을 연속으로 출판한 뒤 추가로 돈을 모은 후 발리로 가 커피와 함께 먹을 수 있는 브런치 식당을 오픈할 것이다.

재료와 인건비가 저렴하고 손님은 주로 외국인이라 충분히 가능하다.

다행히 필리핀에서의 경험으로 난 영어도 잘한다.

노가다 정년이 1년 넘게 남았으니 계속 일하면 자금도 충분히 모을 수 있다.

하지만 이야기를 듣던 명찬이는 나를 도울 수 있는 한 친구를 거론하는데 책 판매처와 관련된 기업의 고위층에 있던 동창으로 가능성은 있다.

 난 반갑게 긍정을 표했지만 기대는 실망을 낳기에 속으로는 무시하고 만다.

 모든 욕망을 넘어섰다 하지만 내 마음은 성공을 기원하고 또 반대로 나는 생각보다 많은 상처를 안고 있었다.

 이 내용을 눈치챈 명찬은 자신이 나설 것이니 난 가만있으라 한다. 굳이 부정을 안 하는 건 잘되면 좋기 때문이다.


 나의 다음 일은 내일 아침 태양이 웃는지 확인하는 것이다.

 1부가 될지 연작이 될지는 모르지만 일기를 마친다.

# 마무리 글

먼저 교정자인 이 주희 님에게 고마움을 표한다.
진정으로 내 글을 이해하고 상세한 조언까지 해 주어 많은 도움이 되었다.
노가다 세계와 커피를 아는 것처럼 말이다.

제목을 《커피 헌터의 노가다 다이어리》로 한 것은 내가 정했지만 마음에 든다는 표지 디자이너의 충고도 있었다.

나오는 사람 이름을 모두 본명을 쓰려 했으나 관계가 서먹해지는 바람에 대부분 변경했다.
그들이 이름 사용을 허락했음에도 말이다.

'천로역정'은 나의 어릴 적 기억대로 '천로역경'을 사용한다.
어차피 번역이니 내 마음대로 해도 된다.

마무리 글을 안 쓰려 했으나 일단 1부를 끝냈기 때문에 썼다.
난 지금도 현장 일을 하고 일기도 계속 쓰고 있다.
비가 오는 바람에 연이어 쉬고 또 그래서 마지막으로 검토를 한다.
언제까지 일할 수 있을까 걱정하면서 말이다.

여기까지 읽어 주신 분들께 고마움을 전한다.

2024년 7월 1일 유 화수